"幼儿园食育系列丛书"编委会

主　编　张秋萍

副主编　方明荣　沈　立　韩丽华　王小英
　　　　张孝德　朱春兰　侯江红　张志超
　　　　臧守栋　徐　菁　李湘菊　韩晓德

委　员（按姓氏音序排列）
　　　　陈兰兰　高思佳　高　艳　高　媛
　　　　郭小琼　何乐乐　胡晓丽　黄开惠
　　　　贾　静　李爱华　李　聪　李　江
　　　　李　焱　李艳丽　李　颖　李玉阁
　　　　李苑姿　刘　宏　刘　曼　刘首辉
　　　　刘　艳　吕路群　马　晴　梅　雪
　　　　朴　提　任祯祥　田　琼　王长丰
　　　　王春明　王　靖　王　霞　王献杰
　　　　王燕丽　韦忠举　卫振东　武　丹
　　　　薛广华　闫贝贝　晏金松　姚海平
　　　　叶召雨　袁　娟　詹　慧　张　华
　　　　张婷婷　赵　惠　赵淑娟　朱庆文

幼儿园食育系列丛书

幼儿园食育活动方案

张秋萍◎主编

河南人民出版社
·郑州·

图书在版编目(CIP)数据

幼儿园食育活动方案 / 张秋萍主编. -- 郑州 : 河南人民出版社, 2025. 2 -- ISBN 978-7-215-13613-7

I. G613.3

中国国家版本馆 CIP 数据核字第 2024F24Q56 号

河南人民出版社 出版发行

(地址:郑州市郑东新区祥盛街 27 号 邮政编码:450016 电话:0371-65788009)
新华书店经销　　　　　　河南瑞之光印刷股份有限公司印刷
开本　710 mm×1000 mm　　　1/16　　　　印张　20.75
字数　300 千
2025 年 2 月第 1 版　　　　　　　　2025 年 2 月第 1 次印刷

定价:90.00 元

回归中华食养之道，儿童食育从这里开始

"仓廪实则知礼节，衣食足则知荣辱。"（《管子·牧民》）

"王者以民人为天，而民人以食为天。"（《史记·郦生陆贾列传》）

很多人都问过这样一句话："为什么做食育？"我们回答："就是为了孩子！" 2007年，我们有幸认识了北京师范大学的沈立博士，在他的带领下，我们开始关注餐桌、食材、土地，也开始了对健康的真正思考。2011年，我们创建了儿童食育工坊，让孩子们认识、烹饪、分享食物，想达到乐食、礼食、康食的目的。随着常态化食育课程的开展，我们认识到：食育最大的课堂是天地、是自然。2012年，我们创建了耕读苑，使孩子们有了一个更真实、更广阔的天地课堂。在天地课堂里，我们遵照着"耕读传家久，诗书继世长"的古训，孩子们自然有了"锄禾日当午，汗滴禾下土"的亲身体验，通过种植、养殖、采摘、收获……又有了更多的食知、食操、食趣。2013年，我们认识了中国食养配餐开创者朱春兰老师，在她的指导下，懂得了食物和生命的链接关系，开始了因人而异、因体而异的食谱制定，了解了五谷为养、五果为助、五畜为益、五菜为充的食养智慧。时任河南中医药大学第二附属医院院长韩丽华带领她的团队，亲自参与到食育课题的研发中来，为孩子们做了9种体质辨识，从此开始了个性化食谱的制定，如过敏体质儿童食谱、肥胖儿童食谱、视力低下儿童食谱、体弱儿童食谱……还特别制定了周末及寒暑假家庭建议食谱，使得食育从理念到行为，从幼儿园到家庭，实现

一年四季无缝对接，让食育真正成为孩子们德智体美劳全面发展的基础保障。

十几年来，我们进行了无药班级健康管理尝试并取得成效，编写了：《向日葵的故事》《食物说明书》《幼学本草》《幼儿园食育课程指导》《家庭食育》《幼儿园食育环境创设》《耕读苑里的故事》《自然物语》《五行食育卡》等一系列儿童食育读本、教材或课程。在这一过程中，孩子们有了自我健康管理的意识，老师们的身心也得到了滋养，也给家庭和社会带来积极影响。"健康第一"，逐渐成为人们的共识。食育就是尊崇天地自然之道，传承中华优秀饮食文化，保护生态环境永续，增进人类身心灵康乐的基础教育。我们做食育的目的就是：以食育固身体之根，以传统文化铸精神之魂，让更多的人把健康牢牢地掌握在自己的手里，把拥有健康的智慧传给全世界。

张秋萍

（张秋萍，河南省学前教育发展中心原主任，河南省实验幼儿园原党委书记、园长）

目 录

幼儿园食育探索的历程 // 1

幼儿园开展食育活动的原则 // 7

幼儿园食育活动实施建议 // 11

幼儿园食育课程目标 // 20

托班食育课程 // 27

    生活中的食育 // 28

        小餐巾 // 28

        小助手 // 30

        植物角 // 32

        食谱播报 // 33

        健康管理 // 35

    食育主题 // 37

        让我慢慢爱上你 // 37

        春分里的幸福时光 // 48

    食育工坊 // 59

        苹果山楂饮（秋分）// 59

        香甜柚子茶（寒露）// 60

        白菜帮营养水（冬至）// 61

        南瓜核桃露（立秋）// 63

豌豆苗鸡蛋汤（春分）// 64

蒸茄条（小暑）// 66

绿豆小米粥（大暑）// 67

桑葚红枣水（鲜桑葚夏至、干桑葚霜降）// 69

亲子食育// 71

彩椒炒青笋// 71

蒸槐花// 72

西瓜白煮水// 72

小吊梨汤// 73

红薯叶煎饼// 74

莲藕红豆汤// 75

银耳百合羹// 76

萝卜蜂蜜水// 77

腊八粥// 78

美味的荠菜饼// 79

春分竖蛋// 81

食育环境// 82

（一）班级食育环境// 82

食育展台// 82

温暖角// 83

窗台花园// 84

食育主题墙// 84

（二）室外食育环境// 85

角落微景观// 85

走廊互动墙// 85

蔬果花园// 86

季节牌// 86

节日// 87

目 录

（三）公共食育环境 // 88

　　春天里的博物馆 // 89
　　春天里的味道 // 89
　　春天里的节气 // 89
　　春天里的故事 // 89

食育儿歌手指游戏 // 90

小班食育课程 // 93

生活中的食育 // 94

　　小餐巾 // 94
　　小助手 // 96
　　植物角 // 99
　　食谱播报 // 100
　　健康管理 // 103

食育主题 // 105

　　菌菇总动员 // 105
　　美味的圈圈 // 112
　　可爱的芽菜 // 115
　　闻"香"识菜 // 118

食育工坊 // 124

　　苹果山楂羹（秋分）// 124
　　秋梨蜂蜜水（寒露）// 126
　　蜜枣南瓜（立冬）// 127
　　蓝莓蜜汁山药泥（大雪）// 128
　　好吃的豆芽（春分）// 130
　　菠菜炒鸡蛋（清明）// 131
　　糖拌西红柿（立夏）// 132
　　家常黄瓜木耳汤（小满）// 134

香甜玉米粒（立秋）// 135

山楂果酱（寒露）// 136

亲子食育// 137

野菜煎饼// 137

香椿炒鸡蛋// 138

凉拌茄子// 139

南瓜芋头泥// 140

煎蛋白萝卜汤// 141

腊八粥// 142

五香花生// 143

山药炒木耳// 144

五彩土豆饼// 145

食育环境// 147

（一）班级食育环境// 147

食育角// 147

窗台花园// 148

食育墙面// 148

（二）室外食育环境// 149

餐桌微景观// 149

走廊互动墙面// 149

蔬果花园// 150

节气牌// 150

节日// 151

（三）公共食育环境// 151

夏天里的博物馆// 151

夏天里的味道// 152

夏天里的节气// 152

夏天里的故事// 153

中班食育课程 // 155

生活中的食育 // 156

小餐巾 // 156

值日生 // 157

阳台蔬果花园 // 159

食谱播报 // 161

健康管理 // 163

食育主题 // 168

探秘花生 // 168

超级豆宝宝 // 178

萝卜的秘密 // 182

各种各样的野菜 // 187

南瓜之旅 // 192

夏日丝瓜记 // 197

食育工坊 // 204

荠菜合子（雨水）// 204

菠菜窝窝头（春分）// 205

芹菜拌豆干（清明）// 206

丝瓜西红柿疙瘩汤（小满）// 207

紫菜海带蛋花汤（芒种）// 208

苋菜鸡蛋面（夏至）// 210

中秋月饼（白露）// 211

冰糖金橘膏（寒露）// 212

蒸胡萝卜丝（霜降）// 213

南瓜山药红枣球（大雪）// 214

白菜豆腐汤（冬至）// 215

红薯糯米丸子（小寒）// 217

亲子食育// 218

    凉拌鲜核桃仁// 218

    银耳羹// 219

    清炒秋葵// 220

    山楂雪球// 220

    山药红枣糯米糕// 222

    白菜烧豆腐// 223

    韭菜炒鸡蛋// 224

    爆炒黄豆芽// 225

    清炒莴笋// 226

    蜜汁苦瓜// 227

食育环境// 228

  （一）班级食育环境// 228

    食育展台// 228

    阳台种植角// 229

    食育互动墙// 230

    生活互动墙面// 231

  （二）室外食育环境// 232

    蔬果花园// 232

    走廊微景观// 232

    虫虫餐厅// 233

    走廊互动墙面// 233

    节气牌// 234

    节日餐桌// 234

  （三）公共食育环境// 235

    秋天的果实// 235

    秋天的颜色// 236

    秋天的故事// 236

    秋天的节气节日// 236

大班食育课程 // 237

生活中的食育 // 238

小餐巾 // 238
值日生 // 239
阳台蔬果花园 // 241
食谱播报 // 243
健康管理 // 244

食育主题 // 247

山楂的故事 // 247
藏在地下的食物 // 252
韭菜茬茬高 // 257
豆角记 // 262
你好，向日葵 // 267
冬至乐融融 // 272
小麦的故事 // 277

食育工坊 // 286

琥珀核桃仁（秋分）// 286
小馄饨（寒露）// 287
小白兔萝卜卷（霜降）// 288
南瓜银耳红枣羹（立冬）// 290
韭菜鸡蛋饼（大雪）// 291
包饺子（冬至）// 292
糯米糍粑（小寒）// 293
土豆丝饼（雨水）// 294
芝麻酱拌菠菜（惊蛰）// 295
榆钱窝窝头（清明）// 296
印花卤蛋（立夏）// 297
马齿苋鸡蛋饼（小满）// 298

食蔬大拼盘（芒种）// 300

苦瓜煎蛋（夏至）// 301

亲子食育 // 302

苹果柠檬水 // 302

蜂蜜柚子茶 // 303

莲藕汤 // 304

萝卜雪梨水 // 305

红薯烙 // 306

小米红枣粥 // 307

韭菜合子 // 308

菠菜蛋花汤 // 309

菌菇汤 // 310

凉拌莴笋 // 310

食育环境 // 311

（一）班级食育环境 // 312

食物展示台 // 312

阳台种植 // 313

食育主题墙 // 313

（二）室外食育环境 // 314

走廊食育环境 // 314

蔬果花园 // 314

二十四节气 // 315

（三）公共食育环境 // 315

冬天里的节日 // 315

冬天里的快乐 // 316

附：食育儿歌 // 317

依食而养　借食而育（后记）// 319

幼儿园食育探索的历程

儿童是祖国的未来和希望，引导儿童从小形成健康文明的生活方式，是最经济、最有效的健康促进策略，是教育者的重大使命担当。但是，大量的碳酸饮料、膨化食品、油炸食品、烧烤、冷饮等使幼儿迷失于食品形、色、味的诱惑中，渐渐丧失了辨别健康食物的能力。因此，引导幼儿树立为健康而饮食的观念，养成文明饮食行为成为当务之急。此外，随着人们生活水平的提高，幼儿由饮食而引发的健康问题却越来越多，过敏、高热惊厥、贫血问题、腺样体肥大等时有发生，新生入园体检结果显示幼儿身高、体重均上率逐年下降，身体指标的异常率逐年提升，健康素养水平偏低。

幼儿园里的"小胖墩""小豆芽""小眼镜"越来越多，我们是看在眼里、急在心里，很想用一种最安全、最长效、最便捷的方式来解决孩子们的健康问题，因此走上了食育探索之路。我们开辟食育工坊、果蔬花园、天地课堂，将劳动教育与作物种植、品尝美食联系在一起；我们改善环境创设，将田园风光、中国元素融入食育课程；我们提升生活教育品质，全面优化进餐、如厕、饮水、睡眠等24小时生活管理；我们改进幼儿生活用品，专门为孩子设计餐巾、餐具、水杯、花器、桌旗、厨具；我们引领家长陪伴孩子进入厨房，与孩子共享人间烟火；我们创编食育故事、儿歌、绘本、游戏卡、木偶剧、舞台剧；我们开创幼儿自主健康管理新模式，让每一个孩子成为自己健康的第一责任人；我们建立班级厨房，把幼儿园办成家，把教育办到家，通过依食而养、借食而育的健康教育路径真正有效地解决幼儿健康问题，提升幼儿健康素养，增强幼儿体质体能，助力幼儿养成科学的健康生活习惯和文明的生活方式。

第一阶段（2007—2011年）：
从关注食品安全到关注幼儿食育

2007年"三鹿"奶粉事件引发公众对食品安全的关注和讨论，幼儿园食物中毒事件时有发生，无证、不合格、滥用添加剂、重金属超标、过期、变质等食品安全问题触目惊心，引发我们对食品安全的高度重视，于是我们开始全方位探索幼儿园食品安全策略。遵循"当地、当季、当令、当时"的中华传统饮食原则，全面考察食材产地，追溯食材来源，完善食材采购、食物制作到进餐管理全过程的制度规范。我们聘请中国食养配餐专家开发幼儿食谱，秉持"亲近自然、均衡营养、合理取用、生态有机"的配餐原则，遵循中华饮食智慧，以中医理论为指导，利用食材的四性五味，结合幼儿的年龄特点制定每周带量食谱。以最新鲜自然的食材、最健康的烹饪方式滋养脏腑，提升机体免疫力，增强体质。

我们在这一阶段开发出的在园食谱有4类、家庭建议食谱有3类，其中在园食谱包括年龄段食谱（托小、中大）、民族（回族）食谱、班级厨房食谱和调养班食谱（过敏、双均下、肥胖）；家庭建议食谱包括体质食谱（平和、热盛、肝火、痰湿、积滞、高敏、怯弱、阳虚、气虚）、个性化食谱（热性惊厥、健脾养胃）和节假日食谱。多样化食谱涵盖全年365天，惠及全体幼儿，最大化地满足幼儿的成长需要，大面积精准地提升幼儿的身体素质。

在重视食品安全，关注食物对身体的营养作用的过程中，我们发现

了食物的教育意义，以"食"为媒介，引导幼儿在参与食物制作、美食品尝的过程中自然而然习得有关食物的知识和能力。我们在2011年开中国"食育"之先河，创建融入中堂、灶台、炊具、餐具等传统食文化元素的"儿童食育工坊"，以传统节日食俗为主线，设计食育主题活动，为幼儿提供认识食材、制作食物、品尝美食的实践机会，开启了基于中国传统文化的幼儿园食育创新实践研究。

第二阶段（2012—2017年）：
探索丰富的幼儿园食育实践活动

虽然有了食育工坊的操作体验，但是我们在丰富幼儿对食物的认知和提升他们能力的同时，发现很多孩子并不知道食物从哪里来，无法将食物与土地建立起联系，很多家长和教师也是"五谷不分、农时不辨"，幼儿更是远离自然和土地，缺乏对农作物、果蔬生长的认知经验。于是我们利用郊区的自然环境建立占地222亩的"耕读苑"，让幼儿参与养殖、种植活动，认识传统农具和耕作方法，体验与传承古老的农耕文化，敬畏自然，珍惜食物。2016年"耕读苑"被河南省教育厅批准为"河南省学前教育食育实践基地"。

我们充分发挥环境的"隐性课程"作用，遵循适宜性、参与性、互动性、动态性、自然性、艺术性、民族性原则，充分利用幼儿园空地打造了可观、可感、可动手参与的蔬果花园、班级阳台种植区、主题墙面、四季食物展台等幼儿园食育环境。"夫礼之初，始诸饮食"，在幼儿园一日三餐中营造雅、静、美的进餐环境，培养幼儿良好的进餐礼仪和行为习惯。餐桌上的小花瓶里生长的绿植使餐桌充满了生机和生命的力量，柔和的轻音乐为孩子营造了轻松愉悦的进餐环境，户外进餐时的花香鸟语更是增进了孩子们的食欲。在日复一日的餐前小助手和餐前值日工作中，培养着幼儿的自理能力和为他人服务的意识。"谁知盘中餐，粒粒皆辛苦"，教师和幼儿一起朗诵感恩词，在润物细无声的滋养中懂得每一粒米、每一道菜都来自无数人的倾情付出。说唱、单口相声、儿歌、歌曲改编、故事、快板、谜语、问答、新闻播报等形式的餐前食谱播报，加深了孩子们对各种食材的认知，让孩子们了解了食物的营养价值和烹饪方法，还能让孩子们感知不同文艺形式的魅力，发展了幼儿语言表达能力。

幼儿自我健康管理是打破成人主导的健康管理下的创新实践，更是幼儿获得主动健康意识与提升健康素养的重要路径。在保健医生和班级教师的共同引导下，孩子们通过观察自己的眼、鼻、口、舌等身体部位的变化以及大小便的情况来了解身体的健康状况，认识自己身体发出的信号，从而选择适宜的食养水。我们坚持举行娃娃伙委会，让幼儿成为管理、评价自己一日三餐的小主人，将幼儿园膳食管理的参与权赋予孩子。为了将幼儿园食育向家庭推广，形成"全民食育"的良好形势，我们开启了"健康餐桌·幸福家庭"的活动，旨在将健康饮食理念传递给每一个人、每一个家庭，在家里鼓励幼儿尝试力所能及、适合年龄特点的食物制作活动。

第三阶段（2018年至今）
建构全方位系统化的幼儿园食育课程

在这一阶段我们完成了河南省教育科学规划重点课题"幼儿园食育课程的建构与实施研究"，成立了9个食育研究小组，涵盖食育环境、食育活动、食育与健康管理等内容，形成了人人研究食育，全园参与食育课程建构的良好局面，建构了面向幼儿、教师、家长全方位的幼儿园食育课程，出版了儿童食育系列丛书。融合自然、文化、生态、全人教育理念，提出具有中国特色的食育概念：食育是尊崇天地自然之道，传

承祖先优秀的饮食文化，保护生态环境永续，增进人类身心灵康乐的基础教育。"尊崇天地自然之道"是食育的基本原则。适者生存、道法自然，食育应尊崇阴阳五行学说、农事农法以及春生、夏长、秋收、冬藏的生命节律。"传承祖先优秀的饮食文化"是食育的基本途径。食育应遵循"食医合一""饮食养生""本味主张""孔孟食道"的中华饮食文化途径。"保护生态环境永续"是食育的责任。人类对待食物的态度和方式关乎到生态环境的存续问题，食育向每一个人传达生态、环保、有机、感恩的理念。"增进人类身心灵康乐"是食育的终极目的。食育关注全人的培养，是关乎生存、生活、生命的教育。食育是德、智、体、美、劳全面发展的最根本保障，是实现幸福人生的起点。

我们从情感、能力、认知、礼仪维度确立了"食趣、食操、食知、食礼"四维目标，培养喜食、会食、康食、雅食的幼儿。"食趣"指向情感目标。养成健康饮食方式的首要方法是让幼儿把愉快的饮食体验和健康食物融为一体，培养幼儿对健康食物的积极态度和情感，悦纳食物的不同形状、颜色、味道、口感。"食操"指向能力目标。直接感知、实际操作和亲身体验是幼儿食育学习的主要方式，通过农田劳作、厨房烹饪，能够有效培养幼儿作物种植、食物制作的能力。"食知"指向认知目标。不仅是对食物本身的认知，还包括对食物从农田到餐桌、从摄入体内到滋养身体整个过程的认知。从小习得健康饮食知识，将为一生的自我健康管理奠定基础。"食礼"指向饮食礼仪目标。食礼与前三个目标密切相关，通过食育课程习得食礼知识、认同传统食礼并传承长幼有序、饮食有节、举止有度等饮食礼仪，达到童蒙养正。

这一阶段我们探索了体系化的幼儿园食育课程实施路径。食育环境由班级环境、蔬果花园环境、园区环境、食育实践基地环境等构成；常态化的食育活动是基本的食育路径，主要有食育主题、食育工坊、食育实践基地、进餐教育、帮厨活动等；自我健康管理是幼儿健康意识与能力提升的路径，主要有五官自诊、身高体重和体温测量、大小便观察记

录、选配果蔬花饮等；家园合作是整合家庭资源开展幼儿食育的路径，主要有家庭厨房、亲子种植、家长进课堂等。

从体质辨识到有针对性的营养配餐、从单一食谱到9种推荐食谱的制定、从成人健康管理到幼儿自我健康管理，我们成为世界上第一所按照守时以作原则安排作息的幼儿园，第一所设立食品安全快检中心的幼儿园，第一所采取健康动态编班管理的幼儿园，第一所拥有222亩天地课堂的幼儿园……在十多年的食育探索中，我们充分认识到幼儿园食育不仅关乎"健康中国"的未来，更是实现高质量学前教育的重要基础，通过对幼儿园食育的探索，我们找到了幼儿健康成长的密钥，打开了中国特色学前教育的一扇窗，让千千万万个儿童受益、千千万万个家庭受益，为孩子们的健康成长奠定坚实基础。

幼儿园开展食育活动的原则

一、生活化原则

　　生活是实施幼儿食育的最好路径，立足于一日生活，把握生活环节中的食育契机，让食育走进幼儿的生活。"一日生活环节"蕴含着丰富的食育契机，从晨检开始，在保健医晨检之外，可以将幼儿自我健康诊断引入其中，引导幼儿关注自己的身体状态，认识身体所发出的语言信号，幼儿逐步学会选择适宜的营养水调养身体，"我的舌苔又厚又白，积食了，今天要喝山楂水""我流鼻涕了，今天要喝柠檬水""我的眼睛有分泌物了，我要喝菊花水""我今天很健康，我喝白开水"……每天孩子们都在相互交流着自己的身体情况。一日三餐更是与食物联系密切的环节，通过创设温馨、典雅的进餐环境，将不锈钢餐具更换为白瓷餐具，开展指向服务他人的餐前值日生活动，指向食物营养认知和语言、艺术表达的餐前食谱播报，以及进餐过程中高品质师幼互动的探索，让孩子们从吃得下到吃得饱到吃得好再到吃得优雅，把"吃"这件事做到极致。此外，在幼儿的生活中也能随机生成食育活动，当幼儿园里的山楂红了引发幼儿叽叽喳喳的讨论时，一场关于"山楂的故事"食育主题系列活动开始了。幼儿在生活中独特的绘画符号表征也能运用到食育活动中，如对一日饮水情况的记录、身高体重变化情况的记录、蔬果生长

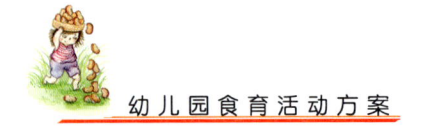

变化的记录以及食育故事的记录与反思等。

二、适宜性原则

首先，适宜性原则体现在地域上，一方水土养一方人，不同的地域有不同的气候、环境特征和风土人情，在饮食行为习惯上也是千差万别。我园身处中原地区，食育活动的开展基于中原饮食文化，在幼儿的饮食构成中以能够适应中原地区气候和环境的食材为主，在食育主题、食育工坊等活动内容的选择上也是依托中原地区常见的食物，如托班食育工坊中的白菜帮营养水、中班的主题活动南瓜之旅、大班亲子活动中的小米红枣粥等，所选用的都是中原地区本土生长的、有利于身体健康的食材。

其次，适宜性原则体现在食材的当季当令上，一年四季由于气候特征的变化，不同的季节所生长的农作物也不同。养生文化是中国文化的精髓，中国古代的食治养生学说有很多内容，健康人的状态为"气足、精充、神旺"，健康的根本要靠食养，饮食应根据环境气候的变化来调节，"春多酸、夏多苦、秋多辛、冬多咸"。我们不仅在幼儿的营养配餐中遵循当季当令原则，同时在食育活动的开展上也遵循这一原则，如在春天芽菜生长的时候，开展芽菜相关的食育活动，在夏天瓜果蔬菜丰盛的时候开展夏日丝瓜记活动，在秋天丰收的季节以柿子为主题开展食育活动，在冬天选择萝卜和白菜开展食育活动。

三、操作性原则

食育不能是简单的说教，而是要提供给孩子深度参与实践的空间和机会。著名的儿童教育家蒙台梭利曾说过："我看到了，我忘记了；我听到了，我记住了；我做过了，我理解了。"《3—6岁儿童学习与发展

指南》更是指出幼儿的学习是以直接经验为基础的，要最大限度地支持和满足幼儿通过直接感知、实际操作和亲身体验获取经验的需要。食育有效的方法是让儿童把对味觉的美好记忆与科学合理的膳食统一起来，把愉快的食育经验和健康的食物融为一体。操作就是幼儿喜闻乐见的活动方式，让幼儿在食育实践基地体验亲手种植、采摘的乐趣，在班级蔬果花园中感受食物成长的奇妙，通过食物拼盘艺术激发幼儿食物创作的欲望，在食育工坊的食物制作活动中体验亲手制作食物和品尝食物的快乐，掌握简单的蒸、煮、炖、凉拌等烹饪方式。我们要尽可能地为幼儿提供操作和参与的机会，为幼儿创设适宜的操作环境，提供适合幼儿使用的操作工具，让幼儿在真实的食操过程中建立与食物的亲密情感，提升以食养生的能力，逐渐养成健康的饮食行为习惯和文明的生活方式。

四、整合性原则

首先，整合性原则体现在食育活动与五大领域的渗透中。《3—6岁儿童学习与发展指南》指出儿童的发展是一个整体，要注重领域之间、目标之间的相互渗透和整合，食育活动也融合到五大领域的活动之中。幼儿自我健康管理凸显了食育与健康领域的融合；餐前食谱播报、食育儿歌、食育小故事等是食育与语言领域的融合；农作物以及瓜果蔬菜的种植、食物与身体之间的奥秘探索则体现了食育与科学领域的融合；通过对本民族饮食文化的认知，产生对中国文化的自豪感，在认知本地区的食物以及饮食特点中，进一步增强了对本地区的归属感，凸显了食育与社会领域的融合；食物也会给人们带来无限的创作灵感，食物由食材到餐桌的过程本身就是一种艺术创作，体现了食育与艺术领域的融合。

其次，整合性原则体现在对家庭亲子食育的延伸。"每个孩子都健康，每个教师都幸福，每个家庭都美好"是河南省实验幼儿园践行食育理念的追求。如今，家庭膳食结构不合理、家庭就餐次数日益减少、生

活习惯类病种逐渐增多，在严峻的现实面前我们如何拥有一个健康的身体和幸福的家庭呢？因此在实施食育课程时，我们要重视开展家庭亲子食育活动。腊八粥、五彩饺子、花馍馍……四溢飘香的饭菜里，倾注了许许多多的爱，孩子们与家长共同记录着一个个亲子食育故事。我们看着孩子们从一个漠然的品尝者，逐步变成一个乐在其中的参与者，教育的成就感油然而生。

幼儿园食育活动实施建议

一、托班幼儿特点和食育活动实施建议

2—3岁初入园的幼儿，其身体迅速发育，动作快速发展，注意力短暂，喜欢模仿和重复，呈现出以下特点：第一，托班幼儿从家庭进入集体生活，由单一饮食向多样化饮食过渡。托班幼儿的饮食行为深受"家庭食物圈"的影响，不同家庭的饮食观念和习惯决定了幼儿不同的饮食方式，受家庭饮食习惯及年龄特点的影响，饮食行为习惯存在较大差异。托班幼儿从家庭过渡到幼儿园生活，饮食种类和饮食方式逐渐由家庭饮食生活的单一性向集体饮食生活的多样化过渡。第二，托班幼儿使用餐具的能力受其手眼协调能力发展程度的影响。手眼协调能力是影响托班幼儿获得正确餐具使用技能的关键生理因素。托班幼儿由于年龄小，手眼协调能力尚在发展中，大多缺乏正确使用餐具的能力（双手持碗、三指握勺等），同时还存在明显的洒饭现象，因此锻炼托班幼儿的手眼协调能力，促进其手部小肌肉的发展是培养托班幼儿餐具使用能力的关键。第三，托班阶段是培养幼儿在集体中独立进餐意识和能力的关键期。托班阶段是幼儿集体生活的开始，从家庭生活向集体生活过渡后，由于照养的差异为幼儿独立进餐提供了更适宜的环境，幼儿内心也萌发了自我照顾的需求，因此托班阶段是培养幼儿在集体中独立进餐意识和能力

的关键期，同时也是促进幼儿适应集体生活的重要时期。第四，托班幼儿主要通过情景式的多感官参与对健康食物产生亲近感。托班幼儿以直觉行动思维为主，通过情景式的多感官参与对健康食物产生亲近感，在看一看、摸一摸、闻一闻等方式中接触食物，和食物做朋友，如：在蔬果花园中和"蔬菜宝宝"聊天、唱歌。近距离和食物接触，认识常见蔬果的颜色和形状，能减少对食物的陌生感，逐步萌发接纳食物的情感。

在开展托班食育活动过程中应注意以下几方面：第一，创设多感官参与的情景式食育环境。环境，作为幼儿园食育的"隐形课程"，也发挥着一定作用，我们应基于托班幼儿直观形象思维的特点，创设多感官、情景式的食育环境。比如，利用户外空地开发兼具种植、观赏和食用效果为一体的蔬果花园，为托班幼儿提供多种近距离接触蔬果的机会；在班级中创设四季食材展台，根据四季的不同以及幼儿园每日的食谱，摆放当时当季的食材，吸引幼儿在看一看、摸一摸、闻一闻、尝一尝的过程中了解健康食材。第二，营造温馨、舒适、轻松、愉悦的进餐环境。托班幼儿刚刚步入集体生活，不稳定的情绪状态极易影响幼儿的进餐欲望，教师要特别关注幼儿进餐时的情绪。通过合理设置进餐空间、摆放精致的餐桌和播放轻柔舒缓的背景音乐，营造温馨、舒适的进餐环境，让幼儿有家的感觉，激发其进餐的欲望。此外，通过轻柔的神态和鼓励的话语建立亲密的师幼关系，也能让幼儿在轻松氛围中产生愉悦的进餐情绪，愿意主动进食。第三，在一日生活中自然渗透独立进餐的意识。一日生活蕴含着丰富的教育契机，独立进餐意识的培养应自然而然地渗透在托班幼儿的生活中。提供适宜托班幼儿使用的小而精致的白色瓷质餐具，激发幼儿独立进餐欲望的同时，培养幼儿惜物意识；通过日常生活中情景式、拟人化的食育木偶剧，如《会自己吃饭的小兔子》，经常向幼儿渗透独立进餐的意识。第四，创设游戏化的情景，吸引幼儿练习进餐的技能。在托班自选游戏区提供锻炼幼儿练习进餐技能的游戏材料，如制成大嘴娃娃形象的瓶子、小勺子、模拟食物的彩色纸团等；创

设游戏化的进餐情景，如"午餐时间到了，瓶宝宝肚子饿了，我们一起来喂瓶宝宝吃饭吧"，吸引幼儿乐于练习正确握勺方法和手眼协调"喂"瓶宝宝吃饭的能力。第五，巧妙地运用背景式儿歌引导幼儿了解正确的进餐方法。教师应将正确进餐的方法编成朗朗上口的儿歌，并巧妙地运用在托班幼儿进餐过程中，如"身体贴紧小桌子，小脚放到桌子下，一手握紧小勺子，一手扶好小小碗，一口一口慢慢吃"。通俗、童趣、易懂的背景式儿歌的渗透，能够潜移默化地使托班幼儿了解并逐渐掌握正确的进餐方法。第六，在陪餐活动中发挥教师的榜样作用。教师要重视陪餐过程中的示范作用，进餐情绪愉悦，表现出享受进餐的过程，进餐动作优雅文明，餐具使用规范，正向引导托班幼儿进餐，使幼儿获得正确使用餐具进餐的方法，培养幼儿独立进餐的意识。

二、小班幼儿特点和食育活动实施建议

小班幼儿呈现出的特点：第一，已积累一定的对生活中常见食物的认知经验。在托班一年的生活中，通过食育工坊、食育展台、背景式食育儿歌、食育木偶剧等活动，幼儿积累了日常生活中常见食物的认知经验，对食物的名称、颜色、味道、外形特征和营养价值有了初步的认知和了解。第二，随着小班幼儿初步健康意识的萌发，幼儿逐渐接纳不同口味的食物。小班幼儿虽然还会有挑食的现象，但是在食育环境的渗透及食育背景儿歌的熏陶下，他们对食物的营养价值有了初步的了解，逐渐形成了健康意识，愿意接纳不同味道的食物，如本来不喜欢吃木耳的幼儿，通过食育儿歌"木耳增智强听力，养发坚骨身体棒"的吟诵，逐步接纳了木耳。第三，喜欢模仿制作食物的行为。模仿成人的动作是幼儿的乐趣，随着小班幼儿精细动作发展（切、撕、剥等）以及生活经验的丰富，他们喜欢在真实的情景中模仿切黄瓜、剥毛豆、撕蘑菇等行为。

在开展小班食育活动的过程中应注意以下几方面：第一，创设多感官参与、具有互动性的食育环境。环境，作为幼儿园食育的"隐形课程"，发挥着一定的作用，幼儿不喜欢吃某种食物，主要是不喜欢其味道、外观、口感等，通过创设可以看、摸、闻、听、尝的食育环境（食物展台、蔬果花园等），引导幼儿观察食物、了解食物、亲近食物，也许就会改变对该食物的态度。第二，在真实的生活情景中为幼儿提供动手制作食物的机会。依托二十四节气开展系列化的食育工坊活动以及常态化的班级小厨活动，提供当时当季、简单易操作的食材（春天的花菜、夏天的豆角、秋天的花生、冬天的白菜等），鼓励幼儿尝试通过择、洗、掰、撕、切等方法制作食物。第三，挖掘食育活动的趣味性，把健康饮食与愉快的情绪体验融合。培养幼儿健康饮食行为习惯最有效的方法是将愉快的饮食体验与健康食物融合起来。开展幼儿喜闻乐见的食育活动，如在蔬果花园中感受食物成长的奇妙，体验种植与采摘的乐趣，在班级小厨的水果拼盘活动中体验与食物相关的艺术创作的快乐等。第四，以"食"为媒介与各个领域活动进行融合。挖掘幼儿生活中能够与五大领域有机融合的食育资源，促进幼儿各领域的均衡发展，如将蔬菜不同的横切面与美育相结合，开展小班美术活动《蔬果拓印》，让幼儿发现不同蔬果横切面能够拓印出不同的图案，萌发艺术创作的愿望。第五，发挥教师在陪餐活动中的示范作用，在模仿中逐渐养成健康、文明的进餐习惯。教师在陪餐过程中，播放轻柔、舒缓的音乐，以优雅、文明的动作进餐，表现出享受进餐的过程，都能激发幼儿模仿教师的进餐行为，引导幼儿逐步养成健康、文明的进餐习惯。第六，引导家长与幼儿一同寻找食材、走进厨房、制作食物、共同分享，体验亲子食育的乐趣。"亲子食育"是校园食育向家庭食育的延伸，有利于推进全民食育的进程。引导家长回归家庭厨房，与幼儿一起寻找食材、走进厨房、制作食物、共同分享，能促进家庭成员之间情感的沟通和交流，形成高质量的健康生活方式。

三、中班幼儿特点和食育活动实施建议

中班幼儿呈现出以下特点：第一，中班幼儿参与种植和食物制作的意识和能力增强。随着在托、小班食操经验的积累，进入中班后幼儿更愿意参与到动手操作的活动中，参与种植和食物制作的意识和能力明显增强，如蔬果阳台的种植与养护、各种食物制作活动，在动手操作的活动中幼儿能够体验到成就感和满足感。第二，中班阶段是幼儿养成优雅、文明进餐行为习惯的关键期。随着幼儿在集体生活中自我服务能力的提升，中班幼儿具备了优雅、文明进餐的能力，他们能够在进餐前有序分发餐具、布置餐桌，认真专注地进餐，细嚼慢咽，保持桌面卫生，在餐后能够自主使用抹布整理桌面，清洗餐具。第三，中班幼儿手眼协调能力的发展为使用筷子奠定了基础。筷子是中华饮食文化的标志性餐具，随着幼儿小肌肉群动作的锻炼和手眼协调能力的发展，进入中班后的幼儿具备了使用筷子的基本能力，中班阶段是幼儿掌握筷子使用技能的重要时期，练习过程也进一步促进了幼儿手眼协调能力的发展。第四，随着生活经验的丰富，中班幼儿对食物功效认知能力增强。通过在托、小班日常生活中所渗透的食育儿歌、食育工坊、食育木偶剧场等活动，中班幼儿对常见食材的功效有了一定的认知，辨别健康食物的能力提升，挑食现象明显减少，更加愿意主动选择健康的食物，并且能够简单地向他人介绍所熟悉的食物功效。第五，中班幼儿开始有意识地关注到身体的变化及自己的健康状况。能简单地描述身体出现一些症状的原因，如上火会导致眼部分泌物增多，积食会让舌苔增厚等，在保健医的引导下能够选择适宜的营养水，并能用实物或图片进行简单的饮水记录。

在开展中班食育活动过程中注意以下几方面：第一，为幼儿提供蔬果、农作物种植、养护与收获的机会。在教室外的阳台上开辟种植园地，引导幼儿大胆畅想心目中的蔬果阳台，通过采访、调查等方式主动探究

不同季节的蔬果、农作物种植的方法，并尝试在蔬果阳台进行种植，逐步了解蔬果、作物的简单种植方法，在与同伴合作照养的基础上体会食物的来之不易，自觉养成珍惜粮食的意识。第二，鼓励幼儿与同伴合作开展班级食育大厨活动。在教室创设"我是大厨"食育区，幼儿轮流担任每日的大厨，并自主选择2—3名帮厨，使用蔬果阳台花园中成熟的蔬果，设计并制作美味的食物，邀请同伴一起品尝，在选材、设计和制作食物的过程中感受动手操作的乐趣。第三，投放丰富的厨房用具，引导幼儿参与食物的多样化加工与制作过程。在中班食育工坊投放多种多样适宜幼儿使用的厨房小用具，如手动榨汁机、印花模具、安全刀、蒜臼等，引导幼儿通过切、压、捣、榨汁等多种方式对食物进行加工与制作，掌握食材的多种加工方法，体验制作食物的乐趣。第四，鼓励幼儿与家长根据食谱及食材功效创编食谱播报内容。在餐前开展幼儿食谱播报活动，幼儿轮流担任食谱播报员，鼓励幼儿与家长根据食谱及食材功效共同创编朗朗上口的小儿歌，并通过图画、拼贴等多种方式呈现食谱播报的内容，进一步加深幼儿对各种食材的认知，了解食材的营养价值，激发幼儿进餐食欲。第五，在益智区投放吸引幼儿使用筷子的游戏材料。在益智区投放大枣、蚕豆、花生豆、黄豆等大小不同的材料，满足不同程度幼儿练习筷子夹物的需求。进餐时可同时为幼儿投放筷子、勺子，幼儿可根据不同的食物选择不同的餐具，文明、优雅进餐。第六，创设形象有趣、便于幼儿观察与操作的自我健康管理主题墙。根据中班幼儿具体形象思维的特点，利用实物、图片、小棒、磁扣等材料为幼儿创设形象有趣、便于幼儿观察与操作的自我健康管理主题墙，如在自主饮水区提供与食材、颜色相对应的小棒，症状与食材匹配的图片，以及山楂片、柠檬片等实物，幼儿每天根据自诊情况选择适宜的营养水，并进行记录。

四、大班幼儿特点和食育活动实施建议

大班幼儿呈现以下特点：第一，具备了运用符号、图画等多种方式表征自我健康管理结果的能力。通过在小、中班利用实物、图片等方式记录自我健康管理结果，以及做游戏、讲故事、绘画等活动在日常生活中的渗透，大班幼儿的表征能力有了明显的提升，具备了运用符号、图画等多种方式表征自我健康管理结果的能力。第二，大班幼儿的自主性与创造力的发展为自主设计与维护蔬果阳台打下了基础。随着年龄的增长，大班幼儿的自主性和创造力有了明显的发展，主动做事情的意识增强。在中班阶段积累了蔬果阳台的种植与维护的经验，进入大班后，幼儿更愿意自主设计和维护蔬果阳台，全程参与蔬果与作物种植、维护、采摘、品尝、记录的整个过程，感受生命的奇妙，体会人与自然的相连，用心感受大自然带来的惊奇。第三，随着对食材功效的深入了解，大班幼儿乐于运用多种方式进行餐前食谱播报。经过三年幼儿园食育课程的渗透，大班幼儿对生活中常见食材的营养和功效有了相对深入的认识和了解。中班一年的独立食谱播报经验，让幼儿之间相互启发、学习、积累了不同形式的食谱播报经验，为幼儿积极、主动地在集体中运用多种艺术形式进行食谱播报打下了基础。第四，随着食物制作技能的积累，大班幼儿能够与同伴合作完成食物制作的全过程。在幼儿园多年的食操活动，比如食育工坊、亲子食育、班级小厨等系列活动中，大班幼儿已经积累了一定的食物制作技能，对食物完整的制作过程有了强烈的参与愿望。大班幼儿社会性能力的发展，使他们在食物制作过程中，能够自发地进行协商、分工、合作完成食物制作的过程。第五，随着健康意识的提升，大班幼儿能在均衡营养的基础上根据身体状况自主盛饭、添饭。在食育课程的不断深入中，大班幼儿已初步建立均衡营养和健康生活的理念。他们对自我健康状况的关注和了解，以及对进餐环节的熟悉，使

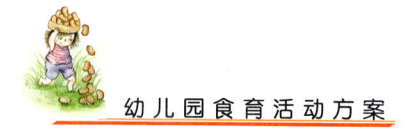

他们具备了能够根据自身身体状况，自主盛饭、添饭的能力。

在开展大班食育活动过程中注意以下几方面：第一，引导幼儿自主参与食育环境的创设。引导幼儿自主设计蔬果阳台种植方案，通过绘画、拼摆等方式表达出自己心目中的蔬果阳台，运用讲述、讨论、投票等方式协商出本班的蔬果阳台平面设计图，尝试根据平面设计图合作完成蔬果阳台的布置。引导幼儿自主设计自我健康管理墙面，如使用色彩、造型搭配、材质选择、健康记录的方式等，在教师的帮助下合作完成自我健康管理墙面的布置。第二，引导幼儿在五行食育卡游戏中了解五行与身体关系的奥秘。依托河南省实验幼儿园基于中国传统文化的食育创新实践研究成果之一"五行食育卡"，将其作为游戏材料投放到游戏区，引导幼儿根据五行之间的相生相克关系开展牌类游戏，了解五行、五季、五色、五味、五情、五志等与身体五脏之间的关系，逐步发现并掌握五行与身体之间的关系，懂得根据身体的健康情况选择适宜的食物和营养水。第三，为幼儿分工合作完成午餐的整个制作过程提供机会和空间。引导幼儿与教师共同参与大班食育工坊课程内容的设计，给予大班幼儿充分的时间和空间，鼓励幼儿在食育工坊中分工合作完成午餐的整个制作过程，根据食材的营养价值制定午餐食谱，探究午餐的制作过程，根据自己的兴趣协商食物制作中的分工，如择菜、洗菜、切菜、揉面、蒸煮食物等。第四，鼓励幼儿运用多种艺术形式开展餐前食谱播报活动。在中班主要运用儿歌播报食谱的基础上，鼓励大班幼儿丰富食谱播报的形式，运用多种艺术形式大胆、自信地进行餐前食谱播报活动，如相声、快板、歌曲、说唱、三句半等，既能培养幼儿的自信心和创造力，又能让幼儿在有趣的食谱播报活动中掌握更多食材的营养价值。第五，在进餐过程中注重培养幼儿文明的进餐礼仪。以"食"为契机，在进餐过程中，让幼儿感受中华饮食文化的魅力，习得饮食礼仪。让幼儿把良好的餐桌礼仪内化为进餐行为，如文明使用餐具，不在公共餐盒里挑来拣去，珍惜食物不浪费，进餐完毕能够自主有序地清理桌面和清洗餐具。第六，

引导和鼓励幼儿将餐桌礼仪延伸至家庭中，让中国传统长幼有序的餐桌礼仪回归家庭餐桌，如进餐时能够请长辈先进食，在餐桌上尊重长辈，进餐时礼貌谦让、不大声喧闹，注意进餐时个人的整洁，珍惜食物等，培养饮食有节、举止有度等进餐礼仪。

幼儿园食育课程目标

食育课程目标以幼儿的生活和经验为基础，依据《幼儿园教育指导纲要（试行）》和《3—6岁儿童学习与发展指南》，被划分为三个层级。第一个层级包含"食趣、食操、食知、食礼"四个目标维度。每个一级目标维度下包含若干二级目标维度，如食趣又细分为感受与表现食物之美、悦纳食物之味。每个二级目标维度下包含三级维度，分别从托班、小班、中班、大班四个年龄阶段来呈现。如感受与表现食物之美在托班的具体表现包含两个方面：一是在成人的陪伴下，感受班级种植角、蔬果花园等种植园地里植物生长变化的奇妙，愿意亲近农作物；二是感受食物的颜色与形态之美，喜欢各种健康食物。

幼儿园食育课程目标的研制围绕整合性、递进性和可操作性三个原则。整合性是指食育目标与健康、语言、科学、社会、艺术五大领域的融合，如"情绪愉快地进餐"这一目标指向健康领域，"理解餐前感恩的意义，与同伴一起有感情地诵读感恩词"指向语言领域，"尊重值日生的劳动，礼让值日生优先餐前盥洗和入座"指向社会领域，"乐于参与播种、浇水、采摘收获等种植活动，尝试观察记录作物的生长过程"指向科学领域，"能够按照自己的想法，运用瓜果蔬菜等农作物进行艺术创作"指向艺术领域。递进性原则是指同一领域目标在不同年龄阶段的深化。以餐桌劳动为例，托班幼儿在老师的帮助下尝试摆放餐具、花器，参与布置餐桌；小班幼儿在老师引导下轮流做好小助手的餐前准备

工作，正确摆放餐具、花器；在中班的表现是值日生独立进行餐桌布置和餐后整理，如桌面、地面清洁以及清理杂物盘等；在大班的表现是熟知值日生工作流程，能够与同伴分工合作完成餐前准备以及餐后整理工作。从教师帮助、教师引导、独立进行到分工合作，体现了幼儿自主性和劳动能力的不断提升，彰显了幼儿发展的连续性。可操作性是指食育目标的表述不仅描述了幼儿的发展方向，而且为教师的教育行为给予一定的指导和建议，如在悦纳食物之味这一目标维度下，提出了开展食谱播报这一趣味化的食育活动，从而让幼儿逐渐喜欢不同口味的食物。

在幼儿园食育课程目标的实施过程中，要注重食育活动设计的生活化和游戏化，丰富和拓展幼儿的生活经验。同时要结合《幼儿园保育教育质量评估指南》，对具体的食育活动目标和内容进行反思与调整，多途径、多形式地实现幼儿的发展，培养喜食、会食、康食、雅食的幼儿。

详见下表《幼儿园食育课程目标》。

幼儿园食育课程目标

一级	二级	三级			
		托	小	中	大
食趣	感受与表现食物之美	1.在成人的陪伴下，感受班级种植角、蔬果花园等种植园地里植物生长变化的奇妙，愿意亲近农作物；2.感受食物的颜色与形态之美，喜欢各种健康食物。	1.关心植物的生长情况，发现植物的花、茎、叶、果之美，为植物的生长变化而喜悦；2.感受食物的色、香、味、形之美，愿意参与食物拼摆、装盘等活动；3.在成人的引导下，尝试运用不同的植物进行创作，并乐在其中。	1.走进田园，对比观察不同植物色彩与形态的变化，感受四季之美；2.乐于在生活中根据食物的颜色、形态等制作食物拼盘，体会各种食物不同的组合美；3.能够按照自己的想法，运用瓜果蔬菜等农作物进行艺术创作；4.愿意用绘画故事的形式记录食育活动中自己的发现。	1.亲近土地，能够持续观察农作物的生长变化，对自己的发现感到兴奋和满足；2.能根据瓜果蔬菜等农作物的特征进行不同形式的美术创作，并把作品运用到环境中美化生活；3.能够通过食育儿歌、食育韵律、食育歌唱等艺术形式表达对食物的美好情感；4.能够通过连续性的绘画故事表征食育活动过程，积极主动与他人分享。
	悦纳食物之味	1.在成人的照顾下愉快进餐；2.在成人的引导下愿意品尝各种健康的食物；3.愿意倾听老师进行的每日食谱介绍。	1.在成人的引导下愉快进餐；2.在成人的引导下不偏食、挑食或过量进食，喜欢吃瓜果、蔬菜等新鲜健康食物；3.喜欢倾听老师运用不同形式进行的每日食谱播报。	1.在进餐过程中保持稳定愉快的情绪；2.不偏食、挑食或暴饮暴食，喜欢吃瓜果蔬菜等新鲜健康食物；3.愿意食用不同口味、口感、气味、形态、颜色的食物，接纳清淡饮食；4.与家人共同做好食谱播报的准备，喜欢并尝试独立进行餐前食谱播报。	1.享受进餐的美好氛围，愉快进餐；2.不偏食、挑食或暴饮暴食，主动吃瓜果蔬菜等新鲜健康食物；3.喜欢食物的不同口味、口感、气味、形态，悦纳清淡饮食；4.愿意与家人、同伴合作创作富有个性的每日食谱播报，如快板、三句半、唱歌等；5.乐意与他人分享自己喜欢的健康食物，并说出喜爱的原因。

续表

一级	二级	三级			
		托	小	中	大
食操	作物种植	1.愿意与成人一起参与班级种植角、蔬果花园中的采摘、浇水、捡拾落叶等活动；2.喜欢摆弄种植区投放的工具，有观察、模仿使用的意愿；3.愿意与成人、同伴一起收放劳动工具。	1.在成人的引导下喜欢参与班级种植角、蔬果花园中的浇水、拔草、采摘等活动；2.尝试使用儿童专用的浇水壶、小铲子等工具，初步萌发劳动愿望；3.在成人的提醒下把劳动工具放回原处。	1.乐于参与播种、浇水、采摘收获等种植活动，尝试观察记录作物的生长过程；2.学习正确使用劳动工具的方法，有安全意识，初步养成收纳整理工具的习惯；3.体验种植活动的乐趣，感受劳动带来的成就感。	1.能与同伴合作制定、实施种植计划，积极主动参与种植的全过程，并能用不同的方式观察记录作物的生长；2.能正确使用并收纳劳动工具，在种植过程中有安全防护的能力；3.珍惜劳动成果，懂得劳动最光荣，知道尊重劳动者。
食操	食物制作	1.愿意与成人一起参与帮厨活动，尝试用撕、捏、掰、切的方法准备食材；2.在成人的帮助下，愿意做好穿戴围裙、袖套、清洗双手等准备工作。	1.在成人的引导下，喜欢参与择菜、洗菜、切菜等准备工作，尝试正确使用安全刀具；2.在成人的引导下，尝试制作简单的健康菜品；3.在成人的提醒下把使用后的厨具、餐具放回原处。	1.在成人的引导下能正确使用案板、擀面杖、锅铲等常用厨具，运用蒸、煮、炒、拌等方式制作食物；2.在成人的引导下能制作不同的面食，并进行简单的蒸煮活动；3.在成人的引导下能清洗、收放使用过的厨具、餐具。	1.在成人的引导下尝试正确使用各种各样的厨具，初步掌握简单的炒、蒸、炖、烤、凉拌等烹饪方法；2.在成人的帮助下能烹饪简单的家常菜，如炒青菜、煎鸡蛋等；3.在成人的帮助下，与同伴分工合作制作传统节日、节气美食，如中秋节的月饼、端午节的粽子、冬至的饺子等；4.能以小组分工的形式清洗、收纳使用过的厨具、餐具，保持环境整洁。

续表

一级	二级	三级			
		托	小	中	大
食知	健康管理	1.在成人帮助下完成晨间"四检"；2.在成人的引导下喜欢白开水，并愿意尝试饮用食养水；3.成人询问时会表达饥饱、便意等需求；4.在成人的陪伴下愿意参与健康体检活动；5.在成人的安抚下情绪安定。	1.在成人引导下完成晨间"四检"；2.在成人引导下初步尝试每日健康自诊，按需饮用营养水；3.能够在口渴时喝水，有便意时如厕，并记录大便次数；4.愿意参与健康体检活动；5.在成人引导下情绪安定愉快。	1.主动完成晨间"四检"；2.能够进行每日健康自诊，按需选择适宜的营养水，并做好记录；3.初步养成良好的饮水、进餐、排便习惯，做好每日饮水、进餐、"二便"记录；4.关注自己的体检结果，愿意与成人、同伴谈论有关身高、体重、视力等健康话题；5.在生活、游戏、学习等活动中经常保持情绪愉快。	1.积极完成晨间"四检"；2.积极主动地按时做好每日健康自诊，按需选择适宜的营养水并做好记录，在老师的引导下学习冲泡简单的营养水；3.养成良好的饮水、进餐、排便习惯，坚持做好每日饮水、进餐、"二便"记录，并愿意与成人、同伴分享、谈论相关话题；4.在生活中主动关心并记录自己的身高、体重、视力等情况，愿意谈论增进自身健康的话题；5.尝试通过相关活动让自己情绪愉快，缓解不良情绪。
食知	自然、节气与种植	1.感受不同的天气变化，知道晴天、雨天、雪天等典型天气现象；2.在老师的引导下知道植物的生长离不开阳光、空气和水。	1.认识风霜雨雪等常见的天气现象，初步感知天气对种植活动以及人类生活的影响；2.知道一年有四个季节，感知不同季节的典型特征；3.知道植物的生长需要水、阳光、空气、土壤等条件。	1.感知四季不同的特征以及季节变化对农作物的影响，知道当地常见的农作物及瓜果蔬菜成熟的时节；2.知道一年有二十四个节气，知道部分节气的名称及典型的习俗和食俗；3.认识常见的农具，了解播种、浇水、采摘等田间管理过程；4.亲近自然，有初步的环保意识。	1.了解季节变化的周期性，知道变化的顺序，感知不同季节农作物生长变化的规律；2.知道每个季节的重要节气，通过农事谚语、节气故事等初步了解二十四节气与作物种植的关系；3.认识常见的农业机具，了解耕地、播种、浇水、间苗、施肥、锄草、采摘和收获的田间管理过程，感知食物的来之不易；4.初步了解自然环境与人类生活的密切关系，珍惜自然资源，学习用果皮制作酵素，具有保护环境的意识。

续表

一级	二级	三级 托	三级 小	三级 中	三级 大
食知	食材、食品与食物	1.知道生活中常见瓜果蔬菜的名称以及可食用部分；2.认识常见的家常饭菜，并能说出它们的名称；3.在成人的引导下初步了解常见食材对身体的营养作用。	1.感知常见食材的形状、颜色、大小、气味和味道；2.在成人的引导下认识生活中常见的健康食品，知道要吃健康食品；3.认识常见的调料，如盐、油等；4.在成人的引导下知道常见食材对身体的营养作用。	1.知道并尝试用语言描述当地常见食材的形状、颜色、大小、气味和味道；2.了解常见的食品添加剂，知道过度食用对身体有害；3.知道有些食材可以作为天然调味料，如酸味的柠檬汁、甜味的苹果汁；4.知道不同种类的食材对身体的营养作用，了解常见食材的健康烹饪方法；5.了解我国重要的传统节日，知道相关的传统美食，如端午节的粽子、中秋节的月饼等。	1.熟知当地、当季、当令常见食材，初步了解食材的四性五味；2.关注食品的配料表、生产日期、保质期等重要说明，知道要吃健康安全的食品；3.了解天然调味料的制作方法，如花生酱、芝麻盐、香菇粉等；4.知道同一种食材有多种烹饪方法，如鸡蛋可以煮、炒、煎、蒸等；5.知道我国的传统节日、节气，了解对应的传统美食，如立春的春饼、冬至的饺子。
食知	食养、健康与生活	1.当出现咳嗽、流鼻涕、腹痛等身体不适时，知道要向成人表达；2.在成人的引导下知道要多喝白开水，少喝饮料；3.在成人的引导下知道饭前饭后不做剧烈运动。	1.在成人的引导下知道感冒、发烧时要好好休息，咳嗽、打喷嚏时掩住口鼻；2.在成人的引导下，自诊的过程中了解舌苔可以反映身体健康状况，知道营养水可以缓解身体不适；3.知道饭后散步有助于消化，愿意跟随成人做四季经络操。	1.了解常见传染病的症状，知道有症状时居家休息并积极治疗；2.在自诊的过程中了解舌苔、眼睛、"二便"可以反映身体健康状况，知道相应的营养水可以缓解身体不适；3.对食物在身体里的"旅行"有兴趣，初步了解食物在人体的消化过程；4.知道规律的生活作息习惯有利于身体健康。	1.了解常见传染病的危害和预防常识，知道保护自己和他人的健康；2.熟知健康自诊的程序，能根据舌苔、眼睛、"二便"等情况判断身体健康状况并正确选择适宜的营养水；3.关注每日食材的多样性，能初步用绘画、计数等记录方式统计每天所食用食材的种数，知道要平衡膳食；4.初步了解最基本的中医养生知识，知道经常搓面部、掐手尖、揉腹部、做眼保健操有益健康。

续表

一级	二级	三级			
		托	小	中	大
食礼	进餐习惯	1. 在成人的照料下，能够餐前洗手、餐后漱口擦嘴；2. 在成人的提醒下尝试取餐，有爱护餐具的意识，轻拿轻放；3. 在成人的提醒下知道干稀搭配进餐。	1. 在成人的提醒下，有序进行餐前盥洗、餐后漱口擦嘴，会用"七步洗手法"洗手；2. 能排队双手取餐，取放餐具时轻拿轻放；3. 在成人的提醒下，不挑食、不撒饭，干稀搭配，保持餐桌干净；4. 在成人的引导下，养成按时进餐的习惯。	1. 主动进行餐前盥洗、餐后漱口擦嘴，会正确用"七步洗手法"洗手；2. 独立取餐，根据自己的需要主动表达添饭菜的需求；3. 在进餐中不挑食、不撒饭，干稀搭配，保持餐桌、地面干净；4. 养成按时进餐的习惯，两餐之间少吃零食。	1. 坚持进食前自主盥洗，熟练掌握"七步洗手法"，餐后主动漱口擦嘴；2. 独立盛饭菜，根据自己的需要自主添饭菜；3. 能够在合理的时间内完成进餐，进餐速度适宜，不慌张、不拖沓；4. 坚持按时进餐，两餐之间少吃或不吃零食。
	餐桌劳动	1. 在老师的帮助下尝试摆放餐具、花器，参与布置餐桌；2. 在老师的帮助下尝试使用餐巾；3. 在成人的引导下送餐具、摆放好自己的小椅子。	1. 在老师引导下轮流做好小助手的餐前准备工作，正确摆放餐具、花器；2. 在老师的引导下使用餐巾；3. 在成人的提醒下，做好餐后个人整理，能自己送餐具，并分类摆放。	1. 值日生独立进行餐桌布置和餐后整理，如桌面、地面清洁以及清理杂物盘等；2. 正确使用餐巾并合理收放，在成人的鼓励下尝试清洗餐巾；3. 有序做好个人餐后整理，分类、整齐摆放餐具并独立清洗小勺子。	1. 熟知值日生工作流程，能够与同伴分工合作完成餐前准备以及餐后整理工作；2. 主动使用餐巾并坚持每天清洗；3. 熟练、有序做好个人餐后整理，独立清洗自己的餐具。
食礼	餐礼文化	1. 愿意跟随成人诵读简短的感恩词；2. 在成人的照顾下使用勺子进餐，不随意离开座位。	1. 在成人的引导下能用自然的声音诵读餐前感恩词；2. 在成人提醒下安静进餐，吃完最后一口饭菜再离开座位；3. 进餐时能正确使用勺子，在成人的提醒下坐姿端正。	1. 与同伴一起完整、流畅诵读感恩词；2. 能够安静、专注进餐，在成人的提醒下细嚼慢咽，不剩饭菜；3. 进餐时坐姿端正，熟练使用勺子，尝试使用筷子；4. 尊重值日生的劳动，礼让值日生优先餐前盥洗和入座；5. 在盥洗和清洗餐具的过程中有节约用水意识。	1. 理解餐前感恩的意义，与同伴一起有感情地诵读感恩词；2. 进餐过程中举止优雅、细嚼慢咽、珍惜粮食；3. 会正确使用筷子，了解使用筷子的礼仪；4. 在生活中知道尊重为大家提供餐食服务的人，进餐时尊重长辈，礼貌谦让；5. 初步了解并尊重不同地域、不同民族的餐礼文化。

托班食育课程

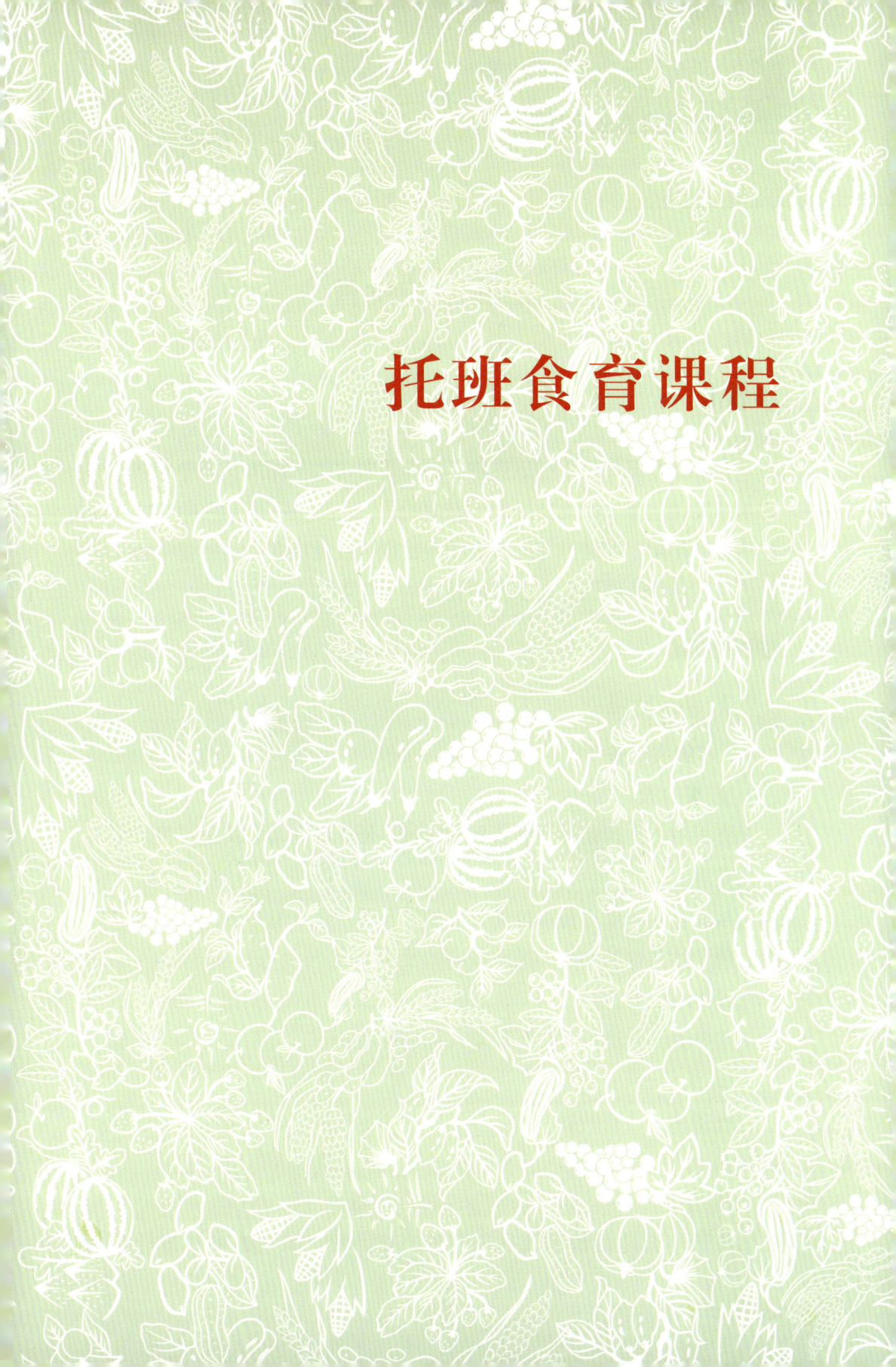

生活中的食育

小餐巾

餐巾是餐桌文化中的重要物品，棉质餐巾的使用源于保护生态环境的永续发展，源于幼儿良好卫生习惯的养成。三条不同颜色的餐巾分别在三餐后使用，托班是习惯养成的关键期，在使用餐巾的过程中幼儿会萌发自我照顾的意识，初步养成良好的卫生习惯。

组织策略

1. 创设环境

（1）物品准备

① 餐巾盒

将餐巾盒合理摆放至餐后整理区域，便于幼儿取放及进行餐后个人卫生整理。

按照学号顺序，将每位幼儿的学号及照片贴在餐巾收纳盒、收纳袋上，便于幼儿取放和教师关注餐巾的使用情况。

② 喷壶

准备大小合适、便于托班幼儿抓握的喷壶。

③ 置物盘

准备大小适宜的置物盘，呈斜坡状固定放置，便于幼儿把餐巾打开放入盘子并将其喷湿。

④ 镜子

将大小合适的镜子放在适宜的高度，便于幼儿擦嘴后进行自我

检查。

（2）环境准备

在适合幼儿高度的活动室墙壁上，以直观形象的图片暗示餐巾的使用流程及方法。

（3）课程准备

根据班级幼儿实际情况，开展适宜托班幼儿使用餐巾的活动，如木偶剧《认识小餐巾》、前数学《餐巾对对碰》、儿歌《我会用餐巾》等多种形式的课程化活动，引导幼儿逐步学习使用餐巾，喜欢使用餐巾。

2.使用方法

（1）放置餐巾

托班前期可以由教师指导、家长辅助，逐渐过渡到幼儿独立将餐巾及餐巾袋分别放在相应的位置。两套餐巾交替带入班级，并将三块餐巾按照三餐对应的三色，按从上到下的顺序叠放在一起，放入餐巾盒内。

（2）使用餐巾

① 使用流程

取餐巾—将餐巾展开放到置物盘里—用小喷壶喷湿小餐巾—擦嘴—对着镜子检查—将使用后的餐巾放入餐巾袋。

② 使用方法

A 餐后漱口后，幼儿从餐巾盒里拿取小餐巾。

B 将餐巾展开，放在准备好的置物盘里。

C 引导幼儿双手握住喷壶压柄，对着小餐巾喷水。

D 擦嘴。

第1次：将餐巾全部展开进行第一次擦拭；

第2次：将餐巾折一下进行第二次擦拭；

第3次：将餐巾在第二次的基础上再折一下，进行第三次擦拭。

E 擦完嘴后幼儿面对镜子，看一看是否已擦干净。

F幼儿将用过的餐巾放到自己的餐巾袋中。

（3）餐巾的清洗及整理

幼儿将用过的餐巾放回自己的餐巾收纳袋中，离园时带回家进行彻底清洗、高温消毒并暴晒。

3.使用要求

（1）托班初期暂不使用餐巾，待幼儿度过焦虑期后开始使用餐巾。

（2）引导幼儿拿取和使用餐巾时有序排队，耐心等待。

（3）使用餐巾过程中，尊重幼儿年龄特点和个体差异，遵循循序渐进原则。

家园共育

1. 提醒家长引导幼儿在日常生活中知道节约用纸和用水。

2. 将幼儿使用餐巾的情况及时反馈给家长，引导家长帮助幼儿巩固正确使用餐巾及擦嘴的方法，做好家园共育工作。

3. 提醒家长按要求将餐巾带入班级，与幼儿一起放入指定的餐巾盒内，并能将带回家的餐巾及时清洗、消毒、暴晒。

小助手

托班小助手活动尚处于初步建立阶段。创设温馨、安全的环境，引导有意愿的幼儿做力所能及的事情，养成双手持物轻拿轻放爱惜物品的行为习惯，从而提高基本的动手能力，体验愿意为他人服务的快乐。

组织策略

1.活动内容

（1）托班幼儿初入园时情绪不稳定，待幼儿度过"分离焦虑期"后，引导有意愿的幼儿尝试做小助手。小助手工作内容主要包括：分发餐具（杂物盘、点心盘、碗）、挂毛巾、摆放水杯、拉椅子。

（2）托班下期幼儿熟悉班级小助手活动流程后，可尝试在进餐后加入收公用餐具（杂物盘、点心盘）等活动内容。

2. 活动形式

（1）以课程的形式帮助幼儿了解小助手的活动流程，激发幼儿的兴趣，促进托班幼儿的习惯养成。

（2）在班级合适位置以照片的形式呈现小助手活动流程步骤，充分发挥环境暗示的教育作用。

（3）通过背景儿歌、木偶剧的形式，引导幼儿正确端放托盘，取放餐具轻拿轻放。

（4）生活教师运用语言、动作示范的方式指导小助手摆放餐具、挂毛巾、摆放水杯等。

3. 活动流程

（1）餐前准备

小助手流程：戴围裙—盥洗—取托盘—摆餐具—收托盘—拉椅子。

小助手活动前，生活教师做好备餐准备，桌面消毒后幼儿方可活动。引导小助手具体操作流程如下：

① 佩戴围裙；

② 在盥洗室将手洗净；

③ 取出托盘，分发并摆放好公共餐具；

④ 摆放杂物盘，每次用托盘端两个并摆放在餐桌上；

⑤ 摆放点心盘，每次用托盘端两个并摆放在餐桌上；

⑥ 摆放餐具（碗），每次用托盘端两个并摆放在餐桌上；

⑦ 轻轻拉出椅子。

（2）班级其他工作。

小助手做完餐前准备后可以参与挂毛巾、摆放水杯等工作。

4. 注意事项

在小助手活动过程中，教师全程观察并给予幼儿适时指导和帮助，提醒小助手注意把托盘端平慢走。

5. 活动评价

（1）利用谈话活动、生活整理、过渡环节，对当天小助手工作情况进行分享交流，给予积极的肯定与鼓励，激发更多幼儿参与小助手活动。

（2）在餐前感恩中引导全体幼儿对小助手进行感谢，提高幼儿参与的积极性。

家园共育

1. 提醒家长关注小助手安排，积极配合小助手活动的开展。

2. 将小助手积极参与的情况以图片、视频的形式通过网络平台反馈给家长，提醒家长在幼儿参与小助手活动中及时做好配合，如按时送幼儿入园、准备围裙等。

3. 有意识地引导家长适时放手，为幼儿提供锻炼的机会，引导幼儿做一些力所能及的事情。

植物角

环境是重要的教育资源，植物角是幼儿认识自然的一扇窗。在植物角中调动幼儿好奇心，让幼儿参与到观察和养护中，从而使幼儿认识、喜爱植物，体验亲近大自然、尝试照顾植物的乐趣。

组织策略

1. 班级种植

（1）根据不同的季节选择适宜的植物，引导幼儿观察其生长过程及尝试维护植物，如擦拭叶子、晒太阳等。

（2）组织幼儿在植物角观察教师种植过程，引导幼儿做力所能及的事，并进行谈话活动，如认识植物的名称、简单了解植物外形、赞美植物，萌发幼儿照顾植物的爱心和兴趣。

（3）利用散步、晨间活动等时间，在教师的带领下引导幼儿给植物浇水等。

2. 公共蔬果花园

（1）在种植季节，带领幼儿观看教师、家长种植的过程，丰富幼儿对当季植物的认知。

（2）利用户外活动时间，带领幼儿到公共蔬果花园进行简单的维护，如捡落叶、浇水等。

家园共育

1. 向家长介绍种植活动的重要性，充分调动家长和幼儿参与的积极性。

2. 引导家长带领幼儿参与种植活动，使幼儿萌发对植物的爱心和照顾植物的兴趣。

3. 鼓励家长经常带幼儿到户外感受大自然并向幼儿介绍常见植物，丰富幼儿的认知。

食谱播报

托班食谱播报以教师播报为主。每次餐前有计划地向幼儿重点介绍一种食材或饭菜，教师以幼儿喜欢的木偶剧、儿歌等形式，并借助实物，通过引导感知食物的名称、颜色、味道、营养价值等，从而增强食欲，引导幼儿在认识食物的基础上，与食物产生情感链接，愿意亲近各种营养食物，逐渐培养幼儿良好的饮食习惯和初步的健康意识。

组织策略

1. 教师提前一天了解当天食谱，并做好食谱播报准备。

2. 借助托班幼儿喜爱的木偶剧、儿歌等形式，必要时结合实物介绍当餐食谱，引导幼儿了解食物的名称和营养价值，增强幼儿的食欲。

3. 引导幼儿注意倾听食谱播报，培养幼儿良好的倾听习惯。

4. 食谱播报语言要形象生动且简单易懂。

5. 教师餐前向幼儿介绍食谱，以《清炒胡萝卜丝》为例：

（准备，出示手偶小白兔、实物胡萝卜）

师：小白兔，白又白，两只耳朵竖起来。爱吃萝卜和青菜，蹦蹦跳跳真可爱！

师：宝贝，看，这是小兔子最喜欢吃的什么呀？胡萝卜是什么颜色？让我们摸一摸、闻一闻、看一看。

师：胡萝卜脆脆的、甜甜的，味道好极啦！多吃胡萝卜可以让我们的眼睛越来越明亮，我最爱吃胡萝卜啦！

师：今天的晚餐有一道菜就是清炒胡萝卜丝，请小朋友在小碗里找一找、尝一尝美味的清炒胡萝卜丝吧！

教师拓展

1. 知道胡萝卜富含胡萝卜素和维生素 A、维生素 C 等营养元素，在学龄前幼儿视力发育的关键期，多吃胡萝卜能够促进幼儿视力发育。

2. 会吟诵《胡萝卜》食育手指游戏儿歌，编排关于《胡萝卜》故事的木偶剧、围裙剧等。

3. 带领幼儿一起去蔬果花园寻找和认识种植的萝卜根茎叶的颜色、

形状、味道等。

家园共育

1. 利用网络平台让家长认识到幼儿食谱播报的重要性，并鼓励家长做好日常餐前食谱播报。

2. 建议家长利用实物、图片、故事、儿歌等形式为幼儿进行家庭日常餐前食谱播报，帮助幼儿了解食物名称及营养价值。

3. 提醒家长食谱播报语言要形象生动且简单易懂，并关注幼儿良好倾听习惯的培养。

健康管理

托班幼儿年龄尚小，健康管理应突出成人的榜样和环境的潜移默化影响。成人需要捕捉恰当的机会，通过正确科学的方式，在一日生活中向幼儿自然渗透健康知识，为幼儿营造健康生活环境。幼儿在教师帮助下，通过观察口、舌、面部等身体的变化来了解自身健康状况。当幼儿咳嗽、流鼻涕或者是腹痛等身体不适的时候，知道要向成人表达，说出自己哪不舒服。在教师的引导下，选择适宜的饮用水和食材调整自己的身体，关注自我身体的生长变化，建立初步的健康意识。

组织策略

1. 我长大了

（1）制作具有趣味性的身高记录表，将身高测量尺粘贴在便于幼儿与家长共同操作的位置。

（2）通过谈话、木偶剧等形式，引导幼儿熟悉测量环境，认识测量工具，激发幼儿参与测量的兴趣。

（3）因托班幼儿年龄较小，身高、体重记录需在教师或家长的帮助下完成，每月记录一次。

（4）测量结果可通过图片、视频等直观形象的方式，引导幼儿发现自己在不断地成长。

2. 拉粑粑

（1）在班级中布置便于幼儿操作的"大便记录"墙面，制作富有童趣的记录材料，激发幼儿记录自己是否大便的意愿。

（2）教师通过谈话、木偶剧等形式，引导幼儿了解大便记录表的使用方法，鼓励其在园大便，缓解幼儿因如厕环境改变而造成的紧张情绪。

（3）如厕后教师应及时提醒、鼓励幼儿做好大便记录。

（4）教师应通过观察大便形态及时了解幼儿身体健康状况，给予细致的照顾。

（5）当幼儿在园肚子不舒服时，老师可以鼓励宝贝拉臭臭，看是因为肚子胀气还是拉不出臭臭引起的不适，教师可先通过小儿推拿手法揉肚子，待有便意后再带宝贝去厕所。

3. 营养水

（1）在保健医的指导下统一制作积食舌苔对照图，准备大小适宜的镜子。教师在保健医的指导下，冲泡充足、适宜的营养水，如大麦水。

（2）教师应在保健医指导下，根据季节和幼儿健康状况，准备不同的营养水。准确掌握食材冲泡的浓度，及时续水，保持适宜的水温，食材每日更换。

（3）通过亲身示范、木偶剧等方式鼓励幼儿照镜子，观察自己的舌苔，在教师的帮助下了解自己的舌苔状况，选择适宜的营养水饮用。

家园共育

1. 利用家长会、家长园地等途径向家长介绍健康管理的方法，获得家长在理念上的认同，不断提高家长的育儿健康理念。如根据观察幼儿健康状况，向家长普及健康小常识，比如，区分幼儿感冒的类别，针对风寒感冒建议家长煮姜枣茶让宝贝饮用，临睡前用温热水泡脚；风热感冒建议家长用西葫芦煮水让宝贝饮用，或者开展公益讲座《管理孩子健康的智慧》等。

2. 指导家长及时为幼儿进行家检并根据幼儿在园体检结果，调整家庭饮食结构，形成健康的饮食理念。幼儿如出现腹胀、口臭、舌苔厚腻等食积症状，建议家长给宝贝炒麦芽水饮用，晚餐尽量食用易消化的米汤或面汤，以减轻肠胃负担。如宝贝出现眼睛红、有眼屎等上火症状，建议家长用莴笋煮水饮用或用菊花水热敷眼周，热敷眼周时，注意温度不要过高。

3. 在家长园地粘贴身高体重的标准值，引导家长了解幼儿生长发育的情况，提供一些饮食与运动等方面的合理建议。

食育主题

让我慢慢爱上你

主题由来

托班阶段是幼儿集体生活的开始，受家庭饮食习惯及年龄特点的影响，幼儿在饮食习惯与饮食行为等方面存在较大差异。教师在日常进餐中发现，刚刚步入幼儿园的托班宝宝较多的对绿色和黑色食物有所抵触，如菠菜、芹菜、小油菜等绿色蔬菜类和木耳、紫菜、香菇等黑色食物类。因此，为了让宝贝慢慢接受绿色蔬菜和黑色食物的味道，教师应注重环境的营造和一日生活中各个环节的渗透，不断创造机会让幼儿与

食物进行游戏式、情景式的多感官接触，通过拟人化方式与食物宝宝对话等，让幼儿与这些食物逐渐产生熟悉感、亲近感，同时让幼儿在与伙伴一起玩一玩、摸一摸、闻一闻、尝一尝的过程中认识食物、了解食物、亲近食物，吸引幼儿愿意尝试品尝绿色蔬菜和黑色食物。另外，教师也可根据本班幼儿饮食实际情况扩展活动，如"爱上绿绿的你""爱上黑黑的你"等，逐步使托班宝贝养成均衡营养的饮食习惯。

主题目标

1. 寻找生活中常见的绿色、黑色食物，在观察、动手操作等过程中知道它们的名称，认识它们的外形特征。

2. 在参与种植和养护、艺术创作和木偶剧活动中了解绿色、黑色食物的营养，对它们逐渐产生熟悉感、亲近感。

3. 愿意参与制作并品尝绿色、黑色食物的味道，慢慢建立对它们的喜爱。

主题网络图

让我慢慢爱上你
- 爱上绿绿的你
  - 寻找碗里的绿色
  - 菜菜长成记
  - 送给妈妈的连衣裙
  - 我是一颗青菜
- 爱上黑黑的你
  - 你好，小黑
  - 小黑的秘密
  - 美味的黑朋友

爱上绿绿的你

方案一　寻找碗里的绿色

活动目标

1. 寻找日常生活中常见的绿色蔬菜，能认识茼蒿、油菜、芹菜。
2. 通过木偶剧知道茼蒿、油菜、芹菜的外形特征，萌发对绿色蔬菜的喜爱。

活动准备

小兔子手偶、小碗、茼蒿、油菜、芹菜、喂小动物的操作材料。

活动建议

1. 欣赏情景表演《绿色蔬菜宝宝捉迷藏》。
2. 观察茼蒿、油菜和芹菜，看一看、摸一摸、闻一闻，感知其外形特征，知道它们的名字并正确区分。
3. 观看《爱吃青菜的小兔》木偶剧，知道爱吃青菜对身体好。
4. 游戏：喂小动物吃饭。

操作小兔子手偶、小桌子、椅子、餐具、仿真蔬菜等材料，边操作边说："兔宝宝喜欢吃绿色的油菜。"

活动延伸

1. 观察班级季节桌上不同蔬菜的叶子，比较它们的不同；在蔬果花园中感受食物成长的奇妙，体验采摘的乐趣。

2. 用绿色蔬菜榨汁制作绿色营养小馒头，乐于品尝绿色蔬菜小馒头。

附：木偶剧

爱吃青菜的小兔子

太阳公公出来了，草丛里来了一只可爱的小兔子在找食物吃。

它跳到了一片菜地里，这里有好多绿色的蔬菜啊！

这一棵绿色的、有许多尖尖叶片的蔬菜，原来是茼蒿。小兔子说："我喜欢吃茼蒿。"

这有一棵绿色的、肚子胖胖的菜，那么多叶子在一起就像小花一样，原来这是油菜。小兔子说："我喜欢吃油菜。"

最后，小兔子发现了一棵高高的、有香味的菜，咬一口，"咔嚓咔嚓"，脆脆的。小兔子说："我喜欢吃芹菜。"

小兔子吃饱了，高兴地说："爱吃青菜身体好！"

方案二　菜菜长成记

活动目标

1. 了解芹菜、生菜、油菜等绿色蔬菜可以通过水培方式慢慢长大，尝试与教师共同在班级窗台进行水培绿色蔬菜。

2. 愿意参与水培种植和养护活动，在体验水培蔬菜的乐趣中逐渐建立对绿色蔬菜的喜爱。

活动准备

食材：带小菜心的芹菜、生菜、油菜菜根。

用具：水培容器、放大镜、小喷壶。

活动建议

1. 观看《兔宝宝的菜园》木偶剧，知道食物的成长需要水、阳光、空气、土壤等条件。

2. 游戏：蔬菜宝宝长高了。

每人拿出一块小垫子当场景，自己来当蔬菜宝宝，教师手拿太阳道具、小水壶为蔬菜宝宝浇水，模仿蔬菜宝宝越长越高。

3. 观察芹菜、生菜和油菜根部的横切面，知道蔬菜还可以通过水培的方式长大。

4. 把带菜心的菜根放入水培容器中，并放在窗台阳光充足的地方。

5. 用放大镜来观察油菜、芹菜和生菜的生长过程，尝试用小喷壶进行养护。

6. 为种植的蔬菜宝宝起喜欢的名字，并用水培蔬菜来美化室内的餐桌、窗台等地方。

活动延伸

1. 在家中和父母一起水培绿色蔬菜。

2. 在成人的引导下愿意尝试择菜、洗菜等帮厨活动，和家人一起制作和品尝美味的蔬菜饼。

附：木偶剧

兔宝宝的菜园

小兔子一家特别喜欢吃青菜，于是，它们决定自己来种菜。

瞧，兔宝宝的菜园里种了好多青菜啊！

兔爸爸告诉小兔子们："蔬菜要种在宽阔的、有阳光的地方，还要经常浇浇水。有了足够的阳光、空气、水，蔬菜宝宝才可以茁壮成长。"

听了爸爸的话，小兔子们立刻行动起来，找了一块空地，一起来种菜，翻土、播种和浇水，看，小兔子们种的蔬菜长得真好呀！

方案三　送给妈妈的连衣裙

活动目标

1. 从不同角度欣赏生菜、油菜、芹菜根部横切面的形态美，尝试用不同绿色青菜的横切面蘸上颜料进行拓印活动。

2. 体验用绿色青菜根的横切面拓印制作礼物，表达对妈妈的爱。

活动准备

食材：生菜、油菜、芹菜三种蔬菜和其根部横切面。

用具：红、黄、蓝三色颜料，印有连衣裙的画纸。

活动建议

1. 观察没有装饰过的妈妈的连衣裙，想一想怎么能让它变漂亮呢？

2. 观察生菜、油菜、芹菜三种蔬菜的根部横切面，看一看它们像什么，猜一猜分别属于哪种蔬菜。

3. 试一试这些好看的蔬菜横切面印上彩色的颜料后会变成什么图案。

4. 选择用不同蔬菜的横切面蘸上自己喜欢的颜色拓印在妈妈的连衣裙上。

儿歌：手拿小菜根，亲亲小颜料，亲一下印一下，亲一下印一下，妈妈的裙子真漂亮！

5. 相互欣赏连衣裙上美丽的图案和色彩。猜一猜宝宝是用什么蔬菜为妈妈印的连衣裙吧！

活动延伸

尝试用不同种类蔬菜的根部横切面进行拓印，观察不同的拓印图案。

方案四 我是一棵青菜

活动目标

1. 理解歌词内容并能够跟随音乐节奏做动作。
2. 与同伴共同感受乐曲的欢快和歌词的有趣，喜欢参加韵律活动。

活动准备

教具：音乐、菠菜和青菜胸卡。

活动建议

1. 欣赏音乐《我是一棵青菜》，熟悉歌曲旋律和歌词中的两种蔬菜，知道爱吃蔬菜身体好。

2. 跟随教师边唱歌边随音乐做动作，感知乐曲欢快的节奏。

3. 游戏：开火车。

佩戴蔬菜胸卡扮演蔬菜宝宝，听到教师唱哪种蔬菜，相同的蔬菜宝宝上小火车，跟随教师边开火车边做动作，了解蔬菜的营养价值。

4. 到户外蔬果花园中为蔬菜宝宝唱首歌，说一说悄悄话。

活动延伸

1. 尝试用不同的蔬菜种类替换音乐里的蔬菜名称，继续创编韵律活动。

2. 倾听教师的每日餐前食谱播报，喜欢食用绿色蔬菜。

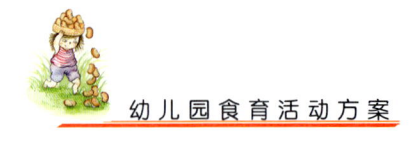

附：歌曲

我是一棵青菜

来来，我是一棵菠菜，菠菠菠菠菜菜，多吃菠菜我会长得快；
来来，我是一棵青菜，青青青青菜菜，多吃青菜我会变可爱。

一日生活渗透

1. 利用餐前食谱播报和食育儿歌，引导幼儿了解茼蒿、油菜、生菜等常见绿色蔬菜的名称和营养价值。

2. 师生共同在蔬果花园观察各种蔬菜的生长过程和外形特征，一同养护、浇水、采摘等。

区域材料投放

1. 提供大嘴娃娃、小桌子、椅子、餐具、仿真蔬菜等材料，鼓励幼儿模拟进餐情景。

2. 将《兔宝宝的菜园》《我是一棵青菜》等木偶剧制作成立体、可活动的绘本，供幼儿自主阅读。

3. 在种植区水培带有根部的生菜、油菜、芹菜等常见蔬菜，提供放大镜和小喷壶，供幼儿日常养护和观察蔬菜的生长。

4. 提供各种蔬菜的根部横切面、水粉颜料、各种纸张，供幼儿进行肌理涂鸦、拓印。

5. 益智区投放蔬菜纹理配对卡片，启发幼儿认识蔬菜的纹理，了解生活中常见的蔬菜。

6. 师幼共同布置主题墙面"爱上绿绿的你"，呈现绿色蔬菜的生长过程图片、与蔬菜相关的美食图片及艺术作品图片。

家园共育

幼儿在认识芹菜、油菜、茼蒿的过程中，感受不同绿色蔬菜的不同触感、形状和气味,萌发对蔬菜的喜爱,家长可引导幼儿认识更多的蔬菜并鼓励幼儿参与制作相关美食,激发幼儿想要尝一尝的愿望。同时,引领幼儿了解绿色蔬菜对身体健康成长的帮助,如使便便不干、屁屁不疼、嘴巴不臭、手不脱皮等。

1. 和幼儿共同尝试水培和土培蔬菜,如芹菜、生菜、小白菜等,观察其生长过程。

2. 亲子阅读与蔬菜、培养进餐好习惯有关的绘本,引导幼儿了解蔬菜的多种营养价值和对身体带来的好处。

3. 鼓励幼儿一起参与择菜、洗菜的过程,制作并体验品尝食物的乐趣。

4. 尝试用不同种类的蔬菜制作有趣的造型和小景观,营造温馨的家庭进餐氛围。

爱上黑黑的你

方案一 你好,小黑

活动目标

1. 通过观察和触摸,感受木耳、紫菜的颜色、形状和质感,了解木耳、紫菜的生长环境。

2. 认识生活中常见的黑色食物,愿意品尝黑色食物的味道。

活动准备

食材:干木耳、干紫菜若干。

教具:玩具小火车、课件。

活动建议

1. 在和黑色食物交朋友的情境中认识木耳和紫菜,说出两种食物的名称。

2. 观察干木耳和干紫菜，摸一摸、闻一闻，了解它们的颜色、形状、质感和气味。

3. 比较发现两种食物的相同点和不同点。

4. 观看课件，了解木耳、紫菜的生长环境，知道生活中还有许多其他常见的黑色食物。

活动延伸

1. 引导幼儿寻找更多黑色的健康食物，品尝由黑色食材制作的美食。

2. 提供关于木耳和紫菜的各种图片，供幼儿了解和认识。

方案二　小黑的秘密

活动目标

1. 在动手操作中，观察干木耳、干紫菜遇水后由小变大，由硬变软的有趣现象。

2. 萌发科学探究的愿望，激发对黑色食物的兴趣。

活动准备

食材：干木耳、干紫菜。

用具：盛有水的小盆。

活动建议

1. 和教师共同说食育儿歌《木耳》和《紫菜》，了解木耳、紫菜的外形特征及营养价值。

2. 猜一猜干木耳和干紫菜遇到水之后会发生什么变化。

3. 将干木耳、干紫菜放入盛有水的小盆中，观察木耳和紫菜的变化。

4. 摸一摸，发现木耳遇水后由小变大，紫菜遇水后由硬变软。

5. 游戏：小黑变变变。

跟随音乐模仿干木耳、干紫菜，身体缩得小小的，听到教师指令"亲亲水宝宝"后，就伸展身体和手臂，让自己变得大大的。

活动延伸

1. 观察、欣赏蔬果展示台上干的以及泡发后的木耳、紫菜，用放大镜观察木耳的褶皱等现象。

2. 师生利用种植包一起种植木耳，观察木耳的生长过程，感受木耳的颜色和形态之美。

方案三　美味的黑朋友

活动目标

1. 在看一看、摸一摸、闻一闻中知道黑木耳的外形特征，了解黑木耳有养胃润肠、增强免疫力的功效。

2. 能双手配合将黑木耳撕成小片，制作美食，体验和同伴共同参与、分享的快乐。

活动准备

食材及调料：黑木耳、鸡蛋、胡萝卜、盐、食用油。

用具：炒锅。

活动建议

1. 观察干木耳和泡发后的木耳，并说出它们的名字。

2. 尝试将泡发好的黑木耳撕成小小的片状，放入容器中。

3. 教师将鸡蛋打散翻炒，胡萝卜切丝放入碗中备用。

4. 观看教师将鸡蛋和木耳放入锅中翻炒均匀后放入调料至炒熟。

5. 师生共同说餐前感恩词，和同伴一起品尝美味的木耳胡萝卜丝炒鸡蛋。

活动延伸

1. 参与泡发木耳和紫菜的过程，品尝多种由木耳、紫菜制作的美食。

2. 通过学习食育儿歌，认识和了解更多的黑色健康食物。

一日生活渗透

1. 利用餐前食谱播报，引导幼儿了解木耳和紫菜的营养价值。

2. 通过《木耳》《紫菜》等食育儿歌，使幼儿萌发喜欢黑色食物的情感。

3. 在户外活动时，可将游戏"木耳变变变"运用到热身或放松环节。

区域材料投放

1. 投放五行食育卡，让幼儿进行颜色匹配和指认更多的黑色食物。

2. 创设"爱上黑黑的你"主题墙面，呈现各种黑色食物的相关图片，让幼儿在与墙面的互动中进一步了解黑色食物，喜欢黑色食物。

3. 投放木耳种植包、放大镜、小喷壶，引导幼儿观察木耳的生长过程。

家园共育

幼儿在家长的引导下观察木耳和紫菜的外形特征，以及它们遇水后由小变大、由硬变软的有趣现象，激发幼儿对黑色食物的兴趣。通过实物和图片，进一步加深幼儿对它们的认识，萌发想要品尝黑色食物的愿望，逐步养成不挑食的好习惯。

1. 收集各种黑色食物的图片和实物，幼儿说出它们的名称并进行配对游戏。

2. 尝试在家中种植黑木耳、水培黑豆等黑色食物，观察黑色食物的生长过程，并和爸爸妈妈一起分享。

3. 与家长一起去超市购买木耳、紫菜，寻找更多的黑色健康食材。

春分里的幸福时光

主题由来

春分时节昼夜均分，万物复苏大地回暖，油菜黄、蜜蜂忙、柳绿桃红、春菜飘香……世间美好始于春。新学期伊始，与托班小宝贝、老师们一起享受春分里的幸福时光吧！

"讨一枝春花插花瓶，选一朵春花戴耳畔，邀请各种春菜来展示，亲手制作的风筝空中飘……"让宝贝置身于春意浓浓的环境之中，与大自然、与食物等进行多感官互动。为了让宝宝体验春分节气的到来，与亲爱的老师、伙伴一起认一认、摘一摘、做一做，一起品尝春天的味道；"春分到，蛋儿俏"，听说春分这一天是最容易把鸡蛋立起来的，选一个光滑匀称的鸡蛋，小心翼翼地竖起来，好玩又神奇；春分时节阳光明媚、气候温和、雨水充沛，与亲爱的老师、家人、朋友一起郊外春游，感受农民伯伯耕作时充满希望的心情；一起放飞亲手参与设计的风筝，体验春日独有的乐趣……春分时节还有哪些好吃的、好玩的呢？和孩子们一起享受春分美好与浪漫的生活吧！

主题目标

1. 共同寻找春分节气成熟的"春菜"，观察食材的外形特征，愿意和老师一起参与采摘、清洗和简单的制作，共同分享春菜美食。

2. 通过尝试竖蛋、共同踏青以及对生活环境的观察，感受春回大地时生活中气味、色彩、温度的变化，体验春分节气的习俗。

3. 愿意和老师、同伴一起通过多种方式了解春天、感受春天，并在春分主题活动中留下美好幸福的记忆。

主题网络图

方案一　春天的味道

活动目标

1. 以拟人的方式初步认识香椿、春笋、苋菜的名称、颜色及外形特征，知道它们是春分时成熟的蔬菜，萌发对春天的喜爱。

2. 对春菜的味道产生好奇，引导幼儿愿意参与采摘和清洗，尝试品尝香椿、春笋、苋菜，感受春天的味道。

活动准备

食材：香椿、春笋、苋菜。

用具：淡盐水、若干小碗、小勺。

教具："春姑娘"头饰。

活动建议

1. 教师扮演"春姑娘"，在情境中和蔬果花园里成熟的蔬菜宝宝交朋友。

2. 分别认识香椿、春笋、苋菜的名称，通过看一看、摸一摸、闻一闻了解春菜的颜色和外形特征，如香椿的味道香香的，春笋的身体尖尖的，苋菜的小脸红红的，等等。

3. 听三种"春菜"介绍自己的功效。

香椿：我是香椿，我能帮助小朋友皮肤嫩嫩、眼睛亮亮；

春笋：我是春笋，我能清热解渴，让小朋友便便舒畅；

苋菜：我是苋菜，我可以让你的牙齿、骨骼变得坚硬结实！

4. 将三类蔬菜进行清洗，并动手撕成小块。

5. 分别用淡盐水焯水，盛出摆盘。

6. 在"春姑娘"的邀请下根据自己的喜好分别品尝三种春菜，感受春天的味道。

活动延伸

1. 在教师引导下，根据观察到的香椿、春笋、苋菜的颜色及外形特征，在蔬果花园自主寻找、发现三样蔬菜。

2. 延续"春天的味道"这一主题，周末和爸爸妈妈到野外寻找春菜，参与制作、品尝并分享自己吃过的春菜。

3. 关心春菜宝宝的生长过程，愿意一起照顾、陪伴蔬果花园中的各种蔬菜宝宝一起长大。

方案二　榆钱糕

活动目标

1. 在回忆和爸爸妈妈共同收集榆钱的经历的基础上，结合实物了解榆钱消食化积、清热消肿的功效。

2. 能双手配合将榆钱的根蒂掰掉，并愿意参与制作榆钱糕，感受制作美食的快乐，萌发对绿色蔬菜的喜爱。

活动准备

食材：榆钱、玉米面、梨汁。

用具：蒸碗、蒸锅、每组一个小碗。

教具：与爸爸妈妈收集榆钱的视频。

活动建议

1. 观看和爸爸妈妈收集榆钱的视频,再次认识榆钱,知道榆钱在春天成熟。

2. 看一看、摸一摸、闻一闻榆钱实物,观察榆钱的外形特征:嫩绿的片状,边缘薄中间鼓,外形像铜钱,所以起名为榆钱。

3. 在情景中分组帮助榆钱宝宝"大变身":将榆钱的小尾巴(榆钱的蒂)掰掉,将择好的榆钱放进小碗。

4. 观看教师制作榆钱糕:将榆钱和进玉米面后依次少量加水,用筷子搅拌均匀,加入少许梨汁,将拌好的榆钱倒入蒸盘压实,锅里加入适量清水,开火蒸8分钟左右。

5. 共同品尝美味的榆钱糕。

活动延伸

1. 在家进行亲子食育活动,用榆钱制作各种美食,如榆钱窝窝头、榆钱鸡蛋饼等。

2. 观察食物展示台上的榆钱,近距离了解其外形特征。

方案三 荠菜春羹

活动目标

1. 通过拟人化的自我介绍方式认识荠菜的名称、外形特征,了解荠菜成熟的季节。

2. 在情境对话中了解荠菜疙瘩汤的制作方法,引导幼儿愿意尝试参与制作,萌发对荠菜的喜爱。

活动准备

食材及调料:荠菜、面粉、鸡蛋、盐、香油。

用具:熊妈妈头饰、小熊手偶

活动建议

1. 教师扮演熊妈妈，在情景表演中认识小熊新交的一位野菜朋友：荠菜。通过摸一摸、闻一闻，了解其名称、颜色、外形特征。

2. 在情景中接受熊妈妈邀请共同制作美味的荠菜疙瘩汤，将荠菜撕成小块，放在碗中备用。

3. 观看熊妈妈做荠菜疙瘩汤：将面粉依次少量加水搅拌成小疙瘩状，放入锅内开水中待形状固定，倒入荠菜，两分钟后依次打入鸡蛋，加盐、香油调味，搅拌均匀，温度适宜后盛入碗中。

4. 在情景中和小熊一起品尝香喷喷的荠菜疙瘩汤。

活动延伸

1. 由成人引导尝试荠菜的不同吃法，如荠菜鸡蛋煎饼、荠菜豆腐汤、蒸荠菜等。了解荠菜的根还可以用来煮水，具有祛痰利气、温中健胃、散寒解表的功效，感受荠菜浑身都是宝的价值。

2. 尝试种植荠菜。在师生一起养育的过程中，探索植物的生长变化。

方案四　春分到，蛋儿俏

活动目标

1. 观看木偶剧，感受在春分节气里蛋宝宝会"站"起来的神奇现象。
2. 尝试动手操作进行竖蛋活动，体验与教师、大班哥哥姐姐一起进行竖蛋游戏的快乐。

活动准备

教具：鸡蛋、桌子、纸巾。
手偶：小兔子、小猴子、小松鼠、小白熊。
学具：每人一颗鸡蛋，同时给每组两颗鸡蛋备用。

活动建议

1. 在教师和大班哥哥姐姐的陪伴下，观看木偶剧，知道"春分是二十四节气中很重要的一个节气，春分时节鸡蛋宝宝会站起来"。

2. 再次观看木偶剧，倾听与观察故事中的角色在竖蛋时的小技巧。

3. 在教师和大班哥哥姐姐的帮助下，初步尝试将蛋宝宝立起来。

4. 为自己掌握帮助鸡蛋宝宝在春分站立起来的新本领鼓掌。

活动延伸

1. 将活动照片分享给家长，和家长尝试竖蛋活动。

2. 尝试用手指点涂颜料的方式进行春分的传统游戏：彩绘蛋儿活动。

附：木偶剧

春分到，蛋儿俏

今天天气真好，小熊抱着大皮球去外面玩。

"轻轻竖起，慢慢松开……"小兔子抱着蛋宝宝。

"小兔子，你在干嘛呢？""今天是二十四节气里的春分，我要尝试让蛋宝宝站起来。"

"轻轻竖起，慢慢松开……"小松鼠扶着蛋宝宝。

"小松鼠，你在干嘛呢？""今天是二十四节气里的春分，她是第四个节气，我要尝试让蛋宝宝站起来。"

"轻轻竖起，慢慢松开……"小猴子看着蛋宝宝。

"小猴子，你在干嘛呢？""今天是二十四节气里的第四个节气春分，白天和夜晚的时间是一样的，我要尝试让蛋宝宝站起来。"

"我也想要试一试，轻轻竖起，慢慢松开……"成功啦！小熊高兴地欢呼起来！

宝贝们，春分是二十四节气中很重要的一个节气。春分时节，白天和夜晚的时间是一样长的，所以在春分这一天，蛋宝宝就多了一个本领——站起来。快拿起蛋宝宝试一试吧！

方案五　春游

活动目标

1. 在成人的引导下观察农民田间耕作的繁忙景象，欣赏春季美丽的景色。

2. 知道外出时要时刻跟紧成人，感受与成人、同伴一起出游的幸福、快乐。

活动准备

1. 物品准备：餐巾纸、湿巾、垃圾袋、照相机、便携式麦克风、写有幼儿姓名及教师电话的标志贴、风筝1个。

2. 着装准备：舒服的运动服、运动鞋，装有温水的背带保温水壶。

3. 车辆、场地准备：提前沟通好幼儿的人数及车辆的接送时间；提前考察、寻找适宜活动的场地。

活动建议

1. 出发前在教师帮助和引导下做好准备工作（贴标志贴，如厕，检查水壶、衣物及所带物品）。

2. 有序上车，检查完安全带后，在教师的引导下，坐车观察窗外沿途的春景。

3. 走进田间，观察农民在田里认真工作的场景，尝试体验农民伯伯手中农具，和农民伯伯进行简单互动，对他们说："您辛苦啦！"

4. 草地游戏：寻找小昆虫，观察小虫子的外形特征；参与"抓小鱼""放风筝"等跑动游戏。在教师提醒下饮水，及时补充水分。

5. 进餐：在活动场地配套的食堂用餐，或自带水果、健康食物便当等在户外用餐。

6. 午餐后：采摘春天的果蔬，返回时与同伴、教师共同分享美好回忆。

活动延伸

1. 活动前中后，及时清点幼儿人数及物品，往返坐车时关注晕车幼儿。
2. 到达活动场地后由一名教师巡视场地，排查安全隐患，提醒幼儿出行要紧跟老师，不随便离开集体。
3. 进行集体谈话活动，回顾春游的内容，说一说春游的感受。

温馨提示

1. 活动采取自愿参加原则，活动前考察场地及合理规划春游流程。
2. 三位老师合理分工，分别站于幼儿的前中后三个方位，减少安全隐患。

方案六　放风筝

活动目标

1. 通过欣赏小熊的风筝和观看木偶剧，知道春分节气适宜户外放风筝。
2. 尝试用小手拿棉签作画的方式装饰风筝，体验和老师、同伴一起放风筝的乐趣。

活动准备

小熊手偶、实物风筝、空白风筝、棉签、水粉颜料。

活动建议

1. 在情境中欣赏小熊风筝上美丽的造型和图案。
2. 观看木偶剧《小熊放风筝》，知道放风筝是春分节气的习俗之一。
3. 尝试用棉签作画的方式，用水粉颜料在空白的风筝上进行装饰。
4. 欣赏画好的风筝，说一说自己的风筝图案像什么。
5. 游戏：小熊放风筝。

拿着自己装饰好的风筝，和老师、同伴一起去户外草地上放风筝。

活动延伸

1. 创设主题墙面"小熊放风筝"，通过各种不同尺寸和造型的风筝及图片，欣赏和了解风筝的种类。

2. 利用周末和家人一起到户外放风筝，感受节气的变化和春天的到来。

附：木偶剧

小熊放风筝

春天到了，草地上真漂亮啊，到处盛开着美丽的鲜花。

小熊在屋子里，听到外面的小朋友都在说："春分到，放风筝！"就问妈妈："什么春分到，为什么放风筝？"

熊妈妈说："春分是春季里的一个节气，在这天可以踏青，放风筝。"

小熊看着外面的小动物拿着不同的风筝，着急地说："我也要去放风筝！"

熊妈妈拿出来一只漂亮的彩虹风筝递给小熊："快去放风筝吧！风婆婆会帮你把风筝飞得高高的。"

小熊拿着风筝跑啊跑，风筝飞得高高的，漂亮极了！

一日生活渗透

1. 在一日生活中感知春分节气时暖暖的气温、斑斓的色彩、清新的味道，体验春分节气的美好。

2. 观看教师在蔬果花园育苗以及播种各种小种子，感受春分节气是播种的好时节。

3. 寻找和采摘春分节气中成熟的蔬菜和水果，体验采摘的成就感。

4. 在食谱播报及午点播报环节渗透《芽芽菜》《苋菜》《草莓》等食育儿歌，认识春分成熟的蔬果名称，了解其营养价值。

区域材料投放

1. 师生共创富有春意的食育环境，如食育桌以淡绿色背景为主，摆放应季蔬果；温暖角可摆放精美的应季水果拼盘，通过认一认、摸一摸、闻一闻、尝一尝，感知春天的味道。

2. 利用种植区里的小喷壶、放大镜，和老师一起参与水培豆宝宝，体验播种的乐趣，在观察中感知豆宝宝成长的神奇。

3. 创设"春分里的幸福时光"主题墙，呈现春分节气中师生参与的各种有趣的活动，感受和老师、同伴在一起美好而浪漫的时光。

家园共育

1. 可利用周末与家长到户外踏青，放风筝、采野菜，感受春分节气时大地回暖的美好景象。

2. 将"品春菜""饮春羹"延续到家庭亲子食育活动中，体验和爸爸妈妈共同制作美食的其乐融融的氛围。

3. 收集生活中的小种子，尝试春分节气在家中进行播种，和爸爸妈妈共同参与种子的养护过程，观察并尝试表述种子的生长过程。

食育工坊

苹果山楂饮（秋分）

红红圆圆的苹果是幼儿日常生活中容易见到且经常食用的水果，用苹果和山楂共同熬煮的水，口感酸甜，营养比较丰富，具有促排便、降血脂及美容养颜等功效。幼儿通过近距离地观察苹果、山楂的外形和其切面的特征，进一步熟悉食材，并在亲身参与中更加喜欢饮用苹果山楂水。

活动目标

1. 通过看一看、摸一摸，感受苹果和山楂的颜色、大小等外形特征。
2. 愿意使用安全小刀将苹果切块，和老师一起制作、品尝苹果山楂水。

活动准备

食材：苹果、山楂。
用具：煮锅、小碗、小勺等。

活动建议

1. 在摸口袋的游戏中依次摸出苹果和山楂，看一看、闻一闻、说一说，观察苹果和山楂的形状、大小、颜色。
2. 观察、了解苹果和山楂横向、纵向切开后的样子。
3. 在教师的背景儿歌《安全小刀歌》中学会使用及收放安全小刀的方法。
4. 使用安全刀具，将教师提前准备好的苹果片切成小块。

5. 观看教师制作苹果山楂饮：将切好的苹果块和山楂一起放进锅里煮，煮好凉至温热后盛入碗中。

6. 与同伴、教师共同分享品尝苹果山楂水。

活动延伸

1. 把苹果籽放入水培容器后摆在窗台阳光充足的地方，随机观察小种子的生长变化。

2. 将苹果和山楂切开摆放在季节桌上，使用放大镜观察苹果和山楂的横切面，发现其中的美。

3. 搭配适量香蕉、腰果，与苹果山楂水共饮共品。

香甜柚子茶（寒露）

积食是幼儿较为常见的现象之一，多是因为进食太多，而酸甜可口的柚子富含丰富的维生素C和膳食纤维，可以促进人体的新陈代谢，帮助消化。将柚子搭配蓝莓、蜂蜜制成柚子茶饮用，不仅口感香甜，而且有开胃消食、化痰止咳、去火等功效。幼儿在制作、品尝柚子茶的过程中知道柚子的果肉和果皮都可以食用，初步感受"吃全食"的意义。

活动目标

1. 了解柚子的表面是粗糙的，带有淡淡的清香味，里面的果肉是白色或者红色的特征。

2. 愿意尝试用掰一掰、撕一撕的方法将柚子果肉取出，和老师共同制作、品尝香甜柚子茶。

活动准备

食材及调料：柚子、蓝莓、处理好的柚子皮丝（柚子皮刮下切丝，泡盐水一小时左右，随后捞出冷水下锅煮开，反复三次去苦味捞出备用）、盐、冰糖。

用具：煮锅、锅铲、刮皮刀、小碗、花瓣盘。

活动建议

1. 游戏：猜猜它是谁。

通过闻一闻，猜猜教师手中是哪种水果宝宝香香的"小外套"。

2. 观察柚子，看一看、闻一闻、说一说柚子的外形特征及独特的味道。

3. 观察切开的柚子，了解柚子的内部特征。

4. 观看教师将果肉取出后掰成小块的过程。尝试用拇指、食指配合的方法将果肉掰成小块，将柚子籽收集到指定的小碗中。

5. 观看教师制作蜂蜜柚子茶：将准备好的所有食材和掰好的果肉收集，放进锅中不停搅拌熬至黏稠放凉，温水冲饮，可加适量蜂蜜调味。

6. 品尝美味的蜂蜜柚子茶，饮完后跟随教师吟唱《小餐具回家》的背景儿歌将餐具送至指定位置。

活动延伸

1. 将柚子种子在班级植物角进行水培种植，日常随机观察种子的生长变化。

2. 师生将剥下的柚子皮集中放置在盥洗室，感受柚子皮的清香可以消除异味的作用。

3. 搭配适量蓝莓、巴旦木，与香甜柚子茶共饮共品。

白菜帮营养水（冬至）

白菜帮通常指白菜茎部，含有胡萝卜素、膳食纤维、维生素、钙、镁等营养物质，适量食用通常有补充营养、促进消化的功效。我国古代民俗常见用白菜帮熬水治感冒，中医上认为白菜帮有养阴清热、利湿润肺的作用。冬季选取新鲜大白菜的菜帮，和幼儿一起制作营养水，让幼儿在了解白菜的基本特征中感受和教师、同伴一起制作食物的乐趣。

活动目标

1. 通过看一看、摸一摸，感受白菜的形状和颜色等基本外形特征。

2. 能够将白菜帮掰成碎块，和老师一起参与制作、品尝白菜帮营养水。

活动准备

食材：白菜帮、萝卜。

用具：案板、刀、煮锅、小碗、小勺等。

活动建议

1. 回顾《大白菜》食育儿歌。

2. 观察实物白菜的形状、颜色。

3. 在教师的演示下尝试将洗好的白菜帮用小手掰成碎块放在指定的盘子里。

4. 观看教师制作白菜帮营养水：将掰好的白菜帮和萝卜块一起放进锅里煮，煮好凉至温热后，盛入碗中。

5. 与同伴、教师共同品尝白菜帮营养水。

活动延伸

1. 尝试将切掉的白菜根蘸各种颜色的颜料进行拓印美术活动。

2. 通过《大白菜》的食育儿歌，进一步巩固和了解白菜的功效。

3. 搭配适量橘子、核桃，与白菜帮营养水共饮共品。

附：食育儿歌

大白菜

大白菜，人人爱，

叶儿绿，茎儿白。

茎儿润肺不上火，

叶儿炖汤皮肤白。

白菜全身都是宝，

菜根熬水内热少。

南瓜核桃露（立秋）

香甜软糯的南瓜备受幼儿喜爱，为了帮助幼儿了解更多关于南瓜的食用方法，教师可带领幼儿一起制作美味的南瓜核桃露。南瓜含有一定的维生素A、碳水化合物以及多种矿物质，核桃是强肾、补血、补脑的佳品，将二者结合制成南瓜核桃露，既可以为幼儿身体补充营养，又能在一定程度上促进消化、预防便秘。制作时连带南瓜皮、南瓜籽一起打碎食用，让幼儿初步体验"吃全食"的好处。

活动目标

1. 通过观察实物认识南瓜、南瓜籽、核桃的外形，初步了解南瓜、核桃的主要功效。

2. 会使用安全小刀将提前准备好的南瓜切块，和老师一起制作、品尝南瓜核桃露。

活动准备

食材：南瓜、核桃。

用具：案板、安全小刀、大餐盘、碗、勺、煮锅、料理机。

活动建议

1. 认识南瓜娃娃和核桃娃娃，观察其外形及内部特征。

2. 在背景儿歌的引导下，使用安全小刀把教师提前准备好的南瓜片切成小块，放入指定的餐盘中。

3. 把切好的南瓜块、南瓜籽和核桃放入蒸锅蒸熟，在等待的过程中了解南瓜、南瓜籽、核桃的主要功效。

4. 将煮好凉至温热的食材放入料理机，打成南瓜核桃露，盛入幼儿的小碗中。

5. 在背景儿歌中排队取餐，共同品尝美味的南瓜核桃露后，将餐具送至指定位置。

活动延伸

1. 观察放在水培容器和土培观察盒中的南瓜籽的生长变化，引导幼儿愿意尝试给土培的南瓜籽浇水，学习照顾南瓜籽。

2. 引领家长了解南瓜、核桃对幼儿身体健康的作用，如南瓜保护肠胃助消化，核桃增强记忆等。南瓜皮具有润肠通便的作用，食用时不丢弃、不浪费。

3. 搭配适量梨、南瓜籽，与南瓜核桃露共饮共品。

豌豆苗鸡蛋汤（春分）

春季万物复苏，正是吃"芽菜"的好时节。豌豆苗作为常见的一种芽菜，吃起来清香滑嫩，味道鲜美独特，而且它营养丰富，含有多种人体必需的氨基酸、胡萝卜素、抗坏血酸、核黄素等营养物质，具有清热败火、预防便秘、保肝护目等功效。制作豌豆苗鸡蛋汤的过程，既能帮助幼儿认识食材、了解食材，还能让幼儿感受参与制作的成就感。

活动目标

1. 通过看一看、摸一摸，感受豌豆苗的颜色和外形特征。

2. 愿意使用安全小刀将豌豆苗切断，和老师一起制作、品尝豌豆苗鸡蛋汤。

活动准备

食材及调料：豌豆苗、鸡蛋、盐、香油。

用具：煮锅、案板、刀、小碗、小勺等。

活动建议

1. 观察豌豆苗，看一看、闻一闻、说一说豌豆苗的形状、颜色。

2. 通过儿歌《安全小刀》熟悉其正确使用、收放的方法。

3. 使用安全刀具将提前准备好的豌豆苗切成段。

4. 观看教师制作豌豆苗鸡蛋汤：将豌豆苗和打散的鸡蛋倒入锅中煮，煮至三分钟后放盐和香油即可，煮好凉至温热后盛入碗中。

5. 与老师共同分享品尝豌豆苗鸡蛋汤。

活动延伸

1. 在窗台阳光充足的地方，水培种植豌豆苗并利用放大镜观察豌豆苗、豌豆根，发现更多豌豆的秘密。

2. 通过《豌豆》的食育儿歌，使幼儿萌发认识和了解更多的绿色健康食物的愿望。

3. 将豌豆种在户外百草园，观察从土里长出来的豌豆苗跟水里长出来的区别。

附：儿歌

安全小刀

右手握紧小刀柄，

左手按住小苗苗，

慢慢用力向下切，

注意安全把刀使，

用完收好娃娃笑，娃娃笑。

蒸茄条（小暑）

茄子是我们中原地区夏季较为常见的一种家常蔬菜，作为为数不多的紫色蔬菜之一，它不仅美味而且健康，具有润肠通便、降压降脂、保护心血管、明目清热、抗衰老等多种功效。幼儿和教师一起进行蒸茄条活动，有助于幼儿了解茄子的基本外形特征，激发幼儿想要吃茄子的兴趣，养成幼儿健康的饮食习惯。

活动目标

1. 通过看一看、摸一摸，了解茄子的外形特征，感受茄子形态与颜色的美。

2. 能够安全使用小刀将茄子片切成条，和老师一起制作、品尝蒸茄条。

活动准备

食材及调料：茄子，盐、香油。

用具：蒸锅、小碗、小勺等。

活动建议

1. 猜谜语：头戴小尖帽，身穿紫外套，皮肤光滑滑，身材模样俏。

2. 观察茄子，看一看、摸一摸、说一说茄子的形状、大小、颜色，以及茄子横向、纵向切开后的样子。

3. 在背景儿歌的引导下，尝试使用安全小刀把准备好的茄子片切成茄条，并放入指定的餐盘中。

4. 观看教师制作蒸茄条：将切好的茄条摆盘放进蒸锅里，蒸熟后撒上少许盐和香油，凉至温热后，盛入碗中。

5. 与同伴、教师共同品尝美味的蒸茄条。

> **活动延伸**

1.将茄子横切开后进行茄子拓印画,观察茄子横斜面的形状。

2.通过茄子的食育儿歌,知道茄子除了有紫色的,还有绿色的,了解茄子的功效,知道吃茄子对人体的好处。

3.和家长一起参与制作蒸茄子,体验亲子制作的快乐。

附:儿歌

茄子

紫茄子,绿茄子,
肚里装着小种子。
炖煮蒸炒助消化,
润肤清肠又消脂。

绿豆小米粥(大暑)

绿豆小米粥是常见的一种粥品,它含有丰富的蛋白质和维生素等营养素,具有清热利湿、解毒消肿、调理脾胃等功效,非常适合在炎热的夏天食用。教师通过实物展示与木偶剧表演,既能引导幼儿认识绿豆和小米两种食材,又能让幼儿知道食用这两种食材对身体有益,从而喜欢喝绿豆小米粥。

> **活动目标**

1.在实物观察中认识绿豆、小米,并尝试用小碗进行清洗浸泡。

2.通过观看木偶剧知道夏天多吃绿豆、小米有益健康,愿意与同伴、老师一起分享绿豆小米粥。

活动准备

食材：绿豆、小米。

用具：电饭煲、汤勺、小碗、小勺。

活动建议

1. 摇一摇、听一听分别装有绿豆、小米的玻璃瓶，猜一猜里面装的是什么。

2. 观察绿豆、小米的颜色，摸一摸、看一看，感受绿豆、小米的形状。

3. 观看木偶剧《神奇的绿豆粥》，知道夏天食用绿豆小米粥有益身体健康。

4. 在教师的演示引导下，尝试清洗浸泡绿豆、小米。

5. 将浸泡好的绿豆、小米以及冰糖倒入电饭煲中，煮好后盛入小碗。

6. 与同伴、教师共同分享美味的绿豆小米粥，并将用过的餐具送至指定位置。

活动延伸

1. 师生在班级的种植角一起种植绿豆，观察其生长过程。

2. 利用游戏区投放的小米、绿豆、小勺、量杯等材料，进行舀、倒、喂"瓶宝宝"吃饭等游戏。

3. 在户外活动中，体验边说儿歌边玩"炒绿豆"的游戏。

附：儿歌

炒绿豆

绿豆绿豆个儿小，

快快一起来炒豆。

炒，炒，炒绿豆，

炒完绿豆蹦一蹦。

炒，炒，炒绿豆，

炒完绿豆转一转。

附：木偶剧

神奇的绿豆粥

夏天到了，天气特别炎热，小兔子不想出门，就在家里待着。可是在家很无聊，小兔子就吃了很多干果和小零食，结果嗓子疼，还有点咳嗽。

小兔子告诉妈妈自己吃了很多干果嗓子疼，兔子妈妈说："小兔子别担心，我有神奇的绿豆粥帮助你。"

小兔子喝了绿豆粥，这几天也没有吃小零食，嗓子真的不疼了，小兔子惊喜地对妈妈说："真是神奇的绿豆粥！"

桑葚红枣水（鲜桑葚夏至、干桑葚霜降）

"桑葚全身都是宝，养生美容抗衰老，补血润燥又明目，酸甜可口好味道"，就像《桑葚》的食育儿歌里说的那样，夏季枝头一串串成熟的桑葚不仅吃起来酸甜可口，而且营养丰富。将桑葚配以性温的红枣一起煮水喝，能够给人体补充一定的营养，还具有安神益气、滋阴补血等功效。幼儿通过亲自动手参与制作桑葚红枣水，能够充分认识这两种食材，在木偶剧的引导中初步感受桑葚红枣水对身体的益处。

活动目标

1. 通过观察实物，了解桑葚、红枣的形状和颜色。
2. 学习使用小碗清洗红枣、桑葚，和老师共同制作、品尝桑葚红枣水。

活动准备

食材：桑葚、红枣、葡萄干。

用具：盘子、水杯、刀、煮锅。

活动建议

1. 在情境中观察桑葚、红枣的形状和颜色，简单介绍其功效，并帮助小兔子将食物送回有标志的"家"中。

2. 再观察桑葚、红枣切开后的形态和颜色。

3. 摸一摸、看一看、闻一闻、尝一尝，感知桑葚、红枣的不同味道。

4. 把准备好的桑葚和红枣放入煮锅里，煮好凉至温热后，倒入水杯里。

5. 与同伴、教师共同品尝桑葚红枣水。

活动延伸

1. 使用放大镜观察和探索摆在季节桌上的桑葚和红枣，了解其外形特征。

2. 在教师引导下，将《红枣》《桑葚》的儿歌创编成手指游戏、儿歌表演等。

3. 搭配适量葡萄干、山楂条，与桑葚红枣水共饮共品。

附：儿歌

桑葚

桑葚全身都是宝，
养生美容抗衰老，
补血润燥又明目，
酸甜可口好味道。

亲子食育

彩椒炒青笋

俗话说"一年之计在于春"，青笋作为春季中原地区常见的食材，有利尿和清热解毒的功效，再配以富含维生素的彩椒，能帮助身体进行蛋白质和维生素C的吸收，增强免疫力。春季幼儿和家长共同制作彩椒炒青笋，既能在动手操作中认识彩椒和青笋，了解食材的基本特征和它们对身体的益处，又能使亲子关系在共同制作美食的过程中得以提升。

活动准备

食材及调料：青笋、彩椒、大葱、食用油、盐。

活动建议

1. 认识食材，摸一摸、看一看，知道青笋、彩椒的名称以及食材的简单功效。

2. 尝试将青笋、彩椒、大葱一一清洗干净。

3. 先将青笋去皮备用，再将青笋、彩椒和大葱切块后再切丝装进小碗备用。

4. 将油倒入锅中，等到油热之后把葱丝放入锅中，翻炒至葱丝为黄色。放入青笋炒至三分钟后，加入彩椒继续翻炒约四分钟，加入调料。

5. 将炒好的彩椒炒青笋盛入盘中，与家人一起品尝。

温馨提示

1. 笋的皮比较厚，在削皮的过程中避免划伤手。

2. 青笋性凉，脾胃虚寒者不宜过食，久病与阴虚者忌服。

蒸槐花

春风一夜至，槐花十里香。伴随着缕缕微风，树梢的槐花带来春季最淡雅的色调。槐花味道清香甘甜，富含维生素和多种矿物质，春季食用槐花可以起到凉血止血、清泻肝火的功效。春季家长与幼儿一起感受春天，回归自然，采摘槐花，共同动手蒸一锅清香扑鼻的槐花，体会大自然带给我们的健康与快乐。

活动准备

食材及调料：槐花、面粉、盐。

活动建议

1. 观察槐树，了解槐花的形状、颜色和气味。

2. 尝试与家人一起将花梗上的槐花撸下，并择净枯叶。

3. 将择好的槐花清洗干净并晾干多余水分，再分次放入容器中撒入适量面粉并搅拌均匀，使每朵槐花都沾上面粉，取少许盐进行调味。

4. 锅中水开后放入槐花蒸5分钟，取出并晾凉。

5. 闻一闻、说一说蒸槐花的味道，与家人共同分享美味的蒸槐花。

温馨提示

平常脾胃虚寒人群、糖尿病患者及过敏体质者不宜多食。

西瓜白煮水

西瓜作为备受人们喜爱的一种夏季水果，其瓜皮清热解暑、利水祛湿，而瓜白部分可以缓解口腔溃疡、健脾消暑、促进新陈代谢、减少胆固醇堆积、利尿等。在炎炎夏日将西瓜白煮水，既美味可口，又能解除暑热、生津止渴。幼儿通过亲自动手和家长一起制作西瓜白煮水，既能认识食材、了解食材，还能感受和家长一起制作饮品的快乐。

活动准备

食材：西瓜、水。

活动建议

1. 认识制作西瓜白煮水的材料，知道食材名称，初步了解西瓜白对身体的作用。

2. 将准备好的西瓜切开，把里面红色的瓜瓤部分切块全家享用，再去掉绿色的果皮，只留下白色的果肉并切成小块。

3. 在锅中放 1000—1200 毫升清水，放入 200 克西瓜白加热煮开，水开后用小火煮 10 分钟。

4. 煮好过滤后装入杯中，待温度适宜后与家人共同饮用。

温馨提示

1. 引导幼儿了解西瓜白煮水有清热解暑、利水祛湿的功效，知道西瓜浑身都是宝，理解"吃全食"的意义。

2. 将食用当季蔬果作为家庭饮食的习惯，愿意运用食养方式调节宝贝的身体健康。

3. 西瓜本身属于凉性水果，脾胃虚寒、容易腹泻的宝宝不宜多食。

小吊梨汤

入秋之后，气温逐渐降低，早晚温差大且天气干燥，学龄前幼儿易出现感冒、上火、咳嗽等症状，因此日常饮食应以润肺生津、滋阴去燥的食材为主。结合当地、当季、当令的选材原则，选取具有生津止咳、润肺化痰功效的梨作为主要食材，配以银耳，既有助于清热健胃、化痰去火，也有益气补血、增强免疫力的功效。秋季幼儿和家长共同制作小吊梨汤，既能在动手操作中感知食材的基本特征，又能感受和家人一起制作美食的快乐和成就感。

活动准备

食材：梨、银耳。

活动建议

1. 提前将银耳用清水泡发，尝试将泡发后的银耳撕成小朵。
2. 用水把梨清洗干净，削皮，在家人辅助下将梨切成小块。
3. 把梨块、银耳一起倒入锅中，大火煮开后调至中小火慢熬至食材软烂。
4. 将熬好的梨汤盛入碗中，放温后和家人一起分享，说一说小吊梨汤的味道。

温馨提示

小吊梨汤润燥生津，性凉，脾胃虚寒的人群不宜饮食。小吊梨汤味道偏甜，不宜过量食用，饮后可用温水漱口。

红薯叶煎饼

随着健康饮食理念的提升，红薯叶的营养价值被人们发现，从此这个美味的食材就越来越多地出现在餐桌上。红薯叶，又称"地瓜叶"，一般使用的是秋天红薯成熟后地上秧茎顶端的叶子。在我们的食育儿歌《红薯》中就有提到："红薯茎叶营养高，蒸熟煮透润肠道。"幼儿和家人在制作红薯叶煎饼的过程中，不仅能够了解红薯叶丰富的营养价值，感受温馨的家庭氛围，还能在与家人一同品尝美味的红薯叶煎饼中，体验亲子食育活动带来的幸福感。

> 活动准备

食材及调料：红薯叶、面粉、水、油、盐。

> 活动建议

1. 将新鲜的红薯叶从秧茎上摘下，清洗干净后沥干水分。

2. 在家长的辅助下使用儿童餐刀将红薯叶切碎。

3. 在盆中放入红薯叶、适量的面粉，撒少许的盐，倒入适量的清水顺时针搅拌均匀，成稀糊状。

4. 在平底锅中放入少许油，倒入面糊摊匀，小火慢煎，煎至两面金黄色。

5. 将煎好的红薯叶煎饼切块后装盘，与家人共同品尝美味的红薯叶煎饼。

> 温馨提示

红薯叶味甘，性平。虽然红薯叶为平性，适合多种体质，但肠胃消化能力不佳者、肾病患者都不宜过多食用。

莲藕红豆汤

入冬之后气温骤减，是一个匿藏精气的时节，中医讲究在这个时节健脾益气，养血补血，因此不宜吃肥腻及辛辣刺激的食物。可根据自身体质特点进行食补与食养，红豆则非常适合平补者，利水消肿，清热解毒，而熟莲藕可补心血、健脾消食。选取红豆、莲藕两种食材煮粥，通过亲子制作红豆莲藕汤，既感受到食材的特征，又能在亲子时光中体验动手操作的快乐。

> 活动准备

食材：红豆、莲藕、冰糖少许。

活动建议

1. 提前清洗莲藕，在家人辅助下将莲藕削皮、切片，再切成小丁；浸泡红豆 2 小时，洗净红豆装碗。

2. 将红豆放入锅中，打开大火，水开后转为小火，焖煮 40 分钟。

3. 轻轻将莲藕丁放入锅内，盖上锅盖继续焖煮 30 分钟。

4. 待红豆与莲藕煮糯，锅内加入少量冰糖，中火煮至冰糖融化。

5. 待温度适宜后装碗，与家人一起分享美味的红豆莲藕汤，说一说红豆莲藕汤的味道。

温馨提示

红豆莲藕汤可补心生血，健脾利湿，适宜冬季食用，使补中有泻，补而不滞。在制作时应注意炖煮时间，将红豆煮至软糯，注意不宜过量食用。

银耳百合羹

燥为秋季主气，燥气易损伤人体的肺腑，肺主呼吸，与大肠相表里。秋季气温下降，燥伤肺时，会出现口干、咽干、鼻干、咳嗽痰黏、舌红少苔等不适。秋季日常饮食应以益肺生津、滋阴润燥的食物为宜。银耳有补脾开胃、滋阴润肺、益气清肠、增强人体免疫力的功能，与莲子、百合等白色食物一起熬制汤羹，有润燥安神的作用。

秋季幼儿和家人一起走进厨房参与制作，在活动中幼儿不但了解了银耳百合羹润肺生津的功效，而且也感受到亲子共同制作银耳百合羹其乐融融的家庭氛围。

活动准备

食材：银耳、百合、枸杞、莲子、红枣、冰糖。

活动建议

家长陪伴并引导幼儿完成下列步骤：

1. 提前将银耳、干百合用清水泡发 2—3 小时，鼓励幼儿将泡发后的银耳撕成小朵。

2. 家长和幼儿一起将红枣、莲子、枸杞洗净后和银耳、百合一同放入煲汤锅中，大火煮开后，调至中小火慢熬至食材软烂，汤汁浓稠。

3. 加入适量冰糖，用勺子搅拌至融化，后将银耳百合羹盛入碗中放至低于 60℃食用。

4. 和家人共同分享美味的银耳百合羹。

5. 家长为幼儿分享银耳百合羹有润肺止咳的功效。

6. 协助家人清理厨房卫生时做一些力所能及的事情，如收碗、擦桌子、捡杂物等。

温馨提示

如此时小儿有口臭、舌苔白腻厚、大便干或酸臭味明显等积食内热的情况，建议此类羹少食或不食。

萝卜蜂蜜水

"冬吃萝卜，夏吃姜，不用医生开药方"，这句谚语流传至今。萝卜素有"小人参"之称，可见其营养价值极高。白萝卜具有行气、下气功能，还具有化痰止咳的功效，加上蜂蜜可以辅助治疗咳嗽，还可润肺养颜，萝卜熟食还有一定的补肾益肺的作用，增强身体免疫力。

萝卜是我们餐桌上的一种常见食材，同时它还具有很高的食疗功效，家长和幼儿一起动手参与制作，了解白萝卜的外形特征，体验亲子动手制作萝卜蜂蜜水带来的幸福感。

活动准备

食材：白萝卜、蜂蜜。

活动建议

家长陪伴并引导幼儿完成下列步骤：

1. 共同阅读绘本，了解白萝卜的生长环境及外形特征。

2. 将萝卜清洗干净，家长将萝卜切成片。

3. 在家长指导下，幼儿将萝卜沿锅边放入冷水中。

4. 待水沸腾后，中火熬 20 分钟即可。

5. 将熬好的萝卜水倒入碗中，冷却至 60℃以下。

6. 用勺子舀出适量蜂蜜，加入萝卜水中搅拌均匀，让幼儿闻一闻，说一说蜂蜜萝卜水的味道。

温馨提示

白、青萝卜为寒凉蔬菜，阴盛偏寒体质者、脾胃虚寒者不宜多食。

腊八粥

腊八节是中国传统节日，北方的食俗是喝腊八粥。腊八粥通常由多种食材制成，象征着一年的丰收。清代人富察敦崇在《燕京岁时记》中记载清代的做法较为复杂：腊八粥者，用黄米、白米、江米、小米、菱角米、栗子、红豇豆、去皮枣泥等，合水煮熟，外用染红桃仁、杏仁、瓜子、花生、松子，及白糖、红糖、琐琐葡萄，以作点染。如今，一般将绿豆、红豆、红枣、黑米、黄豆、芸豆等食材一起熬制腊八粥，绿色属木主肝胆，红色属火通于心，黄色属土归于脾，白色属金对应于肺，黑色属水入于肾。腊八粥的食材五行俱全，对五脏具有补益作用，可以强身健体，延年益寿。

在腊八节和幼儿共同相约家里的厨房，进一步了解腊八节的由来，让幼儿知道腊八粥所用食材，感受和家人共同制作腊八粥的喜悦，增进亲子感情，感受传统节日的食趣。

活动准备

食材：糯米、小米、红豆、黄豆、芸豆、花生、绿豆、黑米、薏米、红豆、莲子、红枣。

活动建议

家长陪伴并引导幼儿完成下列步骤：

1. 共同观看腊八节由来的视频，了解腊八粥的由来及所需制作材料。

2. 家长和幼儿共同准备制作腊八粥所需食材，幼儿将糯米、小米、花生、绿豆、黑米、薏米、红豆、莲子等食材放入盆中，观看家长用双手抓握的方法清洗食材并模仿。

3. 家长将红枣从中间向下切至枣核处，在家长的帮助下幼儿尝试将枣核取出，将红枣放入锅中。

4. 将泡发后的莲子掰开，幼儿自主取出莲心，将所有食材放入锅中进行熬煮。

5. 在家长的引导下，了解煮粥过程中大火煮沸后需调试小火继续熬制。

6. 和家人共同分享美味的腊八粥。

温馨提示

腊八粥含豆类较多，有枣，偏甜腻，不易消化，食多易胀气。小儿食后需适当活动，摩腹有助于消食除胀。如小儿正是腹胀，大便不畅，应少食，多配合萝卜煮水也有助于消食通便。

美味的荠菜饼

春季正是野菜飘香的季节，荠菜又名地花菜。自古以来，每到农历三月三，人们就有挖野菜、吃野菜的传统。每逢此时人们就三五成群地到郊外踏青，提篮执铲去挖新鲜的荠菜佐食。

春季家长与幼儿走进大自然，在田野中和家人共同寻找、采摘荠菜，初步了解荠菜的外形特征。让幼儿在和荠菜亲密接触的过程中，也喜欢上采摘其他野菜，愿意和家长共同动手将荠菜制作成野菜饼并一起分享美味。

活动准备

食材及调料：荠菜、面粉、鸡蛋、盐、油。

活动建议

家长陪伴并引导幼儿完成下列步骤：

1. 利用周末亲子时光，走进自然，初步了解荠菜的叶子是锯齿三角状的。

2. 亲子游戏：寻找荠菜。

3. 将荠菜除根，清洗干净并控水，取适量的面粉放入碗中，加少许清水调和成面糊。

4. 观看家长切碎荠菜的过程，并协助将切碎的荠菜放入面糊中，家长取少许的盐、鸡蛋加入面糊中。

5. 观看家长搅拌面糊的过程并尝试参与搅拌，取出平底锅，倒入少许油，油热后加入适量的荠菜面糊，转动锅使面糊慢慢形成一个圆形的饼，两面煎黄，出锅装盘。

6. 和家人分享美味的荠菜饼。

温馨提示

荠菜性凉，脾胃虚弱者，大便不成形、便溏者应少食。

春分竖蛋

"春分到,蛋儿俏",春分是我国二十四节气之一,是南北半球昼夜等长的日子,地球地轴与地球绕太阳公转的轨道平面处于一种力的相对平衡状态,有利于竖蛋。

每一年春分节气人们都会进行竖蛋活动,不管在幼儿园还是在家中,幼儿还是成人,何时何地,都会乐此不疲、全神贯注地进行竖蛋,一枚小小的鸡蛋竟有如此大的魅力。家长为幼儿讲解春分竖蛋的知识,初步了解春分节气与竖蛋的习俗。在与幼儿共同进行竖蛋游戏的过程中,探索轻拿轻放竖蛋的方法,体验竖蛋成功后带来的喜悦,增进亲子之情。

活动准备

食材:鸡蛋。

活动建议

家人陪伴并引导幼儿完成下列步骤:

1. 观看春分竖蛋视频或绘本,了解春分节气及竖蛋的习俗。
2. 幼儿探索竖蛋的方法并尝试竖蛋。
3. 观察家长竖蛋的过程。
4. 在家长的引导下,幼儿再次尝试竖蛋。
5. 竖蛋成功后拍照记录,体验竖蛋成功带来的喜悦。
6. 和家长共同收整桌面。

温馨提示

1. 在竖蛋过程中,知道保护鸡蛋,注意轻拿轻放鸡蛋。
2. 鸡蛋易碎,可将碎的蛋壳放入花盆作为肥料,废物利用。

食育环境

《幼儿园教育指导纲要(试行)》指出,"环境是重要的教育资源,应通过环境的创设和利用,有效促进幼儿的发展"。食育环境是食育的"隐形课程",也是实施途径之一。创设多感官参与、以真实生活体验为主的食育环境,能让幼儿在健康安全、充满童趣、自然和谐的环境中感受食育文化背景下的美好生活。在真实的生活经历与情景中汲取中国传统文化的健康与智慧,为幼儿德智体美劳的全面发展提供基础保障,是幼儿园食育环境创设的宗旨。

(一)班级食育环境

食育展台

食育展台,是教室的食育窗口,老师应跟随四季变化及每日食谱,摆放当季、当令食材,吸引幼儿在看一看、摸一摸、闻一闻、尝一尝的过程中,逐步萌发接纳多种健康食材的情感。

温暖角

　　阳光照耀在教室的温暖角，暖暖的、柔柔的，这里有营养的水果和香甜的点心，还有可以缓解思念的小电话和毛绒玩偶。如家一样温暖舒适的氛围，能让宝贝沉浸其中感受家的温暖，逐渐爱上幼儿园里幸福的集体生活。

窗台花园

"一粒种子，一方窗台"，教室的窗台花园，虽然不及大自然那样广袤无垠，但种类丰富、小巧精美的它，却将大自然的生命和美好带入与孩子们朝夕相伴的生活里。幼儿在这里和老师、小伙伴一起体验播种的希望，一起精心照顾，感受它发芽、开花、结果的惊喜，共享成长的美好和收获的喜悦，探寻自然的奥秘和生命的神奇。

食育主题墙

为了最大化发挥班级墙面的教育价值，利用一米二以下的墙面，设计了可操作、可变换的食物图片为幼儿的探索创造了条件。通过认识常见蔬果的颜色和形状，逐步悦纳健康的食材。

（二）室外食育环境

角落微景观

散落在楼梯拐角处、走廊边的小景观，吸引着幼儿驻足停留，小憩片刻。舒适的小沙发、可爱的小毛绒玩具、有趣的食育绘本、常见的食材、小种子等可爱造型，无不吸引着幼儿那充满好奇的目光和对生活的热爱。

走廊互动墙

走廊互动墙由家长园地、作品栏、主题墙等内容组成。结合托班幼儿的年龄和心理特点，我们采用清新、淡雅的色调和毛绒可爱的造型，通过图文并茂的形式，架起家园沟通的桥梁。

蔬果花园

幼儿园每一个年龄段的小朋友,都有自己的一片小园地——蔬果花园。这里是孩子们最流连忘返的秘密宝地,有各种应季蔬果和昆虫花鸟,造型各异、千姿百态。蔬果花园是涵盖了种植、养护、观赏、采摘和食用为一体的地方,孩子们在蔬果花园中和蔬菜宝宝聊天、唱歌,近距离接触健康食材,认识常见蔬果的颜色和形状,减少对食物的陌生感,逐步萌发接纳食物的情感。因人而异、因材施教、尊重差异、顺应天性,食育,从这里开启!

季节牌

春夏秋冬,寒来暑往,大自然赐予人间不同季节最美丽的景色,蓬勃、葱茏、斑斓。教师跟随季节的变化,设计、制作与摆放凸显季节特征的季节标志,使幼儿感知不同季节的存在。

节日

六月的风吹来了夏日的蝉鸣，六月的雨养熟了圆圆的枇杷，六月的金光晒红了圆圆的番茄。多彩的六月，迎来了属于孩子们的"六一"！我们用巧妙的构思，用心给孩子们布置一张张美丽的餐桌，当"六一"与食育完美结合，实现喜食、乐食、康食、雅食，让孩子们拥有健康的生活。

（三）公共食育环境

春季食育环境

环境是重要的教育资源，幼儿园环境的教育性不仅蕴含于环境之中，也蕴含于环境创设的过程中。作为幼儿园文化和理念的窗口，幼儿园大厅更是幼儿成长与探索、寓教于乐的互动空间。依托中华优秀传统文化，以幼儿参与为主线，呈现以季节、节气、食育、课程为主题的环境元素，从而拓宽视野，促进想象，在美的熏陶中潜移默化，深入感受幼儿园积极、温暖、有爱的氛围。春天，万物复苏大地回暖，油菜黄、蜜蜂忙、柳绿桃红、春菜飘香……世间美好始于春。新学期伊始，与孩子们、老师们一起享受春天里的美好吧！

春天里的博物馆

展示托、小、中、大班幼儿制作的春天植物、动物等手工作品，引导幼儿在观察、欣赏中感受春天的气息，拥抱自然，创造美。

春天里的味道

根据节气、节日将食物展示台上的食物换成相应食材，引导幼儿了解传统节气所对应的传统美食。

春天里的节气

制作春天节气展板，引导幼儿了解立春、雨水、惊蛰、春分、清明、谷雨，感受中华传统文化中的节气文化。

春天里的故事

当幼儿置身于春意浓浓、生机勃勃的环境之中，会发生许多有趣美好的故事，如春游的风筝、春分竖蛋等。教师和孩子们一起用他们自己喜欢的方式记录、表达春天里的浪漫幸福生活。

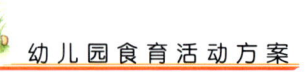

食育儿歌手指游戏

托班食育儿歌手指游戏视频录制统计

分类	活动名称	食育儿歌
蔬菜篇	紫包菜	紫包菜是紫甘蓝，紫叶层层抱成团。 凉拌炒熟都好吃，强筋健骨身心安。
	秋葵	秋葵又称羊角豆，花开五瓣皮稍厚。 脆嫩多汁滑又黏，保护关节利咽喉。
	芽芽菜	黄豆芽，是芽菜，种子泡水长出来。 绿豆红豆花生豆，发成芽芽做菜菜。 春天青菜品种少，豆豆芽菜来补钙。
	莲藕	小莲藕，叫莲菜，节节身体泥里埋。 煲汤凉拌有营养，滋养皮肤人人爱。
	西红柿	西红柿，圆又圆，营养含量排在前。 开胃明目多用途，夏季养心要多选。
	黄瓜	头戴小黄花，身披绿衣裙。 清热又降火，美名叫黄瓜。

续表

分类	活动名称	食育儿歌
水果篇	柠檬	柠檬柠檬酸又酸，拌菜用它来保鲜。 舌眼口鼻都需要，清洁身体保平安。
	菠萝	菠萝清，菠萝黄，菠萝生长在南方。 菠萝果肉酸又甜，爱吃菠萝增胆量。
	草莓	草莓青，草莓红，草莓草莓像灯笼。 春天草莓最先熟，养肝润肺心神宁。
	枣	大红枣儿甜又甜，枣仁尖尖藏里面。 太阳越晒脸越红，消除疲劳把力添。
	苹果	苹果苹果作用大，健康水果当属它。 天天吃个大苹果，肌肉结实肠润滑。
	梨	小黄梨，大黄梨，成熟时节在秋季。 秋天气温渐渐低，梨吃多了要注意。 熬成梨膏最营养，保护咽喉添力气。
作物篇	黄豆	小黄豆，真是棒，煮着吃，有力量。 筋皮骨肉需要它，天天吃点不要忘。
	黑豆	黑豆黑豆圆溜溜，各种营养豆里有。 耳聪目明多吃它，美甲乌发喝豆粥。
	绿豆	绿豆绿豆个头小，煮汤消火本领高。 天气燥热多喝些，夏天降热属它好。
	燕麦	燕麦燕麦是野麦，大人小孩都喜爱。 宝宝若是便秘了，喝粥肠道不堵塞。
	黑米	小黑米，黑又亮，煮成粥，香又香。 我和黑米做朋友，能让耳朵听八方。
	玉米	大玉米，黄又黄，粒粒种子排成行。 常吃玉米身体好，须须煮水消肿胀。

续表

分类	活动名称	食育儿歌
动物篇	小蜜蜂	小蜜蜂，嗡嗡嗡，飞来飞去花丛中。 花粉花蜜采回巢，人人夸它爱劳动。 蜂蜜健脾又润肠，口干舌燥都来用。
	螃蟹	螃蟹螃蟹八只脚，眼旁长着俩大螯。 走路总是横着行，水陆两栖很灵巧。
	驴	小毛驴，四只蹄，拉车磨面有力气。 性情温顺耐劳苦，驮物负重又能骑。
	鱼	鱼儿生在水里头，游泳它是最高手。 满身鳞片银闪闪，血冷味腥滑溜溜。
	兔	兔宝宝，一身毛，两只长耳竖得高。 爱清洁来讲卫生，走起路来蹦又跳。 从来不吃肉和鱼，一生美味是青草。
	青蛙	青蛙是个歌唱家，歌声响亮顶呱呱。 水里地上来回跳，捕捉蚊虫本领大。

小班食育课程

生活中的食育

小餐巾

餐巾是餐桌文化中的重要物品，棉质餐巾的使用源于保护生态环境的永续发展，源于幼儿良好卫生习惯的养成。三条不同颜色的餐巾分别在三餐后使用。幼儿坚持每天使用并正确取放餐巾，能帮助幼儿不断提高自理能力，养成良好的卫生习惯，建立初步的生态环境保护意识。

组织策略

1. 创设环境

（1）材料准备

① 餐巾收纳

将每个幼儿的学号按照顺序贴在餐巾收纳盒、餐巾收纳袋上。

② 喷壶

准备大小、抓握适宜的喷壶。

③ 置物盘

准备大小合适的置物盘，以便幼儿将餐巾平铺在盘子上后喷湿。

④ 镜子

准备大小合适的镜子，幼儿擦嘴后可以进行自我检查。

（2）环境准备

在适合幼儿观看高度的活动室墙壁上，以图画或照片的形式展示餐巾使用及折叠收纳的步骤图。

（3）课程准备

根据班级幼儿实际情况，开展适宜的关于餐巾使用方法的活动，如木偶剧《我会自己放餐巾》、儿歌《我会用餐巾》等多种形式的课程化活动，鼓励和支持幼儿尝试用正确的方法使用、收纳餐巾。

2. 使用方法

（1）放置餐巾

鼓励幼儿将自己的三条餐巾按照三餐对应的颜色（红色——早餐、黄色——午餐、蓝色——晚餐）从上到下的顺序叠放在一起，放在标有自己学号的餐巾盒里。

（2）使用餐巾

① 使用流程

取餐巾—平铺餐巾到置物盘里—小喷壶喷3下—擦嘴—对着镜子检查—使用后的餐巾放入餐巾袋

② 使用方法

A 餐后漱口后，拿取小餐巾。

B 将餐巾展开，平铺在准备好的盘子上。

C 引导幼儿一只手扶喷壶壶体，一只手握压柄，对准铺好的小餐巾，喷3下水。

D 擦嘴。

第1次：将餐巾全部展开进行第一次擦拭；

第2次：将餐巾对折进行第二次擦拭；

第3次：将餐巾在第二次的基础上再对折进行第三次擦拭。

E 擦嘴后对着镜子检查是否擦干净。

F 将用过的餐巾放到自己的餐巾袋中。

3. 使用要求

（1）提醒幼儿使用餐巾时有序排队、耐心等待。

（2）鼓励幼儿自己尝试叠放餐巾，能用正确的方法收放、使用餐巾。

（3）关注餐后餐巾使用情况，重视巩固生活活动中使用餐巾的方法。

家园共育

1. 鼓励幼儿在家坚持使用餐巾，养成良好的卫生习惯。

2. 及时反馈幼儿使用餐巾的情况，指导家长利用生活机会巩固幼儿正确使用餐巾的方法并尝试让幼儿自己叠放餐巾，不包办代替，不断提高幼儿的自理能力。

3. 在日常生活中，家长有意识地引导幼儿节约用纸、用水等，建立初步的环保意识。

小助手

在幼儿眼里，劳动是一种游戏，是一种快乐的身心体验，小班小助手活动处于练习提高阶段。为幼儿提供有序、适宜的环境，指导幼儿依据参照物进行对应摆放餐具，激发幼儿参与的积极性，从而有利于增强幼儿自信心及初步的劳动意识，不断提高其生活自理能力，养成爱惜物品的良好行为习惯。

组织策略

1. 活动内容

（1）生活教师引导小助手摆放餐具并尝试擦桌子。

（2）鼓励小助手将清洗、消毒过的毛巾挂在毛巾架上。

（3）提醒小助手用正确的方法将水杯摆放在水杯架上。

（4）鼓励小助手参与收量杯、照顾植物等工作。

2. 活动形式

（1）按照学号轮流参与小助手活动，上学期每天2位小助手，下学期可以增加到3—4位小助手，将小助手名单提前呈现在家长园地中。

（2）在班级合适位置以照片的形式呈现小助手活动流程步骤，充分发挥环境暗示的教育作用。

（3）上学期生活教师运用语言、示范等方式指导小助手挂毛巾、摆放水杯，让小助手知道轻拿轻放、有序地进行餐前准备和餐后收整工作。下学期以语言辅导为主，辅助和引导小助手的工作。

（4）尊重幼儿的个体差异，教师有针对性地辅导小助手工作。

3. 活动流程

(1) 餐前准备

活动流程：戴围裙—盥洗—擦桌子—摆花器—取托盘—摆餐具—摆抹布—收托盘—拉椅子。

小助手具体操作流程如下：

① 帮助幼儿或同伴互助佩戴围裙。

② 在盥洗室将小手洗干净。

③ 摆花器。双手将花器轻轻地摆放在餐桌的中间位置。

④ 摆放餐具。指导幼儿取出托盘对齐桌边和桌角，分别按数量取放餐具，鼓励幼儿尝试独立对应摆放。

⑤ 拉椅子。双手将椅子轻轻拉出，椅子前腿挨着桌子腿摆放整齐。

（2）餐后整理

活动流程：收整杂物盘—把杂物倒入垃圾桶—挂抹布。

（3）班级其他工作

小助手做完餐前准备后可以做挂毛巾、摆放水杯、照顾绿植等工作。

4.活动评价

（1）在一日活动中，教师可以利用谈话活动、生活整理、过渡环节等，将幼儿参与小助手的情况进行分享交流，鼓励幼儿积极地参与到小助手活动中。

（2）以多种形式对小助手工作进行及时总结评价，积极给予幼儿肯定与鼓励。

家园共育

1.将幼儿参与小助手活动的过程以图片、视频的形式通过班级网络平台及时反馈给家长，引导家长更好地配合小助手活动开展，如按时送幼儿入园、提升幼儿动手能力等。

2.引导家长为幼儿提供锻炼的机会，支持、鼓励幼儿参与家庭劳动，并及时给予肯定表扬，使幼儿体验到为他人服务所带来的成就感和快乐。

植物角

在阳光充足的室内一角，种植各种各样的花草、蔬菜，让自然的气息渗透在幼儿的一日生活中，引导幼儿在感知、欣赏和动手操作中，感受生命的奇迹与伟大，体会人与自然的相连。每天教师和幼儿一起在观察、种植、养护中积累认知经验，并培养幼儿初步的责任意识和劳动意识。

> 组织策略

1. 班级种植

（1）根据不同的季节选择一些水培和土培植物，引导幼儿观察，采用以幼儿为主、教师辅助的形式共同照顾植物。

（2）带领幼儿集体种植，并进行谈话活动，如简单了解植物形态和习性、给植物做标签、学习简单的维护方法，增强幼儿照顾植物的兴趣。

（3）每天为幼儿提供自由观察的时间，如早餐后的区角活动、午餐后的散步时间，适时指导和帮助幼儿根据观察进行擦拭叶子、捡黄叶、浇水、采摘等活动。

（4）以照片和图片的形式记录植物生长过程和幼儿维护过程，创设班级"种植专题墙面"。

2. 公共蔬果花园

（1）在种植季节，带领幼儿观看教师和家长种植的过程，丰富幼儿对当季植物及常见种植工具的认知。

（2）利用集体教学活动、户外活动时间，带领幼儿到公共蔬果花园进行维护，如清理杂草、浇水、擦拭植物标志牌等。

（3）阶段性地引导幼儿观察植物的生长过程及变化，并鼓励幼儿尝

试用语言、动作等形式表现不同阶段植物的生长特征。

（4）结合种植的蔬果，跟随教师朗诵食育儿歌，尝试仿编食育儿歌。

家园共育

1. 引导家长带领幼儿进行种植活动，积累认知经验，萌发初步的责任意识。

2. 指导家长带领幼儿到大自然中去感受自然并向幼儿介绍常见植物，鼓励幼儿将认识的植物尝试与他人分享。

3. 提醒家长有意识地引导幼儿保护植物，爱护自然。

食谱播报

食谱播报是幼儿认知食材、了解食谱的一个重要组织形式，帮助小班幼儿了解当天的食谱及食物的名称、外形和营养价值。食谱播报是在生活化的教育中，发展幼儿语言表达能力的重要渠道之一。鼓励幼儿在与教师一问一答形式的食谱播报过程中，能够认真倾听老师的提问并较完整地作出应答。通过师幼之间亲切的互动，增进师幼关系，萌发进餐时积极、愉悦的情绪，让幼儿喜食、悦食。

组织策略

1. 以教师播报为主，幼儿初步参与。引导家长和幼儿一起，提前熟悉食谱中的一种食材，并鼓励幼儿简单描述，如"今天的主食是圆圆的小馒头"。

2. 营造温暖和具有仪式感的播报环境，鼓励幼儿参与播报，使每个幼儿都有参与播报的机会。

3. 食谱播报形式多样化，可以借助幼儿喜爱的食育儿歌、食育绘本、绘画、手工等形式，必要时可结合实物为幼儿介绍食谱。

4. 引导幼儿尝试用较连贯的语言播报当餐食物名称、外形和营养价值，增强幼儿食欲。

5. 关注幼儿倾听习惯的培养，引导幼儿积极回应。

6. 播报结束后，给予幼儿肯定与表扬，如大胆尝试、语言表达清楚等，帮助幼儿积累播报经验。

7. 食谱播报与餐前感恩相结合，注意一日生活中各个环节的衔接与相互渗透。

家园共育

1. 指导家长帮助幼儿积极准备食谱播报，引导幼儿大胆尝试播报。

2. 鼓励家长利用周末时间根据幼儿园食谱制作家庭餐，并帮助幼儿了解食物名称、外形及营养价值。

3. 建议家长利用实物、故事、儿歌等形式为幼儿进行餐前食谱播报，同时注意语言表达的连贯性并关注幼儿良好倾听习惯的培养。

附：问答式食谱播报

● 案例一：

（一）通过闻一闻，让幼儿猜一猜今天的食谱是什么。

教师："香香的饭菜已经准备好了，猜一猜今天我们要吃什么？"

"哪个小朋友猜出来了？"

（二）揭晓谜底，让幼儿了解今日食谱。

教师："今天我们要吃的是洋葱炒鸡蛋，××小朋友的鼻子可真灵啊，一下就闻出来是洋葱的味道。"

● 案例二：

（一）通过你问我答的方式，了解今日的食谱。

教师："今天由××小朋友来为我们播报食谱，请小朋友们来问一问本次的食谱播报员，今天早餐吃什么吧。"

问：今天的早餐喝什么？

答：小米腰果粥！

问：今天的早餐吃什么？

答：青椒丝炒鸡蛋、青菜炒香干。

（二）教师进行补充总结，并对幼儿进餐提出期待。

教师："今天的早餐有小米腰果粥、麻酱卷、青椒炒鸡蛋、青菜炒香干。感谢××小朋友为我们播报食谱，希望每一位小朋友都能够吃饭香香，不挑食。"

健康管理

自我健康管理是培养幼儿健康意识与提升健康管理能力的实施路径。小班幼儿在教师引导下，通过观察眼、鼻、口、舌等器官的变化来了解自己的健康状况，关注身体变化，选择适宜的食材，调整自己的身体状况。

组织策略

1. 营养水

（1）在保健室的指导下统一制作舌苔状态对照图，准备大小适宜的镜子。

（2）准确掌握大麦芽的用量及冲泡方法，并及时续水，食材每日更换。

（3）根据幼儿面部观察结果进行主题谈话，鼓励、引导幼儿关注自己的身体健康。

2. 身高体重观察记录

（1）可制作循环使用的身高体重记录表，放置在班级便于操作的位置。

（2）引导幼儿认识测量工具、了解测量方法，从而更好地配合测量。在成人的帮助下测量，每月记录一次。

（3）教师根据幼儿的记录表，每周可进行一次"我长高了"的主题谈话活动，引导幼儿关注自己的身体变化。

3. "二便"观察记录

（1）营造温馨、整洁的卫生间文化，在卫生间墙壁合适的位置呈现如厕流程示意图。

（2）在卫生间墙面合适位置设置符合小班幼儿年龄特点的大便记录区域，内容简单、易于操作，呈现"香蕉状"和"石头状"两种大便形态图片，运用多种方式进行记录。

（3）引导幼儿在大便后进行观察并做好记录，通过观察自己大便的形态，初步了解自己的身体健康状况。

（4）将装有类似两种尿液颜色的颜料水玻璃瓶设置在卫生间墙面合适位置，引导幼儿在小便后，有意识地对比、观察自己小便的颜色，并在教师的提醒下，愿意调整自己一天的饮水量。

（5）通过多种形式的活动引导幼儿了解不同形态、颜色的大小便与身体健康的关系，了解通过控制饮水量及选择适宜的食材等方式，以调整身体的健康状况。

家园共育

1. 借助家长会、家长园地等途径向家长介绍健康管理的方法，获得家长在理念上的认同。

2. 运用食育公众号的宣传，持续不断提高家长的育儿理念和食育健康理念。

3. 引导家长在家里为幼儿营造相应的环境，同步幼儿园健康管理方法，进一步提高幼儿自我健康管理能力。

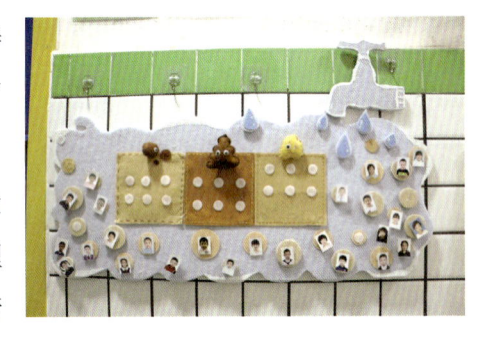

食育主题

菌菇总动员

主题由来

"脑袋圆圆,像把小伞。长在湿地,营养全面。老少皆宜,吃来香软。增强体力,养胃护肝。清炒炖汤,人人喜欢。"这首儿歌说的就是小朋友在饭桌上经常吃的香菇。香菇的好朋友有很多,常见的有平菇、金针菇、口蘑等,它们都有着各不相同的小伞!菌菇为什么喜欢长在潮湿的地方呢?因为它长得就像一把伞呀!小朋友们可以先看一看不同种类的菌菇,闻一闻、摸一摸,还可以自己养一养、做一做,通过自己的观察、培育和烹饪,去了解和认识菌类味道鲜美、营养丰富的特点,逐渐适应和接受它香滑的口感和味道。在准备食材、制作食材的过程中,幼儿也会在肯定自己的过程中喜爱上菌菇,以达到增强身体免疫力、强身健体的效果。

主题目标

1. 认识4—5种菌菇,知道菌菇生长在潮湿的环境中,食用菌类能够增强身体免疫力。

2. 参与培育和养护2—3种菌菇,并观察和记录菌菇的生长过程。

3. 用不同的烹饪方式制作和品尝菌类,能接受它们不同的味道。

主题网络图

各种各样的菌菇　菌菇什锦汤　菌菇总动员　口蘑千杯　菌菇成长记　蒜香金针菇

方案一　各种各样的菌菇

活动目标

1. 认识金针菇、蘑菇、口蘑、平菇，了解它们生长在潮湿环境，知道食用菌类可以增强抵抗力。

2. 看一看、闻一闻、摸一摸、切一切，感知不同品种菌菇的形状、味道、质地和内部结构。

活动准备

经验准备：食用过菌菇制作的美食。

材料准备：金针菇、蘑菇、口蘑、平菇、案板、小刀、盘子、菌菇类实物、图片和视频。

活动建议

1. 观察金针菇、蘑菇、口蘑、平菇的外形特征。

2.观看图片和视频,了解它们的生长环境、成长过程及营养价值,知道有些菌菇是有毒的,生活中是不能食用的。

3.闻一闻、摸一摸,进一步感知菌菇不同的外形特征和气味。

4.看一看、切一切,观察不同菌菇的不同切面。

5.将切开的菌菇,在盘子里摆一摆,创作出不同的菌菇拼盘。

活动延伸

1.学习菌菇类的食育儿歌。

2.增设和菌菇有关的主题墙面,认识更多不同品种的菌类,知道一些菌类是不能食用的。

方案二　口蘑干杯

活动目标

1.在看一看、摸一摸、闻一闻中感知口蘑的外形、质地和味道,知道口蘑有养颜护肝的功效。

2.观察口蘑遇热出水的神奇过程,尝试不一样的烹饪和食用方法。

活动准备

经验准备:认识口蘑,有食用的经验。

材料准备:口蘑、盐、盘子、电饼铛。

活动建议

1.通过看一看、闻一闻、摸一摸、说一说多感官参与的方式,观察口蘑的外部形状特征。

2.回顾生活经验,讨论口蘑的食用方法。

3.将口蘑的菌柄去掉,将菌盖洗干净。

4.尝试将菌盖倒放入电饼铛中,观察菌盖出水过程,撒上少量食盐。

5.和同伴用"口蘑干杯"的趣味方式,愉快享用。

6. 分享结束后，进行餐后整理，如分类摆放餐具、整理桌面等。

活动延伸

1. 和家人一起制作香煎口蘑，感受亲子食育的乐趣。
2. 在食谱播报时，了解口蘑的营养价值，知道食物有多种食用方法。

方案三　蒜香金针菇

活动目标

1. 观察金针菇细长的外形特征，运用感官深入了解金针菇，知道它有帮助身体缓解疲劳和保护视力的功效。
2. 了解蒜香金针菇的烹饪步骤，并尝试参与制作。

经验准备

认识金针菇，品尝过不同烹饪方式制作的金针菇美食。

活动准备

食材及调料：金针菇、大蒜、香菜、柠檬、盐、香油。

用具：盘子、小刀、小勺。

教具：凉拌金针菇的制作视频。

活动建议

1. 通过看一看、闻一闻、摸一摸、说一说多感官参与的方式，观察金针菇的外形特征，了解金针菇性凉、味甘咸、益肠胃、增智的营养价值。
2. 回顾生活经验，分享自己吃过的金针菇的口感和味道。
3. 观看制作蒜香金针菇的视频，了解烹饪步骤。
4. 在教师的帮助下，尝试参与制作蒜香金针菇，并和同伴一起分享。
5. 分享结束后，进行餐后整理，如分类摆放餐具、整理桌面等。

活动延伸

1. 在家庭生活中，和家人一起制作蒜香金针菇。

2. 在食谱播报时，了解金针菇的营养价值。

方案四　菌菇长成记

活动目标

1. 种植 2—3 种菌菇，愿意为其创设潮湿的生长环境，享受参与养护的过程。

2. 每天观察菌菇的生长变化，并进行简单的生长记录。

活动准备

经验准备：认识常见的菌菇种类。

材料准备：菌菇种植包、菌菇照片、喷壶、记录表格、菌菇成长视频。

活动建议

1. 观看菌菇生长视频，知道菌菇的生长环境和生活习性，感知菌菇成长过程。

2. 观察菌菇种植包，将菌菇包安置在班级种植区角，建造蘑菇房，每日给菌菇包喷水、通风养护，关心菌菇的生长情况，感受生命变化的喜悦。

3. 每日观察菌菇包的变化，猜一猜它是哪一种菌菇，并用绘画记录的方式进行简单的观察记录。

4. 为菌菇制作姓名牌，给不同种类的菌菇贴上照片，并说一说它们的名字。

5. 随机谈话：分享菌菇在生长过程中形态的变化、养护的感受等内容。

活动延伸

1. 和家人一起种植菌菇包，并一起观察它的成长变化。

2. 设置菌菇成长的主题墙面，分享它们成长的过程。

方案五　菌菇什锦汤

活动目标

1. 采摘自己种植的菌菇，说一说它的名字和对身体的作用。
2. 积极参与什锦汤的制作过程，品尝自己的劳动成果。

活动准备

经验准备：认识各种品种的菌菇，并知道其营养价值。

材料准备：菌菇、葱姜蒜、香油、盐、水、案板、小刀、漏勺、锅。

活动建议

1. 采摘成熟的菌菇，并与同伴或教师说一说它们的名字。
2. 将菌菇清洗干净，并将大块的菌菇撕成小块。
3. 在教师的帮助下，将菌菇放入锅中加入水，水烧开后煮 5 分钟左右，放入适当的调料。
4. 分享美味的菌菇什锦汤，安静进餐，感受自己种植、自己烹制食物的喜悦之情。
5. 分享结束后，进行餐后整理，如分类摆放餐具、整理桌面等。

活动延伸

1. 和家人分享幼儿园菌菇什锦汤的制作过程。
2. 在家中一起探索菌菇不同的食用方法，体验亲子食育的乐趣。

一日生活渗透

1. 利用餐前食谱播报及食育儿歌的形式，引导幼儿了解常见菌菇的名称和营养价值。
2. 师生共同种植菌菇，观察常见菌菇的生长过程和外形特征，一同养护、浇水、采摘等。

区域材料投放

1.将有关菌菇的食育儿歌、绘本等相关丛书放置在阅读区,供幼儿自主阅读。

2.在种植区建造"蘑菇屋",营造阴暗、潮湿的环境种植菌菇,并提供放大镜和小喷壶,供幼儿日常养护和观察菌菇的生长。

3.师幼共同布置主题墙面"菌菇总动员",呈现各种各样的常见菌菇的生长过程图片及与菌菇相关的美食图片。

家园共育

1.和家长一起去菜市场寻找不同的菌类,观察它们的不同特征,知道它们的名称。

2.和家长收集视频、图片等信息,探索不同种类的菌菇的特点及生长环境,了解有关菌菇的小故事、小常识,知道野外的蘑菇是不能随便食用的。

3.在家中种植菌菇包,体会亲子共同种植菌菇的快乐,进一步认识菌菇,知道它对人体的好处,从而乐食菌类蔬菜。

4.参与制作菌菇美食的过程,体验制作和品尝食物的乐趣。

美味的圈圈

主题由来

随着幼儿生活经验的积累，他们在饮食中接触到的食物也越来越丰富。在日常生活中，我们发现幼儿会对"洋葱、苦瓜、菜椒"等蔬菜挑食。为了改变幼儿对"洋葱辣、苦瓜苦、菜椒辣"的片面认识，让幼儿知道它们的营养价值，比如洋葱能促消化、杀菌消炎，苦瓜能清热明目、补肾健脾，菜椒能增进食欲、净化血液，我们围绕洋葱、苦瓜、菜椒等食材，进行了"美味的圈圈"这一食育主题活动。通过让幼儿观察洋葱、苦瓜、菜椒的外形和横切面，感知蔬菜的不同形态特征；在参与圈圈美食的制作和品尝中，激发幼儿对这些食物的喜爱之情；用圈圈拓印的方式满足了幼儿的好奇心，让幼儿达到"喜食"和"悦食"。

主题目标

1. 在认识洋葱、苦瓜、菜椒外形特征的基础上，了解其营养价值。
2. 能分辨洋葱圈、菜椒圈和苦瓜圈，尝试利用不同的食材制作和品尝圈圈美食。
3. 体验制作圈圈美食和圈圈拓印的乐趣。

主题网络图

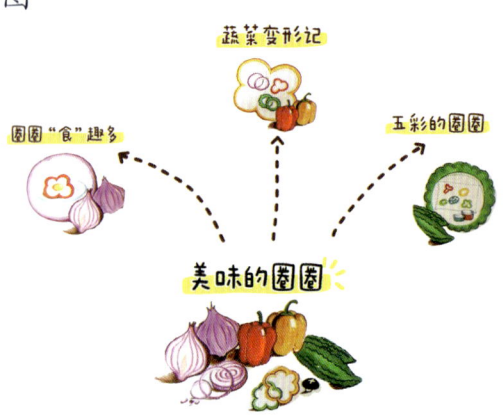

方案一　蔬菜变形计

活动目标

1. 认识洋葱、菜椒、苦瓜的外形特征，了解其营养价值。
2. 在切一切的过程中，观察洋葱、菜椒、苦瓜的不同切面形态。

活动准备

经验准备：有食用洋葱、菜椒、苦瓜的经验。

材料准备：电饼铛、鸡蛋、胡萝卜、洋葱、菜椒、苦瓜。

活动建议

1. 观察洋葱、菜椒、苦瓜的外形特征。
2. 在看一看、切一切的过程中，观察食物的不同切面。
3. 配对游戏：根据食物的切面形态，找出相对应的食物。
4. 探索打鸡蛋的方法，感受打鸡蛋的乐趣。
5. 将切好的萝卜丝和蛋液搅拌，缓缓倒入蔬菜圈中，制作美味的圈圈。
6. 愿意和同伴分享美食，体验品尝圈圈美食的乐趣。

活动延伸

1. 在一日生活中学习相关食物的食育儿歌。
2. 在餐前进行食谱播报，分享洋葱、菜椒、苦瓜的营养价值。

方案二　圈圈"食"趣多

活动目标

1. 能分辨洋葱圈、菜椒圈和苦瓜圈，知道其营养价值。
2. 尝试用鸡蛋、玉米粒等食材制作美味的圈圈。

活动准备

经验准备：认识洋葱、菜椒和苦瓜。

材料准备：冬瓜和大南瓜横切面的图片、洋葱圈、菜椒圈、苦瓜圈、茄子、西葫芦、鸡蛋、勺子、模具、电饼铛。

活动建议

1. 观察洋葱、菜椒、苦瓜的横切面，尝试分辨蔬菜切面并说出所对应的蔬菜名称。

2. 讨论西葫芦、茄子等蔬菜的横切面能否变成圈圈。

3. 利用模具把西葫芦、茄子的横切面变成圈圈。

4. 尝试将鸡蛋打散，把所需食材搅拌成糊状倒入蔬菜圈中，制作成圈圈蔬菜饼。

5. 和同伴分享、品尝美味的圈圈蔬菜饼，感受分享美食的乐趣。

6. 观察冬瓜、大南瓜横切面的图片，引导幼儿认识和了解更多的圈圈食物。

活动延伸

1. 在生活中引导幼儿观察、了解蔬菜的外形特征和种类。

2. 户外活动时带领幼儿到小菜园观察时令蔬菜。

方案三 五彩的圈圈

活动目标

1. 认识蔬菜不同的横切面，能说出蔬菜圈的颜色。

2. 尝试用蔬菜进行拓印，感知蔬菜拓印的色彩美。

活动准备

经验准备：认识洋葱、苦瓜、菜椒等蔬菜的横切面。

材料准备：洋葱、苦瓜、菜椒、莲藕等蔬菜横切面，水粉颜料，颜

料盘，画纸，蔬菜横切面PPT。

活动建议

1. 观察洋葱、苦瓜、菜椒切开的横切面，说出所对应的蔬菜名字。
2. 回忆自己吃过的蔬菜圈的味道。
3. 讨论切开的蔬菜除了可以食用还能用来做什么。
4. 观看PPT，欣赏蔬菜横切面的不同形态。
5. 尝试用蔬菜横切面蘸上颜料，在画纸上拓印出五颜六色的图案。
6. 交流与欣赏，布置"有趣的圈圈"主题墙。

活动延伸

1. 利用餐前食谱播报让幼儿了解蔬菜的营养价值。
2. 根据圈圈的营养价值，尝试创编《五彩圈圈》食育儿歌。

可爱的芽菜

主题由来

俗话说："春吃芽，夏吃瓜，秋吃果，冬吃根。"养生中医学说："人以天地之气生，四时之法成。"春天，是万物生发的季节，气温由寒转暖，每年这个时候，人们都会选择吃一些芽类蔬菜，如黄豆芽、绿豆芽、豌豆芽、香椿芽等。这些芽菜不仅营养丰富，而且顺应时令，制作起来也非常美味！根据小班幼儿的年龄特点，在"可爱的芽菜"这一主题活动中，幼儿通过认一认、种一种豆宝宝，了解芽菜的生长过程及外形特征；通过亲自制作和品尝美味的芽菜饼，知道芽菜具有丰富的营养价值，爱上食用芽菜。

主题目标

1. 了解常见芽菜的外形特征和生长环境，知道其营养价值。

2. 尝试参与种植芽菜，并用自己喜欢的方式记录芽菜的生长过程。

3. 体验和同伴一起制作、品尝芽菜美食的乐趣。

主题网络图

方案一　芽菜从哪里来

活动目标

1. 认识常见芽菜的外形特征，了解其营养价值。

2. 在分豆、洗豆、泡豆的过程中，尝试参与种植芽菜。

活动准备

经验准备：认识黄豆、绿豆、花生等豆子。

材料准备：黄豆、绿豆、豌豆、常见的芽菜图片、喷壶、容器。

活动建议

1. 观察不同芽菜的图片，认识芽菜的外形特征。

2. 了解不同芽菜的营养价值。

3. 讨论芽菜从哪里来，了解芽菜的生长过程。

4. 探索分豆、洗豆、泡豆的方法，尝试种植芽菜。

5. 参与种植芽菜过程中的换水和养护工作。

6. 分享交流种植芽菜的感受。

活动延伸

1. 在一日生活中观察、照料自己种植的芽菜。

2. 学习食育儿歌《芽菜》。

方案二　芽芽日记

活动目标

1. 关注芽菜的生长，乐于参与种植芽菜。

2. 尝试用自己喜欢的方式记录芽菜的生长过程。

活动准备

经验准备：认识芽菜。

材料准备：种植的芽菜、彩笔、记录纸。

活动建议

1. 观察绿豆芽、黄豆芽、豌豆芽等的生长过程。

2. 说一说这些豆宝宝都有了哪些变化。

3. 讨论：记录豆宝宝的生长过程的方法。

4. 选择自己喜欢的方式记录豆宝宝的生长过程。

5. 和同伴交流自己的"芽芽日记"。

6. 布置"芽芽日记"主题墙。

活动延伸

1. 生活中引导幼儿观察芽菜的生长过程，探索不同的记录方法。

2. 利用生长的芽菜来美化教室的环境。

方案三 美味的芽菜饼

活动目标

1. 了解芽菜饼的制作方法，知道其营养价值。
2. 尝试亲自参与制作芽菜饼。

活动准备

经验准备：认识常见的芽菜。

材料准备：绿豆芽、面粉、水、小勺、饼夹、锅铲、电饼铛。

活动建议

1. 出示绿豆芽，幼儿回顾、讨论绿豆芽从哪里来。
2. 讨论绿豆芽的不同食用方法。
3. 绿豆芽清洗后同面粉、水混合，幼儿尝试搅拌均匀。
4. 把绿豆芽面糊用小勺放入电饼铛中，制作豆芽饼。
5. 和同伴共同品尝美味的芽菜饼。
6. 分享春季还有哪些芽菜可以制作成美食。

活动延伸

1. 观察春季菜园里生长出来的芽菜，感受春季万物复苏的变化。
2. 将种植的芽菜带回家制作美食。

闻"香"识菜

主题由来

在幼儿园的蔬果花园里，除了各种各样的蔬果，绿油油的叶菜也是一道亮丽的风景。每每驻足这里，孩子们就会忍不住闻一闻、摸一摸。细心的孩子们发现了小秘密，有些蔬菜闻起来是有气味的，而有些蔬菜却没有。因此，我们围绕芹菜、茼蒿、香菜、紫苏等带有香味的食材，进行了《闻"香"识菜》这一食育主题活动。通过看看、闻闻、做做、尝尝，让幼儿感知不同香味蔬菜的外形特征及独特香味，感受食物的色、香、味、形之美。借助食育儿歌引导幼儿了解不同香味蔬菜的营养价值，比如芹菜清热生津、平肝降压、利水通淋；茼蒿和脾胃、消痰饮、安心神；香椿清热解毒、健胃理气、润肤明目、杀虫；香菜消食下气、发汗透疹、解表、和中等，从而能够在成人的引导下知道常见食材对身体的营养作用，激发幼儿闻"香"识菜的兴趣。

主题目标

1. 感知茼蒿、香菜、芹菜、紫苏等不同香味蔬菜的外形特征及独特气味，知道其名称及营养价值。

2. 了解香味蔬菜在生活中常见食用方法，能在成人的引导下，尝试制作简单的健康菜品。

3. 感受不同口感、气味的健康食材，体验制作香菜卤蛋和蒸茼蒿的乐趣。

主题网络图

闻"香"识菜
- "香"味蔬菜知多少
- 水培+香菜
- "香"菜卤花蛋
- 一抹清"香"润"茼"心

方案一 "香"味蔬菜知多少

活动目标

1. 在看一看、闻一闻、摸一摸的过程中，感知芹菜、茼蒿、香菜等不同香味蔬菜的外部特征和气味。
2. 知道常见香味蔬菜的名称并了解其营养价值。

活动准备

经验准备：日常到蔬果花园，观察了解"香"味蔬菜。

材料准备：《食育儿歌.蔬菜篇.一》，茼蒿、香菜等香味蔬菜实物及照片。

活动建议

1. 观察实物芹菜、香菜、茼蒿，说说其外形特征。
2. 通过闻一闻、尝一尝的方式，分辨不同香味的蔬菜。
3. 借助食育儿歌了解香味蔬菜的营养价值。
4. 闻香游戏：根据不同食物的香味，说出它对应的名称。
5. 寻找幼儿园里更多的香味蔬菜。
6. 尝试运用不同的香味食物进行艺术创作。

活动延伸

1. 和爸爸妈妈一起到菜市场寻找自己认识的香味蔬菜。
2. 搜集不同香味蔬菜的图片放在活动区角，方便幼儿认知、匹配。

方案二 "香"菜印花蛋

活动目标

1. 选择自己喜欢的不同香味蔬菜的叶片制作印花蛋。

2. 感受印花蛋上不同形状印花的独特之美和不同蔬菜的独特香味。

活动准备

经验准备：有初步分辨芹菜、香菜、紫苏等香味蔬菜的经验。

材料准备：煮熟的鸡蛋、煮锅、提前采摘的各种香味蔬菜叶片、纱布、细绳。

活动建议

1. 选出自己喜欢的香味蔬菜，说说其外形特征和独特香味。

2. 大胆用自己选择的香菜叶装饰包裹鸡蛋，并尝试用纱布包裹、用细绳系起来，放入锅中加入调味包焖煮。

3. 猜一猜、说一说：制作好的卤蛋会是什么样子？又会是怎样的味道？

4. 和同伴一起分享自己与众不同的卤蛋印花，品尝美味的香菜卤蛋。

5. 分享结束后能保持餐桌整洁，并在成人的提醒下把使用后的厨具、餐具放回原处。

活动延伸

1. 制作不同蔬菜植物标本，制作香味蔬菜主题墙。

2. 与老师、同伴到蔬果花园观察不同的时令蔬菜，发现不同蔬菜叶片的外形特征。

方案三 一抹清"香"润"茼"心

活动目标

1. 观察茼蒿的外部特征，在参与择菜、洗菜、切菜的过程中感受茼蒿的独特香味。

2. 愿意和小伙伴一起用茼蒿制作蒸菜美食，体验蒸茼蒿带来的乐趣。

活动准备

经验准备：知道茼蒿是一种蔬菜，有淡淡的清香味。

材料准备：茼蒿、面粉、食用油、盐、一次性手套、安全刀。

活动建议

1. 观察茼蒿实物外部特征，发现茼蒿独特的香味。

2. 了解并参与蒸茼蒿的制作过程。

3. 在成人指导下，参与择菜、洗菜、切菜，尝试使用安全刀具。

4. 制作并分享、品尝做好的茼蒿美食。

5. 讨论：除了蒸茼蒿，还有什么有关茼蒿的美食做法。

6. 分享结束后，保持餐桌整洁，能在成人的提醒下把使用后的厨具、餐具放回原处。

活动延伸

1. 在成人指导下种植茼蒿，观察记录茼蒿的生长过程，并在主题墙上进行展示。

2. 根据茼蒿的营养价值，尝试创编有关茼蒿的食育儿歌。

方案四　水培十香菜

活动目标

1. 了解十香菜的外形特征，知道扦插水培可以种植十香菜。

2. 选择自己喜欢的枝干，水培扦插十香菜并分享自己的创意。

活动准备

经验准备：有对十香菜香味浓郁、麻爽清凉的感知经验。

材料准备：透明玻璃瓶、自来水、蔬果花园的十香菜、海绵剪刀。

活动建议

1. 观察蔬果花园的十香菜，说说其外形特征和独特香味。

2. 猜一猜、聊一聊：水培十香菜，它能够活下来吗？养护它的方法有哪些呢？

3. 拿出提前准备好的透明玻璃瓶，选择自己喜欢的枝干剪下来，放在透明玻璃瓶中加水进行水培。

4. 用自己喜欢的方式尝试一枝或多枝插瓶，并和同伴一起分享自己的水培作品。

5. 将幼儿的水培作品放在种植角，鼓励幼儿悉心照顾，参与班级种植角的浇水、施肥、采摘等活动。

活动延伸

1. 水培十香菜具有很强的观赏价值，可以将其放在班级植物角或阳台，师生共同照顾维护，见证其顽强的生命力，提高审美情趣。

2. 每天观察种植区水培十香菜生长情况，并用自己的方式进行记录。

一日生活渗透

1. 在一日生活中引导幼儿寻找、发现周围的香味蔬菜，学习相关的食育儿歌，了解香菜、茼蒿、芹菜等香味蔬菜的名称和不同外形特征。

2. 借助餐前食谱播报和食育儿歌，了解各种香味蔬菜的营养价值。

3. 在班级种植区水培根、剪插枝，观察不同香味蔬菜的生长过程和外形特征，并鼓励幼儿照顾、养护和用自己的方式做观察记录。

区域材料投放

1. 在益智区投放香菜、茼蒿以及其他带有香味的蔬菜图片，供幼儿后续进行配对游戏。

2. 在生活区提供不同种类的蔬菜类玩具和教具，丰富幼儿生活经验。

3. 在美工区提供拓印的工具材料，供幼儿进行香味蔬菜艺术创作。

家园共育

"闻香识菜"食育主题活动，能让幼儿在食物观察、美食制作的亲身体验中，感知到茼蒿、香菜等香味蔬菜不同的外形特征和独特香味，了解到他们本身所具有的丰富的营养价值。通过制作香菜卤蛋等活动使幼儿接纳不同香味蔬菜制作的食物，体验到充分参与、大胆创作的愉悦感和满足感。在认识茼蒿、香菜，水培十香菜的基础之上，家长也可以引导幼儿探索更多带独特香味的不同蔬菜，如小茴香、迷迭香等，让幼儿了解到更多蔬菜种类，并在亲身制作的过程中丰富生活经验，爱上蔬菜，爱吃蔬菜。

1. 家长和幼儿一起查询资料，了解更多香味蔬菜的多种营养价值。

2. 引导幼儿在家中一起种植香菜、茼蒿等蔬菜，见证植物的成长，体验亲子制作美食的乐趣。

3. 幼儿在一起用不同方法制作各种美食，并用视频记录下来，或让幼儿用画笔记录制作过程及感受。

食育工坊

苹果山楂羹（秋分）

在风多干燥的秋分时节，人们容易出现口干舌燥、咳嗽、食欲不振、消化不良等症状，常称为"秋燥"。这时可以多吃一些酸性的食物，比如：苹果味甘性凉，有宜胃生津、健脾止泻的功效；山楂味甘性温，有消食健脾、化痰消滞的功效，对秋季口干积食、食欲不振者均有很好的食疗作用。活动中教师带领幼儿一起制作苹果山楂羹，了解食材的营养价值并品尝其性味，幼儿可感受与教师、同伴共同参与制作和分享的乐趣。

活动目标

1. 观察苹果和山楂的颜色、大小，品尝其味道，了解苹果和山楂的性味及消食健脾的功效。

2. 尝试用"切"的方法将苹果切成小块，用"按压"的方法将山楂压碎。

3. 体验与同伴一起制作苹果山楂羹的乐趣。

活动准备

食材：苹果、去核山楂、冰糖、藕粉。

用具：煮锅、汤勺、小刀、小碗、小勺。

教具：制作苹果山楂羹的视频。

活动建议

1. 观察苹果和山楂的外形特征，知道苹果和山楂具有健脾助消化的作用。

2. 观看制作苹果山楂羹的视频，了解制作步骤：

（1）先用淡盐水清洗苹果和山楂。

（2）用刀将苹果切成小块，再用勺子将山楂压碎。

（3）将山楂、苹果、冰糖放入锅中，炖煮20分钟。

（4）将藕粉加适量水搅拌均匀倒入锅中，边倒边搅。

3. 尝试用刀将1/4大的苹果切成小块，再用按、压的方法用勺子将山楂压碎，注意使用刀具时的安全。

4. 将山楂、苹果、冰糖放入锅中，加入适量水炖煮20分钟后观察教师将藕粉加水搅拌后均匀倒入锅中。

5. 共同分享酸甜美味的苹果山楂羹。

6. 清理桌面卫生和餐具，并将使用后的餐具放到指定位置。

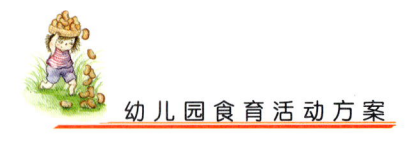

活动延伸

1. 学习食育儿歌《苹果》《山楂》，丰富食知经验。

2. 在家和爸爸妈妈一起制作苹果山楂羹。

3. 尝试用更多酸味水果制作多种营养美食。

秋梨蜂蜜水（寒露）

寒露时节秋燥明显，吃秋梨是个不错的选择。秋梨味甘性凉，具有止咳化痰、清热降火、润肺生津的作用。因为梨性凉，幼儿食用时可以将其与蜂蜜搭配制成蜂蜜梨水。蜂蜜有润肠通便的作用，和秋梨搭配能防治秋燥。教师带领幼儿一起制作秋梨蜂蜜水时，幼儿可了解秋梨和蜂蜜的营养价值，感受参与制作营养水的乐趣。

活动目标

1. 通过观察了解秋梨呈椭圆形，身上布满颗粒状的小点点，知道秋梨有清热化痰、润肺止咳的功效。

2. 尝试用切的方法将秋梨切成小块，知道使用安全刀具。

3. 喜欢参与秋梨蜂蜜水的制作过程，体验亲手切梨操作的乐趣。

活动准备

食材：秋梨、蜂蜜。

用具：煮锅、汤勺、小刀、小碗、小勺。

教具：制作秋梨蜂蜜水的视频。

活动建议

1. 观察秋梨的外形特征，知道吃梨有清热化痰、润肺止咳的功效。

2. 观看制作秋梨蜂蜜水的视频，了解制作步骤：

（1）先用淡盐水把秋梨清洗干净。

（2）将秋梨用刀切成小块。

（3）把切好的秋梨放入锅中炖煮。

3. 尝试用刀将 1/4 大的梨块切成小块，并注意使用刀具时的安全。

4. 将切好的梨块放入锅中，加入适量水炖煮 20 分钟，将煮好的秋梨水放至适宜的温度，加入适量蜂蜜搅拌均匀。

5. 共同分享美味可口的秋梨蜂蜜水。

6. 清理桌面卫生和餐具，并将使用后的餐具放到指定位置。

活动延伸

1. 学习食育儿歌《梨》，丰富食知经验。

2. 在家和爸爸妈妈一起制作秋梨蜂蜜水。

3. 探索用其他食材制作更多防秋燥的营养水。

蜜枣南瓜（立冬）

　　南瓜和红枣味甘性温、味道香甜，属于温补性的食物，经常吃南瓜具有补益脾胃、解毒消肿的作用，红枣补中益气、养血安神，两者都是冬天暖身健体的好食材。活动中教师带领幼儿一起制作蜜枣南瓜，感受制作美食的乐趣，了解南瓜的营养价值并喜欢吃南瓜。

活动目标

1. 通过观察知道南瓜里面有南瓜瓤和南瓜籽，了解南瓜具有补益脾胃、解毒消肿的作用。

2. 尝试用撕、捏、拽的方法将南瓜瓤取出。

3. 乐意参与蜜枣南瓜的制作活动，体验用手取南瓜瓤的乐趣。

活动准备

食材：南瓜、蜜枣碎。

用具：餐刀、案板、蒸锅。

教具：制作蒸南瓜的视频。

活动建议

1. 在看一看、摸一摸、闻一闻的过程中，观察南瓜的外形特征及内部结构，并了解南瓜具有补益脾胃、解毒消肿的作用。

2. 观看制作蒸南瓜的视频，了解制作步骤：

（1）将洗净的南瓜用刀切成几大块。

（2）用手取出南瓜瓤。

（3）将大块南瓜切成小块。

（4）把切好的南瓜块放入蒸锅中蒸制。

3. 尝试用撕、捏、拽的方法将南瓜瓤取出后，观看教师将大块南瓜切成小块。

4. 将南瓜块放入蒸锅中蒸制，在等待的过程中，听教师讲述《南瓜的故事》。

5. 有序将蒸熟的南瓜端回自己的就餐位置，用小勺将蜜枣碎加入自己碗中进行搅拌，品尝美味香甜的蜜枣南瓜。

6. 清理桌面卫生和餐具，并将使用后的餐具放到指定的位置。

活动延伸

1. 将南瓜籽取出来晒干，观察其颜色形状，品尝它的味道。

2. 将取出的南瓜籽种在花盆里，观察它的生长变化。

蓝莓蜜汁山药泥（大雪）

大雪节气天气寒冷，吃一些有助于保暖的食物是非常重要的。山药非常适合在冬季食用，它含有一定的黏液蛋白，可以提高身体的免疫力，还具有补脾养胃、固肾的作用，多吃山药可以暖身御寒。活动中教师带领幼儿一起制作蓝莓蜜汁山药泥，了解山药的多种吃法和独特的营养价

值，感受亲自制作美食的乐趣。

活动目标

1. 通过观察了解山药外皮呈黄褐色、生有根须和斑点的特征，知道在冬季多食用山药有暖身御寒的作用。

2. 尝试用揭、剥的方法将蒸熟的山药去皮，再用勺子压成山药泥。

3. 体验和同伴共同制作、分享山药美食的乐趣。

活动准备

食材及调料：山药、蓝莓酱、蜂蜜、凉开水。

用具：蒸锅、小碗、小刀、小勺。

教具：制作蓝莓蜜汁山药泥的视频。

活动建议

1. 用看一看、摸一摸的方式，观察山药的外形特征，知道在冬季食用山药有抗寒暖身的作用。

2. 观看制作蓝莓蜜汁山药泥的视频，了解制作步骤：

（1）将洗净的山药切成小段。

（2）把山药段放入蒸锅中蒸制15分钟。

（3）将蒸熟的山药去皮后再用勺子压成山药泥。

（4）将调好的蓝莓蜜汁淋在山药泥上即可。

3. 观看教师将洗净的山药切成段放入蒸锅蒸15分钟，等待过程中，将适量的蓝莓酱放入碗中，再加入适量的蜂蜜和凉开水用勺子搅拌均匀。

4. 尝试用揭、剥的方法将蒸熟的山药去皮，再用勺子压成山药泥并加入调制的蓝莓蜜汁进行搅拌。

5. 共同品尝软糯香甜的蓝莓蜜汁山药泥。

6. 整理桌面卫生和餐具，将使用后的餐具放到指定位置。

活动延伸

1. 观察刚掰开的山药横切面的颜色，以及几天后的颜色变化。

2. 了解山药的多个品种，观察它们的形态特征。

3. 回到家中给爸爸妈妈讲一讲蓝莓蜜汁山药泥的做法，并探索山药的多种制作方法。

好吃的豆芽（春分）

春分时节，气温回暖，这个时节需要防上火。黄豆芽营养丰富，常吃有健脾利水、宽中导滞、解毒消肿的作用。活动中教师带领幼儿通过观察的方式了解黄豆芽的生长特征和营养价值。教师和幼儿共同完成从清洗到烹饪的过程，增进师幼互动获得情感的交流，也能体验与教师和同伴共同制作美食的乐趣与成就感。

活动目标

1. 在操作中观察黄豆芽头大身子长、形似蝌蚪的外形特征，了解黄豆芽的生长过程及营养价值。

2. 能用择的方法，将豆芽的根须部去掉。

3. 萌发科学探究的愿望，体验和同伴分享品尝豆芽菜的乐趣。

活动准备

食材及调料：黄豆芽、盐、食用油、柠檬。

用具：炒锅、锅铲、盘子、洗菜盆、瓷碗和瓷勺若干。

活动建议

1. 观察不同生长阶段的黄豆芽，了解黄豆芽的生长过程和外形特征，知道多吃黄豆芽可以清热明目、补气养血。

2. 欣赏食育儿歌《芽菜》，观察教师择豆芽的方法。

方法：用一只手拿着豆芽，另一只手将下面的根须全部择除，留下粗嫩的茎。

3. 与同伴分工合作择豆芽。

4. 观看教师制作炒黄豆芽。

（1）油锅烧热。

（2）将择好清洗过的黄豆芽放入锅中翻炒。

（3）加入适量的盐和柠檬汁后炒熟即可。

5. 共同品尝美味的炒黄豆芽。

6. 清理桌面卫生和餐具，并将使用后的餐具放到指定地方。

活动延伸

1. 在班级进行水培黄豆发芽实验，感受其生长变化。

2. 跟爸爸妈妈分享制作炒黄豆芽的过程，并尝试黄豆芽更多的食用方法，如黄豆芽饼。

菠菜炒鸡蛋（清明）

清明时节应多吃养肝养肺的食品，菠菜作为当季蔬菜较为适合。菠菜根红茎绿，营养价值非常高，有养血止血、平肝润燥的作用。活动中教师带领幼儿通过实物观察的方式了解菠菜的生长特征和营养价值。与教师及同伴共同品尝了解菠菜入口的独特味道，有助于幼儿接受更多不同的味道，喜食并养成不挑食的习惯，感受与教师、同伴共同制作美食和分享的乐趣。

活动目标

1. 在摸一摸、看一看的过程中，观察菠菜根红茎绿的独特外形特征，了解菠菜具有养血润肠的作用。

2. 尝试用撕的方法，双手配合把菠菜撕成小块。

3. 感受亲自参与制作和品尝菠菜炒鸡蛋的快乐。

活动准备

食材及调料：菠菜、鸡蛋、盐、食用油。

用具：炒锅、碗、勺。

活动建议

1. 在摸一摸、看一看的过程中，观察完整的菠菜，了解菠菜叶片和根部的外形特征，知道多吃菠菜可以助消化。

2. 观看制作菠菜炒鸡蛋的过程，了解制作步骤：

（1）先将洗干净的菠菜撕成小块儿。

（2）将鸡蛋打入碗中并搅拌均匀。

（3）油锅烧热后，将搅匀的鸡蛋放入锅中炒熟。

（4）放入菠菜与鸡蛋一起翻炒，加入适量的盐后炒熟即可。

3. 与同伴通过撕的方式将菠菜叶子撕成小块儿。

4. 观看教师制作菠菜炒鸡蛋。

5. 共同分享美味的菠菜炒鸡蛋。

6. 整理桌面卫生和餐具，将餐具放在指定地方。

活动延伸

1. 回家后和爸爸妈妈一起发现更多菠菜的制作方法，做出更多和菠菜搭配的美食。

2. 在假期里到菜园寻找菠菜，丰富对菠菜的认知经验。

糖拌西红柿（立夏）

立夏节气的到来，预示着季节开始由春天向夏天转换，此时温度升高，因为气温的原因，大多数人就会出现水分和矿物质的流失。西红柿具有清热生津、健胃消食的作用，所以经常食用西红柿能够弥补这些损失。在制作糖拌西红柿的过程中，幼儿通过看一看、摸一摸了解西红柿的外形特征，幼儿参与从清洗到烹饪的过程，可增进师幼互动获得情感的交流，体验共同参与制作美食的成就感。

活动目标

1. 在看、摸、闻、尝的过程中，观察西红柿光滑的外皮及内部汁水丰富的特征，知道吃西红柿具有清热生津、健脾消食的作用。

2. 能将西红柿切片后再切成小块，学习切的技能。

3. 感受制作糖拌西红柿的快乐，并乐意与同伴分享。

活动准备

食材及调料：西红柿、白砂糖。

用具：安全刀、案板、碗、小碟盘、小勺。

活动建议

1. 在看一看、摸一摸、闻一闻的过程中，观察西红柿的外形特征，知道多吃西红柿可以健脾消食。

2. 观看教师制作糖拌西红柿，了解制作步骤：

（1）先用淡盐水把西红柿清洗干净。

（2）将西红柿一分为二后切成小块，放入碗中。

（3）用勺子把白糖放在西红柿上搅拌均匀即可。

3. 与同伴一起尝试将西红柿切成片或切块，注意使用刀具时的安全。

4. 把切好的西红柿放入碗中，将白糖加入切好的西红柿中，搅拌均匀。

5. 共同分享酸甜美味的糖拌西红柿。

6. 整理桌面卫生和餐具，并有序地将自己的餐具放到指定位置。

活动延伸

1. 在班级植物角种植西红柿，了解西红柿的生长过程。

2. 和爸爸妈妈一起讨论西红柿的多种做法，并尝试制作。

家常黄瓜木耳汤（小满）

小满的到来意味着炎热的夏季拉开了帷幕，这个时候是各种邪气肆意侵袭人体的时候。清脆爽口的黄瓜可以清热、生津、利水，木耳补气养血、润肺止咳、止血、降血压、抗癌，在小满时节食用最为合适。幼儿在参与制作黄瓜木耳汤的过程中，能够增强实际动手能力，师生可以获得情感的交流，感受劳动带来的乐趣。

活动目标

1. 通过观察和操作，感受黄瓜满身硬硬的小刺和木耳遇水后会由小变大、由硬变软的神奇变化。
2. 尝试将黄瓜切成片、将木耳撕成小片，学习切、撕的技能。
3. 体验动手参与的乐趣，激发幼儿对黑色食物的兴趣。

活动准备

食材及调料：黄瓜、木耳、鸡蛋、盐、香油。
用具：安全刀、案板、碗、小勺、汤锅、汤勺。

活动建议

1. 观察黄瓜和木耳的外形特征，知道多吃黄瓜和木耳可以清热、润肺止咳。
2. 观看教师制作黄瓜木耳汤，了解制作步骤：
（1）先将黄瓜切去蒂尖，刮去外皮，从中切成两半并切成段。
（2）用横切的方法将黄瓜均匀切成片，将木耳撕碎。
（3）将切好的黄瓜和木耳放入锅中翻炒后加入适量的水，煮1—2分钟。
（4）待水烧开后，浇入蛋花，加入少许的盐和香油即可出锅。

3. 与同伴分工合作尝试将黄瓜段切成片，用撕的方法，将木耳撕成小片，注意使用安全刀具。

4. 把切好的黄瓜和撕好的木耳放入锅中，待熟后浇入蛋花，加入少许的盐和香油即可出锅。

5. 共同分享美味的黄瓜木耳汤。

6. 整理桌面卫生和餐具，并有序地将自己的餐具放到指定位置。

活动延伸

1. 在一日活动中学习食育儿歌《木耳》和《黄瓜》。

2. 和爸爸妈妈一起讨论黄瓜和木耳的多种做法，并尝试制作。

香甜玉米粒（立秋）

立秋时节处于每年三伏天的末伏，属长夏季节，气候偏湿热，暑热伤津耗气，又易致气阴两虚，容易出现疲劳乏力、四肢困倦等不适，饮食养护上应当注意健脾胃、化暑湿。玉米具有调中开胃、利尿消肿之作用，此时节食用玉米可以帮助清利暑湿。活动中教师带领幼儿一起制作香甜玉米粒，了解食材的营养价值并品尝其性味，让幼儿感受与教师、同伴共同参与制作和分享的乐趣。

活动目标

1. 了解玉米的外形特征，知道玉米具有促消化的作用。

2. 尝试用"推、扭"的方法将玉米粒从玉米棒上剥下来。

3. 体验剥离玉米粒的快乐。

活动准备

食材及调料：煮熟的嫩玉米，蜂蜜。

用具：煮锅、笊篱。

活动建议

1. 通过食育儿歌，了解玉米的外形特征和玉米粒的食养作用。
2. 将煮熟的玉米棒切成小段。
3. 观看将玉米粒从玉米棒上剥下来的过程。
4. 尝试将玉米粒从玉米棒上剥下来并放入碗中，注意卫生和安全。
5. 幼儿将蜂蜜加入自己碗中，与玉米粒充分搅拌。
6. 共同品尝美味的香甜玉米粒，并将使用后的餐具送到指定位置。

活动延伸

1. 收集玉米皮制作玉米皮娃娃，装饰教室。
2. 在家和爸爸妈妈一起制作香甜玉米粒。

山楂果酱（寒露）

寒露过后，天气转寒，属于深秋之时，饮食养生以润肺防燥为主，寒露节气饮食养生宜"收"不宜"散"，食酸有助于收敛肺气，因此可适当吃一些酸味的水果，如山楂等。山楂有消食健胃、化痰消滞、活血散瘀的功效。它甜中有酸，既可以保护幼儿肺脏，又可以增强肝脏功能，同时有助于脾胃运化。活动中教师带领幼儿一起制作山楂果酱，了解食材的营养价值并品尝其性味，让幼儿感受与教师、同伴共同参与制作和分享的乐趣。

活动目标

1. 知道山楂的外形特征，了解其营养价值及作用。
2. 用"捏、捣"的方法去除山楂中的核，并使用蒜臼将山楂捣碎。
3. 感受亲自参与食物制作的快乐。

活动准备

食材：山楂、果盘、冰糖。

用具：蒜臼、炒锅、陶瓷小碗、小勺。

活动建议

1. 观察山楂的外形特征，了解山楂的营养价值。

2. 观看教师将山楂去核、捣成泥的方法。

3. 为幼儿提供热水烫过的一切两瓣的山楂，幼儿尝试将山楂去核，放入蒜臼捣成泥。教师巡回指导捣山楂泥的方法，提醒幼儿使用蒜臼时注意安全。

4. 幼儿将捣好的山楂泥放入碗中。

5. 把山楂泥放入锅内炒制：先在炒锅中加入少许的水，放入冰糖，冰糖融化冒水泡时，放入山楂泥搅拌炒制成果酱。

6. 将炒好的山楂酱盛在小碗中，幼儿品尝自制的山楂酱，并将使用后的餐具放到指定位置。

亲子食育

野菜煎饼

麦瓶草的幼苗又叫面条菜，五月份幼苗顶部会开出花瓣为倒卵形的小粉花。面条菜的叶片和幼茎可以食用，味甜鲜美，富含维生素、氨基酸和人体所需的多种矿物质，有润肺止咳、凉血止血的功效。活动中家长带领幼儿通过观看图片和户外寻找的方式，了解面条菜的生长特征和营养价值，让幼儿在和家长共同完成从清洗到烹饪的过程中，体验与家长共同制作美食的乐趣与成就感，增进亲子互动，获得情感的交流。

活动准备

食材及调料：面条菜、鸡蛋、小葱、面粉、食用盐、水、食用油。

活动建议

1. 在户外观察中了解面条菜叶子呈长圆形，摸一摸面条菜整株上有细绒的腺毛的外形特点并尝试在户外采摘面条菜。

2. 能双手配合将面条菜清洗干净并择成小段。

3. 尝试使用安全刀切碎面条菜。

4. 在碗中将鸡蛋打匀，放入切碎的面条菜、小葱、面粉、水、少量盐并搅拌成糊状。

5. 在平底锅中放油，将一勺面糊放入锅中，用锅铲摊平，煎至两面金黄。

6. 与家人共同分享野菜煎饼，体验动手制作的乐趣。

温馨提示

面条菜不可生食，不要与寒凉性质的食物共同食用，会对肠胃造成一定刺激。

请在家长的陪同下安全使用儿童刀具，并注意远离明火，以免烫伤。

香椿炒鸡蛋

香椿又叫香铃子，香椿树发的嫩芽叶厚边红，香味浓郁，可健脾开胃，增加食欲。香椿还含有丰富的维生素 C、胡萝卜素等，有助于增强机体免疫功能。在制作香椿炒鸡蛋的过程中，先通过观察了解香椿的生长特征及功效，完成制作后和家长共同品尝了解香椿入口的独特味道，养成不挑食的习惯，感受和家长共同制作的乐趣。

> 活动准备

食材及调料：香椿芽、鸡蛋、食用盐、胡椒粉、花椒面、食用油。

> 活动建议

1. 在观察中了解香椿的叶子是长椭圆形呈粉绿色，摸一摸叶片是两面光滑的，闻一闻发现它有浓郁的清香。

2. 阅读食育儿歌，知道香椿的嫩芽有助于增强免疫力，浓郁的香味可健脾开胃，尝试在户外寻找香椿。

3. 能独立完成香椿的清洗并将叶片择成小段。

4. 香椿苗焯水15秒，鸡蛋磕入碗里搅打均匀后再加入适量的盐、胡椒粉、花椒面拌匀后倒入锅中，中火定型后开始翻炒。

5. 盛出香椿炒鸡蛋和家人共同分享。

> 温馨提示

1. 存放香椿的过程中，大量的硝酸盐就会转化成为亚硝酸盐，焯水可极大地提高食用香椿的安全性。

2. 制作过程中会用到刀具与明火等热源，全程请在家长陪护下做好安全措施，以免割伤烫伤。

凉拌茄子

茄子的形状分为圆茄和长茄，茄子的颜色又分为紫茄子和绿茄子，其中紫茄子的花青素含量很高。茄子的根、茎、叶可入药，有利尿作用，种子可消肿，果实有助消化和润肤清肠的功效。在制作凉拌茄子的过程中，孩子们通过看一看、摸一摸，了解茄子的生长特征，通过食育儿歌了解茄子的食用功效，在和家长共同制作的过程中了解厨房安全，体验共同参与制作美食的成就感。

活动准备

食材及调料：茄子、香菜、大蒜、食用油、盐、醋或柠檬汁。

活动建议

1. 在观察中了解紫茄子是紫色长圆形，摸一摸表面光滑，切一切发现肚子里有种子的外形特征。

2. 能双手配合清洗茄子，并尝试把茄子切成小块。

3. 把切成小块的茄子用盐水浸泡5分钟，捞出控水放到蒸屉上大火蒸5分钟，蒸好后焖10分钟。

4. 加入蒜末淋上热油，再加入香菜碎、适量的食用盐、香醋或柠檬汁搅拌均匀。

5. 与家人共同分享凉拌茄子，体验参与制作的乐趣。

温馨提示

1. 茄子是寒性食物，建议不与其他寒性食物一起食用。未成熟的茄子中含有茄碱成分，过量食用会出现中毒现象。

2. 在切与蒸煮的过程中要在家长的陪护下进行，安全使用刀具，小心明火。

南瓜芋头泥

南瓜性平味甘，入脾胃肺经，补益脾胃，解毒消肿；芋头含有的黏液蛋白，被人体吸收后可以产生免疫球蛋白，能够提高机体的免疫力和抵抗能力。南瓜和芋头具有强身健体、明目的功效。幼儿在参与制作南瓜芋头泥的过程中，认识南瓜、芋头的外形特征，了解它们的营养价值，更愿意去食用。在亲子操作中增强实际动手和思考的能力，感受劳动带来的乐趣。

活动准备

食材：南瓜、芋头、蜂蜜。

活动建议

1. 在看一看、摸一摸、切一切的过程中，了解南瓜的颜色、形状等外形特征和内部结构。

2. 阅读《南瓜》食育儿歌，知道南瓜有强身健体、提高免疫力、明目的功效。

3. 清洗南瓜、芋头，尝试给南瓜去籽并将南瓜切段后上锅蒸20分钟。芋头洗净上锅蒸20分钟，取出晾凉后去皮。

4. 将整理好的南瓜、芋头放在盘中压制成泥。

5. 在南瓜芋头泥中加入蜂蜜拌匀后备用。

6. 将南瓜芋头泥装入裱花袋中，绕圈挤到盘子上。

7. 与家人共同分享南瓜芋头泥。

温馨提示

1. 南瓜与红薯两个都是容易产生滞气的食物，一起吃容易引起胃肠胀气、腹痛等症状。

2. 请在家长的陪同下安全使用儿童刀具并注意远离明火，以免烫伤。

煎蛋白萝卜汤

白萝卜性凉，味甘、辛，入脾胃肺大肠经，具有益胃消食、下气宽中、清热化痰、生津止渴的作用，可帮助人体及时排出毒素，防止便秘，减少肠道疾病的发生。活动中家长带领幼儿了解白萝卜与鸡蛋的外形特征，幼儿可知道白萝卜的功效并尝试用不同方法将萝卜先切片、再切丝。将白萝卜变换不同的形态食用，能引起幼儿兴趣，培养幼儿乐于动手探索的能力。

活动准备

食材：白萝卜、鸡蛋。

活动建议

1. 看一看、摸一摸、切一切，感知白萝卜通体白色、为长圆形、粗壮、上部叶带有锯齿的外形特征。

2. 阅读食育儿歌，了解白萝卜有益胃消食、清热化痰、生津止渴、利尿通淋的功效。

3. 把白萝卜洗干净，将生鸡蛋的外壳清洗干净。

4. 将白萝卜片切成细丝状。

5. 起锅烧油，鸡蛋两面煎熟后加入适量凉水。将切好的白萝卜丝下锅熬煮，直到汤熬成奶白色。

6. 加入适量盐，关火盛入碗中即可食用。

7. 与家人共同分享煎蛋白萝卜汤。

温馨提示

1. 吃了大量含植物色素的水果，肠道就会分解出一种酸性物质，再吃白萝卜，人体就会产生硫氰酸，这会抑制甲状腺对碘的吸收，从而诱发或导致甲状腺肿。柿子、梨、苹果、葡萄等水果都含有大量的植物色素，吃了白萝卜后，短时间内不要再吃这些水果。

2. 请在家长的陪同下安全使用儿童刀具。

腊八粥

腊八节前后，是一年中最冷的时候。中医认为，寒为阴邪，是冬天的主气，但寒邪易伤人体阳气。从中医养生的角度来讲，冬季要注重扶阳补气。在寒冬腊月吃腊八粥，能调理五脏、温养正气、提高耐寒能力。幼儿在与家人一起准备腊八粥食材的过程中，对于每样食材的认知和处

理方式等均会有进一步的了解。

活动准备

食材：红枣、桂圆、薏仁、糯米、花生、莲子、大米、红豆。

活动建议

1. 在观察中认识腊八粥的八种食材，与家人一同采购食材。

2. 把提前泡好的食材用清水淘洗干净再把水控干。

3. 锅中加入适量的水，水开后把所有食材下入锅中，盖上锅盖小火熬煮40分钟。

4. 将煮好的腊八粥盛入碗中，和家人一同分享美味的腊八粥。

温馨提示

1. 在八种食材中，大米、红豆和薏仁要占到所有食材一半的比例，这样熬出来的粥才会黏稠好喝。比较坚硬的红豆需要先用凉水浸泡三小时以上。

2. 在熬制腊八粥的过程中应注意水要一次加足，并且需要多次搅动以免糊锅。

3. 请在家长的陪同下制作并注意远离明火，以免烫伤。

五香花生

花生又名落花生，具有滋养补益、延年益寿的功效，所以民间又称其为"长生果"，花生还被誉为"素中之荤"。花生的营养价值很高，含有大量的蛋白质和脂肪，很适宜制作成各种营养食品。五香卤花生，就是将新鲜的花生放入多种香料调配好的开水中，煮一定时间而成。

幼儿和家长一起走进厨房制作五香花生，不仅能了解花生的外形特征和营养价值，还能分辨花椒和八角，学习生活常识，在亲手剥花生的过程中，也能锻炼手部的精细动作。

> 食材准备

食材及调料：鲜花生、食用盐、花椒、八角。

> 活动建议

家长陪伴并引导幼儿完成下列步骤：

1. 观察带壳花生的纹理特征，认识花椒和八角。
2. 尝试用不同方法将花生去壳。
3. 家长往锅中放入适量的水，幼儿将花生米、花椒、八角放入锅中。
4. 取少量盐调味，煮 15 分钟后关火浸泡一小时。
5. 捞出煮好的花生和家人共同分享，并了解花生补气血的营养价值。
6. 协助家人清扫地面，整理厨房的残余垃圾，感受劳动的乐趣。

> 温馨提示

花生性味甘平，属于油腻性较大的食物，如果与寒凉的食物相遇，就会导致腹泻，肠胃虚弱之人应少食。

山药炒木耳

山药炒木耳是一道以黑木耳、山药等为食材的药膳，具有脆嫩爽口、色泽分明、营养丰富的特点。木耳中含有丰富的蛋白质、胡萝卜素、铁元素等，具有益气补血、润肺镇静、提高免疫力的作用。山药作为药食两用的植物之一，也具有健脾止泻、聪耳明目的功效。

幼儿在参与制作山药炒木耳的过程中，能认识山药的外形特征，了解它们的营养价值，会更愿意去食用。清洗山药和木耳并用不同的方法将泡发好的木耳撕成小块，能增强幼儿实际动手和思考的能力，感受劳动带来的乐趣。

食材准备

食材及调料：山药、木耳、胡萝卜、少量油、盐。

活动建议

家长陪伴并引导幼儿完成下列步骤：

1. 家长带领幼儿认识山药的外形特征，引导幼儿了解山药具有健脾养胃的营养价值。

2. 幼儿尝试清洗山药，家长将清洗干净的山药去皮、切片。

3. 干木耳提前泡发，家长和幼儿共同清洗木耳，尝试用不同方法将洗净的木耳撕成大小合适的块。

4. 家长将山药片、木耳、胡萝卜丝放入锅中翻炒，加入适量盐调味。

5. 将炒好的山药木耳装盘，和家人共同分享品尝。

6. 和家长共同清理厨房卫生，幼儿帮助清洗小案板，体验参与操作和劳动的快乐。

温馨提示

1. 山药去皮时可能会引起过敏，可以戴上手套，去皮后的山药应马上浸水，否则容易氧化变色。

2. 木耳在食用时应该注意，不能与茶一起吃，会影响人体对微量元素铁的吸收，还可能会引发胸闷。黑木耳与萝卜也不能一起吃，否则会诱发皮炎。

五彩土豆饼

土豆，又称马铃薯，是幼儿常吃的一种薯类食物。它的营养成分很高，含有丰富的淀粉和人体所必需的 8 种氨基酸，它对于增强人体抵抗力非常有益。土豆含有丰富的膳食纤维，可以起到润肠通便的作用，帮助人体及时排出毒素，防止便秘，减少肠道疾病的发生。另外，土豆有多种烹饪方式，既可以煎、炒，作为蔬菜食用，也可以炖、煮，当成主食来食用。

幼儿在和家长共同制作土豆饼的过程中，可以了解土豆的外形特征，知道土豆具有补脾健胃的功效。幼儿尝试用不同方法将土豆块按压成泥，通过亲身实践知道食物有不同的制作方法，可以变换不同的形态食用，从而引起兴趣，培养幼儿乐于动手和思考的能力。

食材准备

食材：土豆、面粉、鸡蛋、胡萝卜、玉米粒。

活动建议

家长陪伴并引导幼儿完成以下步骤：

1. 将清洗好的土豆切块上锅蒸熟，把玉米粒、胡萝卜粒焯水备用。
2. 尝试用不同方法将蒸熟的土豆块按压成泥。
3. 家长帮助幼儿将土豆泥、面粉、胡萝卜粒、玉米粒放入盆中，打入鸡蛋，并说出食材的不同功效。
4. 尝试用工具对盆中的食材进行搅拌。
5. 将搅拌均匀的糊糊在锅里摊成小饼状，小火慢煎两面变黄即可。
6. 盛出装盘，和家长分享美味又营养的五彩土豆饼。

温馨提示

1. 挑选土豆时，一定要注意发芽、变色的土豆是不能食用的。
2. 土豆不能和石榴一起食用，否则会引发中毒；香蕉和土豆不能一起食用，会促发体内黑色素增加，产生雀斑；土豆不能和螃蟹一起食用，螃蟹属于寒性食物，和土豆一起食用会刺激肠胃，且不利于消化。

食育环境

《3—6岁儿童学习与发展指南》中强调环境在幼儿教育中的重要性，幼儿园环境应该是丰富多样的，回归生活、回归自然的，应引导幼儿关注和了解自然，体会人与自然的依赖关系。《3—6岁儿童学习与发展指南》中还指出："要让幼儿感受、发现和欣赏自然环境中美的事物。"大自然中的花、草、树枝、果实等无不蕴含着原生态的美，食育环境的原材料大多是自然界的花花草草、果实枝干，体现了自然性原则。食育环境是食育课程的重要实施途径，良好的食育环境能够让幼儿感受回归自然的喜悦和乐趣，也为幼儿提供了自然的课堂。基于小班幼儿的年龄特点，创设多感官参与的情景式食育环境，让幼儿在温馨、舒适、愉悦的环境中，感受博大精深的食育文化。

（一）班级食育环境

食育角

食育角，承载着春夏秋冬，使幼儿在潜移默化中领会自然的法则，体会一年四季更替的变化，感知春花夏果、秋收冬藏。

窗台花园

幼儿通过窗台花园可以观察应季蔬果的外形特征,理解种子和果实的关系,知道果实的来之不易,懂得感恩自然、珍惜食物。通过窗台花园,幼儿的生活与自然链接得更加紧密,幼儿可以近距离理解蔬果从种子到发芽、再到开花乃至结果的生命全过程,这样,食育文化就能更多地浸润在食育环境中。

食育墙面

习惯是一个人在长期的生活过程中逐渐形成的。幼儿期是培养良好习惯的重要时期,好习惯能为将来成功地走向社会垒下第一块坚实的基石。"少小若无性,习惯成自然。"温馨、淡雅的食育墙面,能帮助幼儿养成整理自己的物品、饭后擦嘴巴的良好行为习惯,也有助于达成"自己的事情自己做"的教育目标。

（二）室外食育环境

餐桌微景观

餐桌上摆放着充满生机的微景观，可以使幼儿直观地感知各种瓜果蔬菜的生长变化，享受到优雅的进餐环境，从而愉悦身心，起到"喜食""悦食"的目的。

走廊互动墙面

幼儿园走廊环境的设计在内容和形式上应体现"动态性"，满足孩子不断变化的需求和兴趣。富于变化的环境，能有效地保证幼儿园活动的可持续开展。

幼儿在与墙面互动的过程中，自己探索获得的直接经验，能促进幼

儿各方面的发展。除了投放的各种游戏材料,还有开展的食育种植活动,幼儿可以通过自己独特的视角、独有的表现方式进行创作和展示。

蔬果花园

每个年龄段都有自己的一片蔬果小天地,根据小班幼儿年龄特点和兴趣,开展他们力所能及的维护活动。幼儿在维护活动的体验中感受劳动的乐趣,在付出中体会收获的幸福。幼儿通过近距离看一看、摸一摸、闻一闻、尝一尝,在日常活动中真正实现与自然链接、与生命对话。

节气牌

一年有二十四节气,不同季节和节气都有不同食物,不同的食物也有不同的食养效果。我们采用当时、当季、当令的水果和蔬菜,并配以当季植物等作为装饰,和幼儿一起制作节气牌,在展示节气特点的同时,也能给幼儿带来美的感受。

伴随四季的流转，我们捡拾早春的花朵、摘下秋天的瓜果，让幼儿在观察中理解季节的变化，了解食物与自然的关系，通过实际感受，了解节气的特点。

节日

伴随着花的芬芳、自然的旋律，幼儿满怀喜悦之情地穿上六一节日盛装，教师在与幼儿共同布置优雅的餐桌的过程中，让节日与食育完美结合，从而达到喜食、乐食、康食、雅食的目的。

（三）公共食育环境

夏季食育环境

立夏，意味着春天结束，夏天到来。立夏之后天气由温暖转向炎热，季节转换、万物繁茂，这是农作物生长最旺盛的季节，天气酷热也会使人们食欲不佳，而此时却是农耕繁忙的时候，有大量的农活需要人力，人们希望借助立夏这天吃一些进补的食物，来补充能量、强身健体，所以就逐渐产生了各种适合立夏时节吃的传统美食，寄托人们对未来美好生活的向往。我们把夏日的五谷平铺展示，幼儿可直观感知、实际操作、亲身体验，他们置身其中，其乐无穷。

夏天里的博物馆

这里展示着托小中大班幼儿制作的与夏天里的植物、动物等有关的手工作品，让幼儿在观察、欣赏中感受夏天的气息，拥抱自然，在丰富的材料中发现美、感受美、创造美。

夏天里的味道

"六一花样面点"是我们节日仪式感中必不可少的一道美餐。大厅展示着厨房制作的各式各样的馒头、花卷等传统面食。通过这些可爱的造型、艳丽的色彩、丰富的营养，幼儿可以了解中国传统面食以及花馍馍背后美好的寓意。

夏天里的节气

"夜来南风起，小麦覆陇黄。"端午前夕，成熟的小麦焦黄一片，麦穗粒粒饱满。教师把小麦丰收的景象"搬进"幼儿园，呈现在幼儿的眼前。走进幼儿园的大厅，迎面而来的是麦子的香味，这是自然的气息，这是夏天的味道，金灿灿的麦穗让我们感受到生命与自然的联系，感受到丰收的欣喜。我们把麦收时候的自然情景真实再现在幼儿园里，能调动幼儿各种感官充分感受自然的魅力。

夏天里的故事

幼儿园是幼儿和教师共同生活的地方，幼儿园环境的教育性不仅蕴含在环境之中，而且蕴含在环境创设的过程之中。所以我们让师生共同参与和自己生活密切相关的幼儿园环境创设。

当幼儿成为了环境创设中的主导者，他们在自己参与的环境中，能充分发挥想象和创造力，并愿意付出劳动，真正成为环境的主人。

中班食育课程

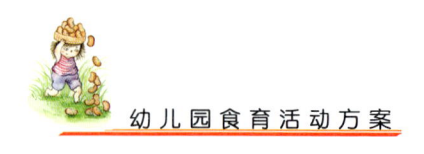

生活中的食育

小餐巾

餐巾是餐桌文化中的重要物品，棉质餐巾的使用源于保护生态环境的永续发展，源于促进幼儿良好卫生习惯的养成。三条不同颜色的餐巾分别在三餐后使用。幼儿每天有序地使用餐巾，不仅巩固和内化了他们良好的卫生习惯，整齐地收放餐巾，也发展了幼儿的自理能力和精细动作，增强幼儿环境保护意识。

组织策略

1. 创设环境

（1）材料准备

餐巾收纳盒、餐巾收纳袋、喷壶、置物盘、镜子。

（2）环境准备

鼓励幼儿用绘画的形式呈现餐巾使用的流程图和收纳步骤图。

2. 使用方法

（1）放置餐巾

引导幼儿较自主地进行餐巾的摆放及收纳。

（2）使用餐巾

① 使用流程

取餐巾—平铺餐巾到置物盘里—小喷壶喷3下—擦嘴—对着镜子检查—使用后的餐巾放入餐巾袋。

② 使用方法

A 餐后漱口后，熟练拿取小餐巾。

B 用正确的方法使用喷壶和餐巾。

C 对照镜子检查嘴巴是否擦干净。

D 擦嘴后能将餐巾整齐叠放在指定位置。

3. 使用要求

（1）知道使用餐巾时应有序排队并耐心等待。

（2）使用餐巾过程中，尊重幼儿年龄特点和个体差异，适时提醒。

（3）关注餐后餐巾使用情况，及时给予幼儿鼓励和肯定。

家园共育

1. 提醒幼儿在日常生活中节约用纸、用水等，增强环保意识。
2. 鼓励幼儿尝试自己清洗、晾晒餐巾，做自己力所能及的事情。

值日生

在孩子们的眼里，劳动是一种游戏，是一种快乐的身心体验。中班幼儿已经具备了一定的劳动能力，适宜地开展值日生工作，可以锻炼幼儿手脑协调能力。在"幼儿园是我家，我要为我家做点事情"的过程中，幼儿能从劳动体验中感受喜悦，增加自尊心、胜任感、自信心，满足实现自我价值的需要，更能够培养幼儿初步的任务意识，提高劳动技能，内化良好的劳动习惯。

组织策略

1. 活动内容

（1）在生活教师的指导下能够独立地完成进餐、饮水、午点等环节的值日活动。

（2）间操时间，鼓励值日生与教师共同领操。

（3）在教师的提醒下进行阳台蔬果花园的养护，如浇水、捡落叶、清理杂物等。

2. 活动形式

（1）按照学号轮流参与值日生活动。每组6—8名幼儿，每周值日一次。

（2）在教室或走廊合适的高度设置值日栏，帮助幼儿明确值日时间和值日内容，充分发挥环境暗示的教育作用。

（3）上学期值日生内容由幼儿轮流进行，逐渐掌握每项内容的方法和要求。下学期可由幼儿自主选择当天的值日内容，并将自己的照片卡放在所选的值日栏内。

（4）引导幼儿用正确的方法进行各项收整工作，鼓励幼儿有始有终地进行值日活动，愿意为集体做事。

3. 活动流程

(1) 餐前准备

活动流程：戴围裙—盥洗—擦桌子—摆花器—取托盘—摆餐具—摆抹布—收托盘—拉椅子。

① 擦桌子。取出折叠好的抹布从桌子的一个角由近及远，呈"Z"字形地擦桌子，最后顺时针围着桌子擦一周。

② 摆花器。双手将花器轻轻地摆放在餐桌上，尽量放在桌子的中间位置。

③ 摆抹布。在备餐桌上将抹布整齐叠放在抹布盘内。

④ 摆餐具。对应参照物进行有序摆放，如花器等。

⑤ 拉椅子。帮其他幼儿把椅子摆放成进餐时的合适位置。

（2）餐后整理

活动流程：收整杂物盘—杂物倒入垃圾桶—清洗公共餐具—擦桌子。

（3）班级其他工作

在一日生活中协助教师参与班级工作，如领操、阳台蔬果花园的养护等。

4. 活动评价

（1）利用固定环节，将幼儿参与值日活动的情况进行分享交流，帮助幼儿更积极、有序地参与值日生活动。

（2）上学期由教师评价为主，评价过程中注重引导幼儿学习值日的方法。下学期鼓励幼儿尝试自评或他评。

（3）关注幼儿的值日情况，给予恰当的肯定、表扬和鼓励。

（4）每周评选"值日小明星"，布置"值日小明星"展板，提高值日生工作积极性。

家园共育

1. 提醒家长关注值日安排，积极配合值日生活动的开展。
2. 及时向家长反馈幼儿值日情况，帮助幼儿提高劳动能力。
3. 引导家长为幼儿提供劳动的机会，培养幼儿劳动习惯。

阳台蔬果花园

种植是人类最基本的生活活动之一，幼儿园阳台蔬果花园里的种植活动是一种有温度、有情感的活动。在种植的过程中，幼儿收获了劳动的能力，了解了植物的多样性和生活习性，同时种植、养护和记录的过程，培养了幼儿照顾植物的责任心和担当，能让幼儿体验自己动手的乐趣和收获的喜悦，近距离地感受生命的成长。

组织策略

教师应重视利用阳台的有利环境，让幼儿在教师的带领下完成大胆想象、纸上谈兵、大显身手、精心呵护和品尝收获五个阶段的阳台蔬果花园种植活动。

1. 大胆想象

（1）针对"我的阳台我设计"进行谈话活动。

（2）通过课程请幼儿欣赏各种各样蔬果阳台的图片，并讨论"我心中的蔬果阳台是什么样的"，如观察造型、植物种类搭配、器具材质等。

2. 纸上谈兵

（1）共同讨论"选种问题"，并用绘画的形式设计出心目中的阳台蔬果花园。

（2）根据海选的设计图，共同讨论并确定布置方案。

3. 大显身手

（1）根据布置方案，教师和幼儿一起进行花盆摆放、搬土、播种、做植物标志牌等活动，共同布置阳台蔬果花园。

（2）引导幼儿确定当季植物进行种植，了解不同植物的种植方法。提醒幼儿及时浇水、养护，并用绘画的方式记录植物的变化。

（3）为幼儿提供丰富的种植工具及器具，引导幼儿认识、学习常见种植工具的使用方法。

4. 精心呵护

（1）在日常养护观察中定期开展主题活动，如虫子餐厅、养护秘籍等。

（2）每天给幼儿提供可自由观察的时间，如早餐后的区角活动、午餐后的散步时间，幼儿可根据自己对植物的观察进行除草、施肥、浇水等。

（3）在阳台蔬果花园选择合适的位置设置植物观察记录角，以照片、绘画、观察记录本的形式呈现植物生长过程、幼儿维护过程。

（4）定期和幼儿分享讨论植物生长或观察记录情况，如植物为什么发黄？什么时候浇水最利于植物生长？

（5）引导幼儿尝试向他人简单地介绍班级阳台蔬果花园，提高幼儿的表达能力。

5. 品尝收获

蔬果成熟后，幼儿进行采摘并与同伴一起分享，体验收获的喜悦。

家园共育

1. 鼓励家长带领幼儿进行种植活动，学习观察方法及记录形式，如绘画、幼儿讲述、家长文字记录等，并引导幼儿大胆讲述自己的种植经历。

2. 让幼儿将在蔬果阳台中采摘的果实带回家，鼓励家长指导和帮助幼儿将果实共同制作成美食，体验与家人分享劳动果实的快乐。

3. 采用家长进课堂的形式邀请家长与幼儿分享种植经验。

食谱播报

食谱播报是幼儿认知食材、了解食谱的一个重要组织形式，可促进中班幼儿进一步了解食材的色、香、味、形，帮助幼儿初步了解食材的功效，悦纳不同口味、口感、气味、形态、颜色的食物。食谱播报是在生活化的教育中，发展幼儿语言表达能力的重要渠道之一。这项活动能为幼儿提供均等的表达机会，鼓励幼儿在集体面前大胆、完整地播报食谱。食谱播报可促进幼儿的社会性发展，让幼儿养成认真倾听的良好习惯，尝试互相鼓励并赞美他人。教师应逐渐将食谱播报活动发展成班级的一项餐前文化。

组织策略

1. 利用各种形式向家长介绍中班"我是小小美食播报员"活动的独特价值及家园配合的相关事宜，如亲子共同制作食谱海报、创编食谱内容等，在家园共同引领下，鼓励幼儿积极参与播报活动。

2. 播报活动轮流进行，周末向家长提前发送下周食谱及食谱播报人员安排，家长和幼儿利用周末进行播报准备。播报内容可包含食谱名称、食材及当餐中 1—2 种食材的颜色、形状、味道、营养价值、食用的季节等。

3. 营造温暖、轻松和充满仪式感的播报环境，如在班级布置"我是小小美食播报员"主题墙和小舞台等，激发幼儿参与播报活动的兴趣。

4. 播报后引领幼儿针对认真倾听、大胆表达、互相鼓励和赞美等方面进行评价。

5. 教师适时拓展食谱播报的内容。在幼儿播报的基础上，教师可从食物加工的来源、烹饪方式以及食材特征、营养价值、适宜食用的季节或节气等方面，进行食谱播报的拓展。

● 案例1：

师：现在有请**为大家进行早餐播报，大家鼓掌欢迎！

幼：**加油！

播报员：亲爱的老师、小朋友们好！

今天的早餐我来报。

一杯鲜豆浆，快把它喝光。

骨头变结实，身体健又壮。

祝大家用餐愉快！

幼：**你真棒！

教师拓展食谱内容：

① 豆浆的营养丰富，富含丰富的钙、蛋白质和膳食纤维。

② 豆浆由黄豆制作而成，在五行中黄色对应脾脏，并且黄豆归经于脾，因此黄豆有较好的健脾导滞的功效。

③ 黄豆性平，有利水除湿、清热解毒的作用。

6. 教师、食谱播报员鼓励幼儿在进餐时观察当餐主要食材的种类或数量，逐步渗透食物多样、合理搭配的膳食原则。引导幼儿餐后可与同伴交流当餐食物的口感口味、食物种类数量等话题。

家园共育

1. 提醒家长关注"食谱播报"，与幼儿共同准备播报内容，调动幼儿参与活动的积极性。

2. 有意识地引导家长鼓励幼儿用较完整的语言进行播报。下学期可运用说唱、快板、问答等多种形式准备播报活动。

3. 家长可利用幼儿参与的买菜、帮厨、亲子食育活动、阅读食育绘本等机会，适时与幼儿进行有关食材特征、营养价值、食用季节以及食物烹饪方式、搭配原则、口感味道等内容的互动交流，为幼儿提供表达的机会，不断积累幼儿的生活经验。

健康管理

健康管理是指幼儿在观察眼、鼻、口、舌、"二便"等身体变化的基础上了解自己的身体，借助外物如镜子或自主感觉等，认识自己身体的基本症状，以此简单判断身体健康状况，选择适宜的食材进行干预并尝试记录，从而逐渐养成科学饮食、健康生活的良好习惯。

在托小班的基础上，中班幼儿已经能够独立进行"二便"辨识和简单的自诊，升入中班后将自诊和四种食材的营养水结合，通过保健医进课堂的方式，引导幼儿关注身体发出的讯号，了解通过营养水进行调整的方法，并尝试运用图片记录。积极参与每次的健康体检，关注自己的体检结果，乐于与他人谈论有关身高、体重、视力等健康话题。

组织策略

1. 身高体重观察记录

（1）创设便于操作的身高、体重记录表和测量工具并放置在活动室合适位置。

（2）教师与幼儿共同商讨测量与记录的方法，帮助幼儿理解运用数字或图画等形式记录身高、体重。

（3）上学期幼儿可在家长、教师、同伴的帮助下，进行测量并记录。下学期可鼓励幼儿尝试自主记录，家长、教师可适时协助幼儿记录，一周记录一次。

（4）根据每周测量情况与幼儿进行主题谈话，如测量结果、记录方式、成长变化等，引导幼儿关注自己身高、体重的变化，知道合理的饮食、充足的睡眠、适宜的运动不但有助于我们长高，还能使我们的肌肉、骨骼更健壮，身体更健康，从而养成健康的生活方式。

（5）引导幼儿关注自己的体检结果，愿意用绘画、谈话等形式与成人、同伴分享有关身高、体重的健康话题。

2."二便"观察记录

（1）创设温馨、整洁的卫生间环境，制作便于幼儿操作的大小便记录表并粘贴在合适的位置。利用环境暗示引导幼儿关注自我健康。

（2）制作不同形状、颜色的大小便标志，帮助幼儿了解什么样的"二便"是健康的状态，如大便分成型、不成型、健康三种，小便分黄色、淡黄、透明三种。

（3）通过多种形式的教学活动，引导幼儿了解不同形态颜色的大小便与身体健康的关系。

（4）引导幼儿通过观察自己的"二便"情况，在教师的提醒下选择适宜的饮用水和食材等方式，以调整身体的健康状况。

（5）结合"二便"观察记录，与幼儿谈论"食物的旅行"话题，了解水、食物在体内代谢和消化的过程。

3. 自诊自主饮水

（1）创设合理有序的自诊观察区域，固定在班级合适位置。制作适合幼儿操作记录的材料，如记录板、自诊图片（感冒、咳嗽、上火、积食）、镜子、食物搭配图片若干等。

（2）通过保健医进课堂、日常谈话，让幼儿了解不同的食材和身体之间的关系，知道在身体出现感冒、咳嗽、上火、积食、小便发黄时，可以选择相对应的营养水，并鼓励幼儿在身体健康时多喝白开水。

（3）在教师的提醒下幼儿利用小镜子观察自己的皮肤、眼睛、舌苔、精神状态等，并根据自检情况将自己的标志对应贴在积食、上火、咳嗽、感冒等图片旁。

（4）设置温馨舒适的水吧环境，用图片、记录板等形式展示不同营养水和身体辨识结果的对应关系。提供多种形式的饮水记录，如白开水用白色的冰糕棍、山楂水用红色的冰糕棍、柠檬水用黄色的冰糕棍等。

（5）与幼儿共同讨论合理的饮水路线及饮水规则。根据幼儿自主饮水时出现的问题，引导幼儿讨论共同遵守规则，以进一步提高幼儿饮水中的自我管理意识。

（6）教师应在保健医指导下准确掌握食材冲泡的浓度，及时续水，每日更换食材。生活教师根据幼儿早上健康管理的情况提前准备好充足、温度适宜的饮用水，随时进行温度和水量的调整，保证幼儿全天有充足的饮用水。

（7）饮水前，值日生分别将量杯、抹布摆放在自主饮水区域，饮水后协助生活教师清理水壶，收放整齐。

（8）适时指导幼儿根据自己的饮水量和饮用的营养水，按照一杯水一个标志卡的方法，做好营养水情况的记录。

（9）保证幼儿每次饮水时间充足，引导幼儿独立解决饮水时出现的问题，如洒水时，能自己取抹布进行整理；衣服有水迹时，知道处理方法，能主动找老师协助更换晾晒。

4. 亮眼宝贝

（1）通过开展课程"我们的眼睛""眼睛闪亮的秘密""我是亮眼宝贝""保健大夫对我说"等活动，让幼儿认识眼睛健康的重要性，通过观察眼睛所发出的讯号，来判断自己身体的健康状况，知道选择适宜的食材进行调理，懂得保护眼睛健康的方法。

（2）开展"小小健康采访员"活动，鼓励幼儿大胆向保健医、老师、大班哥哥姐姐等采访"保护眼睛的方法"，并用绘画的方式记录下来与大家分享。

（3）创设"亮眼宝贝"主题墙面，和幼儿一起讨论、制定"亮眼宝贝"活动开展公约，在记录活动中养成每天关注自己眼睛健康的好习惯。

5. 光盘行动

（1）通过开展课程"小小一粒米""香喷喷的饭菜哪里来""最爱幼儿园的什么饭菜""厨房里的秘密""夸一夸厨师叔叔"等活动，让幼儿感受食物的来之不易，激发幼儿珍惜粮食的情感。

（2）讨论关于"光盘行动"的话题，如什么是光盘、为什么要光盘、你是怎么做到光盘的等谈话活动，帮助幼儿理解光盘活动的意义。

（3）师生共同设计班级"光盘行动"主题墙面，鼓励幼儿大胆表达对光盘行动墙面创意的想法，将所有幼儿的想法记录在黑板上，请大家投票选出最喜爱的记录方式（如磁力扣、夹夹子等形式）。一起收集材料，共同制作、装饰班级光盘行动墙面环境。

（4）定时、定期进行光盘行动小结，及时鼓励表扬幼儿的光盘行为。

家园共育

1. 结合幼儿年龄，及时了解其生长发育的情况，给家长提供一些饮食与运动等方面的合理建议。如推荐家庭食谱，帮助幼儿在家养成定点、定时、定量进餐等规律的生活习惯。

2. 家园同步引导幼儿学会关注自己的身体变化，如在家关注"二便"情况；假期中，鼓励幼儿继续每天在家中进行健康管理，并以简单易操作的方式记录；为幼儿提供如检查视力的符号和手势图、测量身高的顺序图、营养宝塔拼搭图等材料，通过排序、对应摆放等形式，帮助幼儿巩固健康自诊、营养膳食的知识，熟悉和掌握健康体检的简单方法。

3. 鼓励家长为幼儿做好光盘行动的榜样，在家、外出就餐时做到不剩饭菜，光盘行动，也可与幼儿一起种植、采摘，感受食物的来之不易，知道节约粮食。

食育主题

探秘花生

主题由来

"麻屋子,红帐子,里面住个白胖子",这个谜语描述的就是花生。中医认为花生性平味甘,具有健脾养胃、润肺化痰的作用。

随着秋天的到来,幼儿园蔬果花园里的花生成熟了,要收获花生啦!可是花生在哪里呢?孩子们带着疑问和好奇,在寻找、辨别、收获的过程中,"探秘花生"这一食育主题应运而生。

中班幼儿有强烈的好奇心和求知欲,在"探秘花生"主题中通过让幼儿进行观察、种植、养护、记录、采摘、品尝、艺术创作等,引导他们了解认识花生的种类、特征、营养价值、用途,了解花生的生长过程,理解植物生命循环的规律,体验用花生壳进行艺术创作的乐趣。老师时刻关注幼儿内在需求,随机生成课程并引导幼儿在发现问题和探究过程中主动建构新的经验。

主题目标

1. 在寻找和观察花生的基础上,了解花生的生长环境、外形特征和生长过程。

2. 与同伴分享的过程中,知道花生的营养价值和花生能够制作多样性的美食。

3. 尝试用不同方法制作花生美食并品尝其带来的不同口感,乐于参与制作各种花生美食。

4.通过参与种植、养护及收获,感受劳动的辛苦和食物的来之不易。

主题网络图

方案一　花生在哪里

活动目标

1.通过观察、比较,发现花生叶子颜色与形状特征。

2.认识花生的生长过程,能顺着茎根找到并收获花生。

3.乐于观察周围环境中的植物,并大胆提问和表达。

活动准备

经验准备:有种植过或观察过花生。

材料准备:四叶草叶子、花生叶子的图片。

活动建议

1.通过对比、观察四叶草叶子和花生叶子的形状、大小、颜色,知道花生叶子是绿色椭圆形并且比四叶草的叶子小。

2.讨论:花生生长在哪里?

3. 表达自己对花生的认识，知道花生的果实是生长在土里的。

4. 讨论：如何在土里找到花生。

5. 通过花生叶子确认花生藏在哪里，并尝试用挖、拔、遛的方式找到土里的花生。

活动延伸

收集不同植物的叶子制成叶子标本，通过观察叶子的形状、脉络、颜色等外形特征来辨别认识更多的植物。

方案二　剥花生

活动目标

1. 通过剥花生的活动，尝试在记录表中用自己的方式记录每颗花生里花生仁的数量，学习简单的统计方法。

2. 了解花生具有健脾养胃、润肺化痰的作用。

活动准备

经验准备：生活中会用大拇指和食指配合剥东西。

材料准备：花生的营养价值和作用视频、带壳花生每人一盘（5颗）、水彩笔人手一支、幼儿记录卡每人一张。

活动建议

1. 观察新鲜的花生和晒干的花生有什么不同。

讨论分享：新鲜的花生和晒干的花生哪一种更好剥？

2. 观察带壳花生的不同，如长短、大小。猜测：花生里有多少粒花生仁？

3. 讨论：怎么剥开硬硬的花生壳？并猜测花生壳里花生的数量，知道通过剥花生方能验证自己的猜想。

4. 观察记录表，了解记录方法：记录表中有两排，第一排的数字是每人要剥 5 颗花生；第二排是用符号记录这颗花生里面花生仁的个数。如果第一次剥出了 2 粒花生仁，就在第一颗的下面用数字 2 或两个 □ 或两个 "√" 来表示。每剥一颗花生，就在相对应的数量下记录这颗花生里有几粒花生仁。

5. 剥花生，一边剥一边用数字或符号记录花生仁的数量，并分享、表达自己的统计结果。

6. 观看视频了解花生仁有健脾养胃、润肺化痰的营养价值和作用。

活动延伸

1. 将剥好的花生仁进行晾晒，并观察花生仁外表颜色的变化。
2. 在季节桌上展示花生的食育儿歌、花生仁、带壳花生，供幼儿观察。

方案三　制作花生美食

活动目标

1. 感受花生不同制作方式带来的口感与味道，了解花生的营养价值。
2. 尝试用煮、捣、破壁的烹饪方法制作花生美食。
3. 分组制作不同的花生美食，体会分工合作的重要性。

活动准备

经验准备：有过剥、压、捣食物的经验；认识简单的厨房用具：漏铲、蒜臼、破壁机。

材料准备：花生美食调查表，带壳花生、新鲜花生、晒干花生、白糖、八角、盐、醋、淀粉、胡萝卜、芹菜、一小碗炸好的花生，蒜臼、锅、铲子、破壁机。

活动建议

1. 回顾花生的食育儿歌，了解花生的外形特征及营养价值。
2. 分享自己的花生美食调查表，了解花生美食的多种制作方法。

3.回顾不同厨具的使用方法，探讨使用时的注意事项。

4.制作花生系列美食，运用不同的工具和方法烹饪不同的花生美食。

（1）煮花生：锅中加水，将带壳花生、盐、八角放入锅中煮15分钟。

（2）花生露：将去皮的花生仁、大米、冰糖、水放入破壁机内，用破壁机搅拌、打碎加工至熟。

（3）花生碎：将炒熟的、剥好皮的花生仁放入蒜臼捣成花生碎。

（4）裹糖的花生仁：花生仁洗干净放凉锅里，开小火翻炒，外皮变色后捞出备用。洗干净锅，放入水和白糖，开小火熬制白糖，随后倒入花生仁，一边翻炒一边撒入淀粉，待花生仁都均匀裹上淀粉之后关火，翻炒至凉。

5.分组尝试制作不同花生美食，知道美食名称，如煮花生、花生露、花生碎、裹糖的花生仁。

6.把制作好的花生美食与同伴共同品尝，分享不同花生美食的味道及烹饪方法，并尝试讲述花生美食的制作过程。整理桌面，清洗餐具并送回指定位置。

方案四　花生来榨油

活动目标

1.在观看视频的基础上，了解榨花生油的使用工具和榨油过程。

2.通过擀一擀的操作方法，观察、发现花生出油的现象。

3.感受花生压出油的乐趣。

活动准备

经验准备：有使用擀面杖的经验。

材料准备：食用油对身体的作用、花生榨油的视频、芝麻、花生、瓜子、大米、核桃、擀面杖、A4纸、记录表。

活动建议

1. 观看视频,了解生活中食用油的用处以及对人体健康的作用,讨论:平时炒菜的油是从哪儿来?

2. 观察芝麻、花生、瓜子、大米、核桃等食材,猜测:哪种食材能压出油?

3. 根据猜测结果分组,用 A4 纸包住食材,用擀面杖擀,验证自己的猜测结果,记录在表格中。

4. 分组把 A4 纸展示在黑板上,分享自己的发现。

5. 观看视频,了解榨花生油使用的工具,知道花生油是我们生活中很重要的食品之一。

6. 了解油虽能为身体提供能量,但吃多了也会影响身体健康,所以炒菜时要少油。

活动延伸

周末与家长到超市观察并记录粮油区的食用油分别是用哪些食材榨制而成。

方案五 我来种花生

活动目标

1. 了解花生的生长特点,学习花生的种植方法。

2. 知道春天是播种花生的季节,能按照松土、播种、盖土、浇水的步骤播种花生。

3. 通过种植记录,感受种子生根、发芽、开花、结果的生长过程,体会种子生命的神奇。

活动准备

经验准备:知道花生的种子从哪儿来,知道春天是播种的季节。

材料准备：花生种植方法视频、花生仁、铲子、耙子、洒水壶、种植记录表。

活动建议

1. 通过视频，了解花生种子的种植方法。
2. 认识播种花生需要的工具及使用方法。
3. 在教师的指导下分组播种花生。
4. 分享播种时的心情和感受。
5. 在种植完成后，持续观察花生叶子的变化，并进行绘画记录。

活动延伸

尝试在水、沙土、黄土、黑土等不同的环境下种植花生，对比、了解不同生长环境下花生的生长变化。

方案六　花生壳DIY

活动目标

1. 观察花生壳的外形特征，大胆想象并运用粘贴、拼摆等方法进行美术创作。
2. 在运用彩笔、彩纸、轻黏土等材料完成花生壳创意作品的基础上发现自然材料的美，体验花生壳创意画的乐趣。

活动准备

经验准备：知道花生生长在泥土里，会剥出完整的花生壳。

材料准备：花生壳、水彩笔、剪刀、轻黏土、与花生壳创意作品有关的PPT。

活动建议

1. 观察花生壳并分享：剥下完整的花生壳可以用来做什么？
2. 大胆分享自己的想法：花生壳看起来像什么？

3. 欣赏花生壳创意作品。

4. 自主选择材料进行花生壳创意作品的创作。

5. 与同伴分享自己的作品。

活动延伸

1. 利用美工区投放的花生壳、核桃壳、瓜子壳、开心果壳等材料进行艺术创作。

2. 和家长一起调查了解花生壳在生活中的不同用处。

方案七　花生的一生

活动目标

1. 通过阅读绘本《花生的故事》，深入了解花生从发芽到结果的生长过程。

2. 在了解绘本内容的基础上，能够按照花生的生长过程正确摆放图片并完整讲述故事内容。

3. 愿意在集体面前大胆分享探秘花生过程中的有趣事情。

活动准备

经验准备：有摘花生、了解花生的经验。

材料准备：《花生的故事》食育绘本、花生生长过程的图片。

活动建议

1. 对花生生长过程的图片进行自主排序。

2. 阅读食育绘本《花生的故事》，了解花生的生长过程。

3. 验证和调整自己的排图顺序，并尝试完整讲述绘本内容。

4. 播放"探秘花生"主题活动系列照片，回顾并分享阶段性活动。

5. 在回顾的基础上，与同伴分享探秘花生过程中的有趣事情。

活动延伸

创设"探秘花生"主题墙，用图片和绘画记录展示花生的生长过程。

方案八　水培花生

活动目标

1. 观看水培花生生根发芽的视频，了解花生的生长是先生根再发芽。
2. 观察已经发芽的花生仁，知道水培花生时需要把发芽的根部放在水里、果实露在水面上的养护方法。
3. 在与小班弟弟妹妹共同观察、养护的过程中，体验与弟弟妹妹一起合作种植的快乐。

活动准备

经验准备：知道花生仁就是花生的种子。

材料准备：带壳花生、发芽花生、玻璃瓶、喷壶。

活动建议

1. 对比发现浸泡过和未浸泡过花生仁的不同，知道去壳浸泡的水培花生发芽更快。

小班：在哥哥姐姐的帮助下，小班幼儿尝试剥带壳花生，观察浸泡过和未浸泡过的花生仁的区别。

中班：中班幼儿将弟弟妹妹剥好的花生和发芽花生进行对比，帮助小班幼儿认识花生的根。

2. 观看教师水培花生的过程，尝试水培花生。

小班：尝试清洗玻璃瓶，把清洗好的瓶子给哥哥姐姐。

中班：瓶中装满水，把大小合适的网格放置在瓶口上，将发芽的花生整齐地扎进网格中。

3. 与同伴分享、表达自己的种植方法和感受。

小班：尝试和哥哥姐姐一起为自己种下的花生取名字，学习为水培花生换水的方法。

中班：可以让弟弟妹妹带走一部分水培花生，与弟弟妹妹共同观察记录水培花生的生长过程。

活动延伸

1. 继续自主观察班级环境中的水培花生的生长过程。

2. 将花生不同的生长环境做成匹配图片投放在班级区角里，以"神奇的花生"为游戏主题，幼儿操作观察在土里、水里等不同生长环境下花生的生长过程。

一日生活渗透

在自然环境中，鼓励幼儿发现和探寻生长在土里的其他农作物。

区域材料投放

1. 在食育区投放带壳花生，幼儿在剥花生的过程中，探索交流剥得快、花生壳剥不碎等方法和经验。

2. 在科学区投放不同的食用油，观察油的颜色，了解榨油的食材，如菜籽油、芝麻油、玉米油、大豆油、花生油。

3. 将"花生来榨油"的过程图片投放至语言区，供幼儿排图讲述。

4. 以步骤图的形式将种植花生的全过程投放在语言区，供幼儿在排图、讲述活动中巩固种植花生的全过程。

家园共育

1. 利用幼儿帮厨、家庭进餐等生活场景，家长经常与幼儿交流并渗透少油少盐的膳食原则。

2. 幼儿与家长在家同步种植花生，共同观察、记录其生长过程。

3. 鼓励幼儿和家长一起动手用花生壳创造出有不同创意的作品。

超级豆宝宝

主题由来

"秋分收春豆"说的是每年9月中下旬是各类豆子丰收的时候。豆及豆制品是我们中原地区常见的食物，豆类的品种有很多，其大小、颜色各不相同。在日常生活中，中班的孩子对豆子都有粗浅的了解，但这些经验是模糊的、零散的，我们把这些经验加以整合，结合中班孩子的年龄特点，与童本教材和我园的食育理念相融合，让食育走进课堂，开展了"超级豆宝宝"主题活动，引导幼儿更加系统地认识家乡的各种豆子及其特征，让幼儿知道豆制品营养价值高，喜欢吃豆制品。

主题目标

1. 在认识绿豆、黄豆、红豆、黑豆、白芸豆的外形特征和生长环境的基础上，利用各种各样的豆类进行艺术创作。
2. 在与同伴的分享中，了解豆制品的多样性和营养价值并尝试制作。
3. 愿意参与制作并喜欢吃豆制品。

主题网络图

方案一 我家的豆类美食海报

活动目标

1. 在分享交流中，了解豆制品的多样性。
2. 能大胆表达自己知道的豆制品的主要营养成分和功效。

活动准备

经验准备：食用过豆类美食。

材料准备：豆制品PPT、亲子制作的豆类美食海报。

活动建议

1. 分享、展示自己的美食海报，了解豆类美食的多样性。
2. 分小组分享、讨论自己的美食海报及营养价值。
3. 观看PPT，了解常见豆制品的制作过程。
4. 海报展示在作品展示区，幼儿互相欣赏。

活动延伸

1. 在进餐前的食谱播报环节，引导幼儿说出豆类美食的营养价值。
2. 观察幼儿园菜园的豆豆生长，参与照顾养护和收获。

方案二 好玩的分豆豆

活动目标

1. 了解绿豆、黄豆、红豆、黑豆、白芸豆的外形特征。
2. 探索用不同工具快速分离五色豆的方法，并用语言表述操作过程。

活动准备

经验准备：知道不能把小豆豆放在耳道、鼻孔的自我安全保护常识。

材料准备：每桌一份混合的豆子，五个空盒子，漏勺、勺子、筷子、镊子若干。

活动建议

1. 观察五色豆的外形特征。

2. 创设情境，引发幼儿对分豆豆活动的兴趣。

3. 观察各种分豆豆工具的特征，了解工具的不同用途。

4. 幼儿分组自由选择工具进行分豆豆。

5. 分享与讨论将豆豆快速分类的方法。

6. 整理桌面和地面卫生。

活动延伸

1. 学习儿童食育系列之《厨炊说明书》中与笊篱、筷子、勺等有关的儿歌。

2. 阅读植物食育绘本《豆角的故事》。

3. 在一日生活中进行记录画活动，记录本组同伴快速分豆豆的方法。

方案三 豆豆贴贴乐

活动目标

1. 在拼一拼、摆一摆的过程中，根据各种豆类不同的外形特征，创作出自己想要的造型。

2. 在拼贴中发现自然材料的美，感受豆豆粘贴画的色彩美和形态美。

活动准备

经验准备：有过拼贴画的经验。

材料准备：白乳胶、图画纸、小筐若干、常见豆类食物若干。

活动建议

1. 观察各种常见豆类的基本外形特征。

2. 根据豆类不同外形特征，尝试用不同大小、颜色的豆类搭配拼摆出不同形态的点线面。

  3. 交流分享，说一说自己设计的造型。

  4. 进行拼贴画，创作自己喜欢的豆子拼贴造型。

  5. 晾晒、展示作品并和同伴分享。

  6. 分组整理桌面和地面卫生。

活动延伸

  1. 在生活中引导幼儿观察走廊上豆子装饰画不同排列形式的美。

  2. 在一日生活中收集豆子和可以进行粘贴画的材料进行再次创作。

方案四　香甜的豆沙包

活动目标

  1. 了解豆沙包的制作方法和营养价值。

  2. 能运用压、擀、捏的方法做豆沙包。

活动准备

  经验准备：有过饺子、月饼等制作经验。

  材料准备：面团、擀面杖、每人一个小案板、豆沙馅、蒸锅、豆沙包步骤图。

活动建议

  1. 观看豆沙包步骤图，了解豆沙包的制作方法。

  2. 讨论豆沙包的制作方法及注意事项，尝试制作豆沙包。

  3. 探索制作不同形状、不同样式的"创意"豆沙包。

  4. 将包好的豆沙包放入蒸锅，等待香甜的豆沙包蒸熟。

  5. 分享品尝美味的豆沙包。

  6. 整理桌面和地面卫生。

活动延伸

1. 回顾豆沙包的制作过程，与大家分享还吃过哪些豆类做成的豆沙美食。

2. 在区角中投放豆子以及所对应的五脏图片；投放黏土，幼儿继续探索包不同形状的豆沙包。

3. 尝试与家长制作关于豆类的美食，如豆腐、豆芽、豆沙糕等。

萝卜的秘密

主题由来

"冬吃萝卜夏吃姜，不用医生开药方"，人们常用这句话来形容萝卜在冬季的食用价值。白萝卜可以补气和顺气；胡萝卜可以补心、活血养血；青萝卜可以清热疏肝；水萝卜利尿功能好。萝卜的种子可以消食化痰，下气定喘，叶子能止泻；结籽老死的根叫做地枯萝，能利尿退热。萝卜一身都是宝，有"小人参"的美誉。

萝卜作为河南地域的时令蔬菜，尤其适合冬季进食，除了具有很高的营养价值，还能被挖掘出一定的教育价值。随着寒冬的到来，"萝卜的秘密"这一食育主题应运而生。

中班孩子喜欢亲近自然，主动感知生命，有好奇心和求知欲，更喜欢用多种形式交流探索的过程与方法，分享探索的快乐。为了满足孩子的这一特点，我们通过让孩子观察、感知、动手操作，引导幼儿多角度地了解萝卜，在活动中提高了孩子们的自主能力和动手操作能力。

主题目标

1. 认识不同种类的萝卜，了解其名称、生长环境及外形特征。

2. 知道萝卜是冬季蔬菜，并了解食用不同品种的萝卜对身体的益处。

3. 在制作品尝的过程中，愿意参与制作并喜欢萝卜美食。

主题网络图

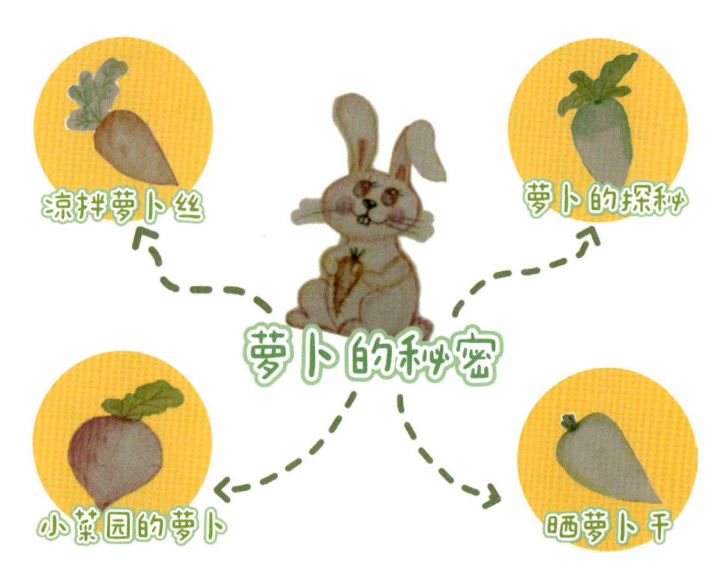

萝卜的秘密
- 凉拌萝卜丝
- 萝卜的探秘
- 小菜园的萝卜
- 晒萝卜干

方案一 萝卜的探秘

活动目标

1. 了解各种萝卜特征：形状、大小、颜色、味道。
2. 能通过当季萝卜颜色对应身体五脏探索其食疗功效。

活动准备

经验准备：有食用过萝卜美食的经验。

材料准备：不同的萝卜实物、PPT、五行食育卡、萝卜图片和对应的功效图片。

活动建议

1. 在观察、感知、讨论的过程中了解常见萝卜的大小、颜色、形状等特征。

2. 观看萝卜图片和对应的功效图片，讨论五行食育卡中五脏对应的食物颜色。

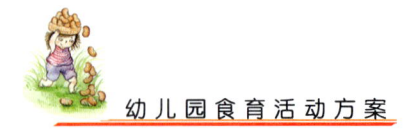

3. 结合讨论结果，了解不同颜色萝卜的营养价值和食疗功效。

4. 匹配游戏：萝卜和功效图片对应，加深幼儿对萝卜营养价值的印象。

5. 幼儿分享食用过的萝卜美食。

活动延伸

1. 学习关于萝卜的食育儿歌。

2. 种植萝卜，观察萝卜的生长过程，绘制《萝卜的生长日记》。

方案二　小菜园的萝卜

活动目标

1. 观察土壤中萝卜的形态和外皮青白颜色过渡的特征。

2. 能够用喜欢的绘画方式，大胆表现菜园里萝卜的遮挡关系。

活动准备

经验准备：有过写生的经验。

材料准备：油画棒、水彩笔、马克笔、纸、画板。

活动建议

1. 自由选择位置，观察萝卜在土壤中的形态和外皮青白颜色过渡的外形特征。

2. 观察菜园里萝卜前后、上下的遮挡关系。

3. 讨论如何用绘画形式表现萝卜的遮挡、远近关系。

4. 分小组选择绘画工具、方式、颜色等表现萝卜的形态。

5. 自由创作，教师巡回指导。

6. 集体欣赏幼儿作品。

7. 点评作品，"我最喜欢谁画的萝卜，是用什么方法画出来的"，对幼儿积极参与绘画写生的行为进行正面鼓励。

活动延伸

1. 玩游戏：萝卜蹲，巩固、认识萝卜的不同种类。

2. 师幼共同创作"萝卜"主题墙，进一步让幼儿感知萝卜的特征及用途。

方案三　凉拌萝卜丝

活动目标

1. 观察各种萝卜，了解胡萝卜和白萝卜的形态特征，知道它们的营养价值。

2. 能正确使用擦丝器，尝试擦出萝卜丝。

活动准备

经验准备：食用过和萝卜有关的美食。

材料准备：胡萝卜、白萝卜，擦丝器、小碗小盆若干，盐、香油、柠檬汁。

活动建议

1. 观察实物白萝卜、胡萝卜，了解它们的外形特征。

2. 分享自己知道的萝卜种类、萝卜的营养价值和其对身体的好处。

3. 共同探索萝卜丝的制作方法。

4. 了解擦丝器的使用方法，讨论使用擦丝器时的注意事项。

5. 分组制作凉拌萝卜丝，尝试擦丝。

6. 调拌萝卜丝，向幼儿传递少盐的健康食育理念。

7. 品尝、讨论调味品的量对萝卜丝口味的影响。

8. 整理桌面，清洗厨具。

活动延伸

1. 用绘画日记的方式记录凉拌萝卜丝的制作过程。

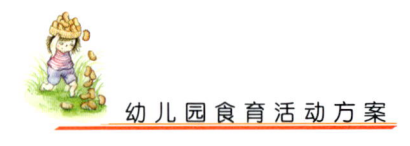

2. 在一日生活中学习关于萝卜的谜语和食育儿歌。

方案四　晒萝卜干

活动目标

1. 了解制作萝卜干的基本过程，并能积极主动参与制作。
2. 能正确使用刀具，尝试把萝卜切成条状。

活动准备

经验准备：有食用过和萝卜相关的美食的经验。

材料准备：不同种类的萝卜、安全刀若干、案板若干、筐子若干。

活动建议

1. 讨论分享吃过的萝卜美食。
2. 品尝萝卜干，猜测吃到的美食是什么。
3. 师幼探索萝卜干的制作过程。
4. 了解刀具的使用方法，说说使用刀具时的注意事项。
5. 分组制作，尝试把萝卜切条。
6. 把切好的萝卜条放进筐子里，放置到阳光充足的地方晾晒。
7. 整理桌面，清洗厨具。

活动延伸

一日生活渗透

1. 在一日生活中创编有关萝卜的谜语、儿歌、手指游戏等。
2. 用绘画日志的方式，把萝卜干的制作方法记录下来。

区域材料投放

1. 将不同种类萝卜对应的功效图片投放在区角，以便幼儿后续的学习。
2. 在美工区投放萝卜折纸步骤图和折纸材料，供幼儿模仿创作折纸萝卜。

3.在蔬果阳台种植不同种类的萝卜,以便幼儿观察萝卜的生长过程。

家园共育

萝卜素有"小人参"之称,是我们餐桌上的一种常见食材,具有一定的食疗功效,如萝卜煮水可以消食、止咳、化痰;萝卜和梨煮水可以润肺清热……家长带幼儿走进大自然采摘萝卜,在户外进行认知、观察、探索,在与幼儿互动中增进亲子关系。家长和幼儿一起制作萝卜美食,根据萝卜的颜色、形状等设计、雕刻萝卜造型,发展孩子的想象力和创造力。通过培育萝卜,了解水培萝卜生长各阶段的特征,体验自己动手的乐趣和成功的喜悦,从而让幼儿喜欢吃萝卜,爱上吃萝卜。

1.家长和幼儿用不同种类的萝卜制作"创意萝卜造型"。

2.与孩子共同水培萝卜。

3.和幼儿一起制作萝卜梨水。

各种各样的野菜

主题由来

我国自古就有挖野菜、吃野菜的传统。《诗经》的第一篇就说:"参差荇菜,左右流之。"每到二月二,人们就三五成群地到郊外踏青,提篮执铲去挖新鲜的野菜。俗话说:"三月三,野菜当灵丹。"美味的野菜不仅有较高的营养价值,还有一定的食疗功效。如马齿苋能清热解毒,凉血止血;荠菜能补虚健脾,清热利水;蒲公英能清热解毒,消肿利尿等。

为了让幼儿对野菜有更详尽的认识和了解,我们结合河南地域特色和中班幼儿的年龄特点,选取常见的野菜如荠菜、面条菜、白蒿、马齿苋等,开展了"各种各样的野菜"这一主题活动。通过认识常见的野菜种类及外形特征，了解它们的营养和食用价值。让幼儿亲手制作各种野菜美食，享受来自大自然的美味，可以萌发他们亲近自然、热爱自然、保护自然的意识。

主题目标

1. 认识常见的野菜的外形特征及食用价值。
2. 尝试用不同的烹饪方式制作野菜美食。
3. 欣赏并了解春季中原地区的野菜食用文化。

主题网络图

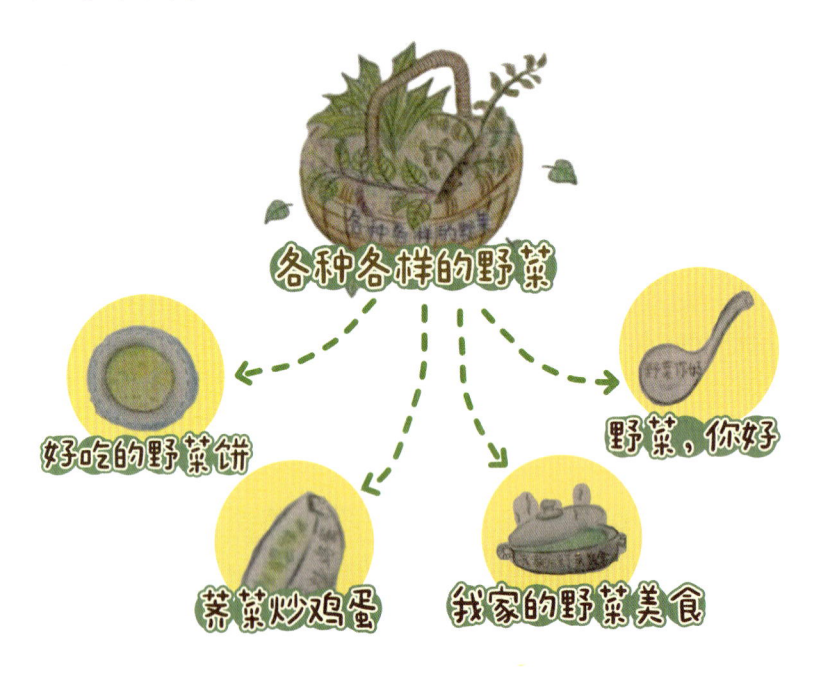

各种各样的野菜
- 好吃的野菜饼
- 荠菜炒鸡蛋
- 我家的野菜美食
- 野菜，你好

方案一　野菜，你好

活动目标

1. 认识几种常见的野菜，了解其外形特征。
2. 知道野菜的营养价值和多种食用方法。

活动准备

经验准备：有食用过野菜的经验。

材料准备：马齿苋、白蒿、面条菜、荠菜、野菜PPT。

活动建议

1. 观看PPT，观察野菜实物，认识不同的野菜并了解野菜的多样性。

2. 通过实物和图片相结合的方法，从外形特征区分不同的野菜。

3. 分享讨论自己见过或吃过的野菜，了解野菜的不同食用方法和营养价值。

4. 讨论野菜的不同烹饪方法，分享自己想吃的野菜美食。

5. 欣赏并了解春季中原地区的野菜食用文化。

活动延伸

1. 师幼共同制作"各种各样的野菜"主题墙，展示不同野菜图片及烹饪方法。

2. 户外活动中，寻找蒲公英，了解其营养价值和食用方法。

方案二　我家的野菜美食

活动目标

1. 欣赏海报，了解不同野菜的食用方法。

2. 能大胆讲述"我家的野菜美食"的制作方法。

活动准备

经验准备：知道野菜可以食用。

材料准备：亲子制作的野菜美食海报。

活动建议

1. 幼儿自由欣赏"我家的野菜美食"海报。

2. 交流讨论，知道野菜美食的多样性。

3. 个别幼儿介绍自己的海报并讲述制作过程。

4. 分组交流、分享自己的美食海报。

5. 展示"我家的野菜美食"海报，幼儿互相欣赏。

活动延伸

1. 在一日生活过渡环节中请幼儿陆续分享自己的美食海报。

2. 在户外活动时引导幼儿寻找幼儿园里的野菜。

方案三　荠菜炒鸡蛋

活动目标

1. 了解荠菜的营养价值，知道荠菜炒鸡蛋的基本步骤。

2. 掌握择洗荠菜、打鸡蛋的方法，尝试制作荠菜炒鸡蛋。

活动准备

经验准备：有制作野菜美食的经验。

材料准备：荠菜、鸡蛋若干，油、盐，电磁炉、炒锅、打蛋盆。

活动建议

1. 观察荠菜实物，回顾荠菜的外形特征和营养价值。

2. 讨论分享自己吃过的荠菜美食。

3. 了解荠菜炒鸡蛋的基本步骤，讨论需要哪些材料和工具。

4. 讨论择洗荠菜、打鸡蛋的方法，并亲手择洗荠菜、打鸡蛋。

5. 将准备好的食材和调料搅拌均匀备用。

6. 分享美味的荠菜炒鸡蛋。

7. 整理桌面和打扫地面卫生。

活动延伸

1. 师幼共同将荠菜炒鸡蛋的制作过程和美食图片展示在"野菜飘香"主题墙上。

2. 师幼共同搜集荠菜的其他食用方法。

方案四　好吃的野菜饼

活动目标

1. 了解面条菜饼的制作方法和营养价值。
2. 能用切碎、搅拌的方法，尝试动手制作野菜饼。

活动准备

经验准备：有制作食物的经验。

材料准备：面条菜、面粉、电饼铛、筷子、搅拌盆、安全刀、案板、油、盐。

活动建议

1. 观察面条菜，了解面条菜的外形特征和营养价值。
2. 讨论制作面条菜饼所需要用到的食材工具和基本步骤。
3. 分组制作面条菜饼：择洗面条菜，尝试使用安全刀把面条菜切碎。
4. 将所有准备好的食材和调料搅拌均匀，然后在教师的帮助下使用电饼铛烙饼。
5. 等待面条菜饼的过程中，分组整理桌面和地面的卫生。
6. 幼儿分享面条菜饼，并说一说品尝自己制作的面条菜饼的感受。

活动延伸

一日生活渗透

1. 制作面条菜饼的步骤图，供幼儿排序。
2. 教师与幼儿共同探索面条菜的多种食用方法。

区域材料投放

1. 寻找幼儿园的野菜并进行写生。
2. 在美工区投放不同的野菜、石头、手帕、图画纸，进行拓印绘画活动。

3. 在自诊区投放野菜及功效图片，幼儿进行野菜及功效的匹配。

家园共育

1. 家长和幼儿走进大自然，观察不同生长阶段的野菜并记录。
2. 与幼儿共同制作各式各样的野菜美食。

南瓜之旅

主题由来

"春栽玉籽近柴门，夏结金瓜似小盆"是《咏南瓜》中对于南瓜的描写。在班级四季桌上，孩子们被各种各样的南瓜吸引。有的南瓜圆圆扁扁的像大包子，有的南瓜细细长长的像一轮弯月，有的南瓜像娃娃般憨态可掬，好不可爱！孩子们围着南瓜你一言我一语地交谈着，南瓜的到来，热闹了整个班级……南瓜有补益脾胃、解毒消肿的作用。"春种一粒粟，秋收万颗子"，幼儿虽然常吃南瓜却没有真正探寻过南瓜究竟是如何从一颗种子变成大南瓜的。在这个春天，我们与孩子一起开始"南瓜之旅"，寻找关于南瓜的秘密。

中班幼儿喜欢亲近自然，喜欢探索各种各样有趣的事物。在"南瓜之旅"的主题活动中，从一粒种子到一颗果实，教师不断关注幼儿的兴趣、需要和创造，引导幼儿自主学习和探究南瓜的种植、养护，并从中积累直接的认知经验。观察南瓜从田间到餐桌的这一过程，能让幼儿的生活和大自然建立真实、亲密的链接，感受植物生命的神奇与伟大。

主题目标

1. 认识不同种类的南瓜，了解南瓜的生长过程和营养价值。
2. 亲身参与南瓜从种植到收获的过程，并用多种方式表达自己的发现与感受。

3. 尝试用不同的烹饪方式制作南瓜美食，知道食物的来之不易，懂得珍惜粮食。

主题网络图

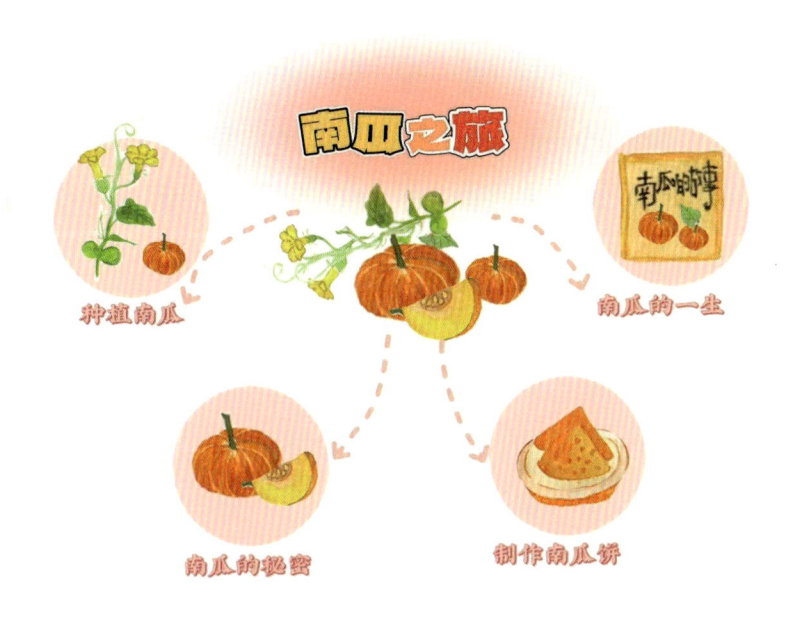

方案一　种植南瓜

活动目标

1. 通过查询、讨论，知道种植南瓜的基本方法。

2. 用绘画记录的方式记录南瓜不同阶段的生长过程，感受种植南瓜的乐趣，体会植物生长的力量。

活动准备

经验准备：知道种子的生长需要泥土、阳光、空气、水。

材料准备：不同品种的南瓜图片、南瓜籽。

活动建议

1. 观察南瓜籽，猜测：你看到的是哪种果实的种子？
2. 知道南瓜籽是南瓜的种子，感知南瓜籽的外形特征。
3. 分享自己知道的种植经验，讨论南瓜籽的种植方法。
4. 通过分享种植经验，知道种植时要把南瓜籽的尖头朝下。
5. 师幼共同到菜园种植南瓜籽。
6. 用绘画的方式进行"南瓜成长记录"，并在南瓜不同生长阶段及时分享自己的发现与收获。

活动延伸

将关于南瓜的食育儿歌、南瓜、南瓜籽摆放在季节桌上，供幼儿直观感知南瓜的特征。

方案二 南瓜的秘密

活动目标

1. 通过调查，对比了解不同南瓜的大小、形状、颜色等外形特征。
2. 观察南瓜的横切面，知道南瓜是由柄、皮、肉、瓤、籽、蒂等结构组成。

活动准备

经验准备：生活中有采摘、品尝过南瓜的经验。
材料准备：切开的南瓜、画笔、南瓜观察记录表。

活动建议

1. 在观察、感知、讨论的过程中，对比了解常见南瓜的大小、颜色、形状等不同的外形特征。
2. 观察南瓜的横切面，结合讨论结果和观察记录表，知道南瓜是由柄、皮、肉、瓤、籽、蒂组成的。

3. 观察南瓜对应的功效卡片，讨论五行食育卡中五脏对应的五色。

4. 通过品尝，知道南瓜籽不仅是种子，还可以食用。

活动延伸

收集南瓜籽，可投放在数学区进行数数活动，也可投放在美工区开展创意拼摆活动。

方案三　制作南瓜饼

活动目标

1. 在成人的引导下尝试使用压、擀、捏等方式制作南瓜饼。
2. 能用表征的方式记录、表述制作南瓜饼的步骤和过程。

活动准备

经验准备：有用擀面杖的经验。

材料准备：面粉、擀面杖、每人一个小案板、蒸好的南瓜、蒸锅。

活动建议

1. 朗诵关于南瓜的食育儿歌，回顾对南瓜种类及营养价值的学习。
2. 探讨南瓜饼的制作方法，认识制作南瓜饼所需要的材料和工具。
3. 尝试用压、擀、捏的方法制作南瓜饼，尝试制作不同形状和造型的创意南瓜饼。
4. 将做好的南瓜饼放入蒸锅蒸熟，在等待时与同伴分享并表达自己动手制作时的心情和感受。
5. 分享、品尝南瓜饼。
6. 记录表征，并运用较完整的语言分享制作南瓜饼的步骤或趣事。

方案四　南瓜的一生

活动目标

1. 通过阅读食育绘本《南瓜的故事》，了解南瓜的生长过程，尝试用较完整的语言讲述与南瓜生长有关的认知。

2. 知道南瓜不同部位对身体的作用。比如叶可以清热解暑，花可以清湿热，果可以补益脾胃和解毒消肿，瓤可以解毒，籽可以杀虫。

活动准备

经验准备：认识常见的不同外形的南瓜。

材料准备：《南瓜的故事》食育绘本。

活动建议

1. 回顾南瓜的外形特征，尝试用较完整的语言分享和南瓜生长有关的认知。

2. 了解南瓜不同部位对人体健康的作用。

3. 阅读食育绘本《南瓜的故事》，了解南瓜从种子到成熟的生长过程。

4. 根据自己的理解，尝试用较完整的语言讲述南瓜的一生。

活动延伸

制作"南瓜的成长"主题墙，利用绘画记录展示南瓜的一生。

一日生活渗透

制作"南瓜美食记录表"，用于记录幼儿园一日三餐中由南瓜制成的美食。

区域材料投放

1. 语言区投放南瓜生长过程图片，幼儿进行排序并完整地讲述南瓜生长的过程。

2. 在食育区提供搅碎机、多功能锅等工具，投放核桃仁、南瓜等食材，幼儿在教师的指导下尝试蒸南瓜，制作南瓜核桃仁饮品。

家园共育

与家长一同阅读食育绘本《南瓜的故事》，感受亲子阅读的幸福。

夏日丝瓜记

主题由来

"身材纤长开黄花，拨开绿皮黏手指"描述的就是丝瓜。丝瓜是生活中常见的受人喜爱的蔬菜，在我国种植历史非常悠久。中医认为，丝瓜具有清热化痰、清凉解毒的作用。在夏至节气前后，当季的丝瓜菜品经常出现在幼儿园和家庭的餐桌上，在每天开展的食谱播报活动中，基于孩子们对丝瓜独特的外形和其菜品营养价值的丰富了解，我们开展了"夏日丝瓜记"食育主题活动。

根据中班幼儿的直观形象思维特点并结合亲身体验、实际操作等学习方式，教师引导幼儿养护、采摘、烹饪丝瓜，通过看、摸、闻、洗、切、尝等多感官的参与，了解丝瓜的外形特征、用途及丰富的营养价值。在课程实施的过程中，教师随机捕捉幼儿的兴趣和发现，生成相关的课程，共同探寻丝瓜的秘密。

主题目标

1. 在寻找和观察丝瓜的基础上，了解丝瓜的生长环境、生长过程、外形特征和营养价值。

2. 在成人的引导下，能正确使用案板、刀具、锅铲等常用厨具，运用蒸、炒等方式烹饪简单的丝瓜美食。

3. 能够按照自己的想法，运用丝瓜大胆进行艺术创作。

4. 感受丝瓜从播种到收获的来之不易，愿意食用不同烹饪方法制作的丝瓜美食。

主题网络图

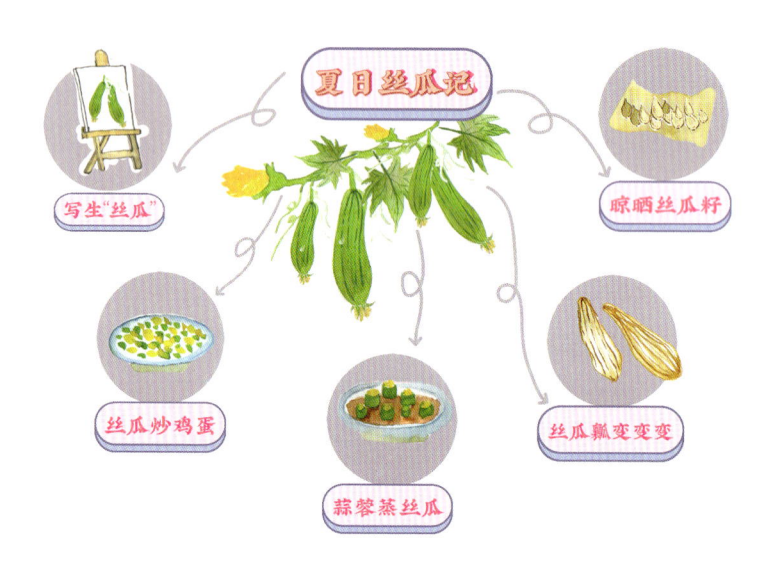

方案一 写生"丝瓜"

活动目标

1. 通过实地观察，感受丝瓜的外形特征及藤蔓缠绕的造型美。
2. 能够按照自己的想法，大胆运用多种线条进行丝瓜写生。
3. 亲近自然，乐意参与写生活动。

活动准备

经验准备：有过写生经验。

材料准备：丝瓜、丝瓜的图片及视频、绘画纸、马克笔、水彩笔、写生板、椅子（每人一套）。

活动建议

1. 到蔬果花园，寻找并观察丝瓜的外形特征。
2. 感受欣赏，并用肢体动作表现藤蔓缠绕的造型美。
3. 自主选择观察的角度，运用多种线条大胆进行丝瓜写生。
4. 将作品张贴在作品展示区，并与同伴交流分享作品。

活动延伸

1. 将丝瓜及藤蔓的图片、写生画板等材料投放在美工区，满足幼儿继续进行艺术创作的需求。
2. 随着季节的更替，关注丝瓜藤的变化；愿意在丝瓜藤下观察，和同伴聊一聊与丝瓜有关的事情。

方案二 丝瓜炒鸡蛋

活动目标

1. 了解丝瓜的营养价值，认识削皮器、打蛋器等厨房工具。
2. 尝试运用洗一洗、削一削、切一切、炒一炒等方式制作美味的丝瓜炒鸡蛋。
3. 愿意参与制作丝瓜炒鸡蛋，体验亲手操作的乐趣。

活动准备

经验准备：有削皮、打鸡蛋的经验；认识常见的厨房用具，如炒锅、锅铲、削皮器、打蛋器等。

材料准备：丝瓜、鸡蛋、大蒜、葱、姜、盐，炒锅、锅铲、削皮器、刀、打蛋器、瓷碗、勺子。

活动建议

1. 倾听关于丝瓜的故事，了解丝瓜的外形特征和营养价值。
2. 与同伴讨论生活中丝瓜的多种吃法。

3. 回顾并分享削皮器、打蛋器等厨房工具的使用方法和安全用法。

4. 知道制作的美食名称为丝瓜炒鸡蛋，了解其制作过程：

丝瓜清洗、削皮、切块，鸡蛋搅拌备用，葱姜蒜切成碎末状。在锅里放入少许油后倒入打好的鸡蛋，滑炒片刻后取出待用。再在锅内放油，加入葱姜蒜末煸炒一会儿，放入丝瓜，翻炒2分钟后加入炒好的鸡蛋，放入适量的盐，炒到丝瓜变软即可。

5. 分组尝试制作，共同品尝美食。

6. 整理桌面，清洗餐具并送回指定位置，养成收纳好习惯。

活动延伸

1. 利用语言区投放丝瓜炒鸡蛋的步骤图，进行排图讲述。

2. 和家长进行亲子食育活动：制作丝瓜美食，拍成照片或视频与同伴分享。

方案三 蒜蓉蒸丝瓜

活动目标

1. 在看一看、摸一摸的过程中认识了解丝瓜的外形特征和营养价值。

2. 在成人的引导下，能运用洗、削、蒸的方法制作美味的蒜蓉蒸丝瓜。

3. 愿意尝试制作蒜蓉蒸丝瓜，并体验亲手制作带来的乐趣。

活动准备

经验准备：了解丝瓜、大蒜的营养价值；认识蒜臼、削皮器等厨房用具。

材料准备：丝瓜、大蒜、盐，蒸锅、蒜臼、削皮器、锅铲、刀、瓷盘、勺子。

活动建议

1. 观察并朗诵食育儿歌《丝瓜》，了解丝瓜的外形特征和营养价值。

2. 与同伴讨论生活中丝瓜的常见吃法。

3. 回顾蒜臼等厨具的使用方法，探讨安全使用的注意事项。

4. 知道美食名称为蒜蓉蒸丝瓜，了解蒜蓉蒸丝瓜的制作过程：

清洗—削皮—切段—挖洞—加盐捣蒜蓉—将蒜蓉和少许香油搅拌制作蒜蓉酱—将适量蒜蓉酱放在丝瓜段上—锅内水开蒸制 10—15 分钟。

5. 尝试分组制作美食，共同品尝美食。

6. 整理桌面，清洗餐具并送回指定位置。

活动延伸

和家人一起搜集有关丝瓜的更多知识，并尝试在家中制作丝瓜美食。

方案四　丝瓜瓤变变变

活动目标

1. 欣赏视频，感受不同时期丝瓜的变化，知道丝瓜瓤是怎么来的。

2. 欣赏丝瓜瓤的创意作品，尝试用撕、剪、涂、粘等方式进行美术创作。

3. 了解丝瓜瓤的多种用途，体验独立动手创作的快乐。

活动准备

经验准备：认识丝瓜或丝瓜瓤；有独立进行美术创作的经验。

材料准备：丝瓜瓤、水彩笔、剪刀、轻黏土、丝瓜瓤创意作品 PPT、视频《丝瓜的一生》。

活动建议

1. 观察丝瓜瓤，看一看、摸一摸、说一说丝瓜瓤是什么样子的。

2. 观看视频，了解丝瓜瓤是从哪里来的，有什么用途。

3. 欣赏丝瓜瓤创意作品，大胆分享自己的创作想法。

4. 运用多种材料装饰丝瓜瓤，独立完成丝瓜瓤创意作品。

5. 将作品悬挂在作品展示区，尝试用较完整的语言与教师、同伴大胆分享自己的作品创意。

活动延伸

1. 利用美工区投放的丝瓜瓤材料进行丝瓜瓤拓印、装饰等活动。

2. 在班级洗漱区放置一些丝瓜瓤，尝试用丝瓜瓤洗碗。

方案五　晾晒丝瓜籽

活动目标

1. 在成人的协助下，尝试采摘丝瓜，并剥出丝瓜籽。
2. 了解晾晒丝瓜籽的竹筛工具，并知道通风晾晒丝瓜籽的方法。
3. 体验丝瓜采摘活动的乐趣，感受劳动带来的成就感。

活动准备

经验准备：了解丝瓜的种子从哪儿来；知道春天是播种的季节。

材料准备：种植园地、丝瓜采摘的相关视频、采摘工具、丝瓜、小筐子、晾晒架、竹筛、记录表、绘画笔等。

活动建议

1. 观看视频，讨论并探索丝瓜的采摘方法。
2. 在教师的指导下，了解采摘丝瓜的工具，尝试分组采摘。
3. 分小组剥丝瓜，搜集丝瓜籽，点数并记录自己搜集的丝瓜籽数量。
4. 与同伴分享摘丝瓜、剥丝瓜籽时的心情和感受。
5. 在教师指导下，将剥出来的丝瓜籽平铺在竹筛上晾晒，晾干后密封保存。剩余的老丝瓜可以悬挂在走廊或者阳台自然风干，待春天种植时再取下来。

活动延伸

1. 将晾晒好的丝瓜籽投放在美劳区，作为自然材料，幼儿可以进行美术创作。

2. 与同伴用放大镜等观察晾晒过程中丝瓜籽的变化，交流自己感兴趣的发现。

一日生活渗透

1. 利用食谱播报、食育儿歌朗诵等形式，引导幼儿了解丝瓜的营养价值和功效。

2. 在班级植物角尝试用不同的方式种植丝瓜，师生共同观察丝瓜籽的生长过程和外形特征，并进行养护、浇水、采摘、绘画记录等。

3. 在一日生活中分享有关丝瓜的谜语、儿歌、手指游戏等。

区域材料投放

1. 在季节桌上展示丝瓜、丝瓜瓤、丝瓜籽、水培丝瓜花器、食育儿歌绘本等，供幼儿观察欣赏。

2. 搜集丝瓜图片、丝瓜籽、丝瓜瓤等材料，投放在美工区，满足幼儿进行艺术创作的需求。

3. 将种植丝瓜的过程、丝瓜美食制作的步骤图打印成图片，投放在语言区，供幼儿进行讲述活动。

4. 在种植区水培丝瓜籽，提供放大镜和小喷壶，供幼儿日常养护并观察丝瓜的生长。

5. 布置主题墙面"丝瓜的秘密"，呈现丝瓜的生长过程图片、丝瓜美食图片及丝瓜瓤艺术作品。

家园共育

1. 和家长一起动手种植丝瓜，并观察其生长过程，运用多种形式进行植物观察记录。

2. 尝试与家长一起动手制作丝瓜美食，并用拍照或视频等方式记录

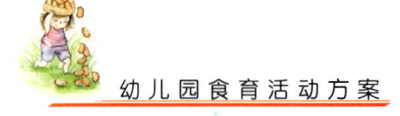

下来，与同伴分享。

3. 收集丝瓜瓤，用自己感兴趣的方式进行艺术创作，并尝试在家中用丝瓜瓤进行餐具的清洗，有初步的环保意识。

食育工坊

荠菜合子（雨水）

荠菜是春季独有的一种野菜，清香鲜嫩，具有清肝明目、凉血止血、利湿通淋的作用。幼儿在参与制作荠菜合子的活动中，进一步认识荠菜，了解其营养价值，提升手部动作的灵活性、协调性，享受与同伴合作制作美味食物的快乐。

活动目标

1. 观察荠菜的外形特征，了解荠菜生长在春季，具有明目、清热、通便的作用。

2. 尝试与同伴分工、合作包荠菜合子，会用大拇指和食指将皮捏紧。

3. 体验制作荠菜合子的乐趣。

活动准备

食材：荠菜鸡蛋馅、面团、食用油。

用具：案板、擀面杖、电饼铛、盘子、勺子。

教具：制作荠菜合子的视频。

活动建议

1. 观察荠菜的外形特征，知道多吃荠菜对眼睛好，不上火。

2. 观看制作荠菜合子的视频，了解制作步骤：

（1）先用擀面杖把压扁的面团擀成皮。

　　（2）用勺子把荠菜鸡蛋馅放入面皮里，将面皮对折。

　　（3）用大拇指和食指将面皮边沿捏紧。

　　3. 与同伴分工合作包荠菜合子，在教师提醒下捏紧面皮边沿，确保不漏馅。

　　4. 把包好的荠菜合子放入抹过食用油的电饼铛里煎熟。

　　5. 共同分享美味的荠菜合子。

　　6. 清理桌面卫生和餐具，并将其放在指定地方。

活动延伸

　　1. 在科学区角增加荠菜及其功效图片，进行匹配。

　　2. 与爸爸妈妈分享制作荠菜合子的过程，探索荠菜更多的吃法，尝试制作食育绘本。

　　3. 和家人一起外出踏青，挖野菜。

菠菜窝窝头（春分）

　　春分时节，气温迅速回升，空气中湿度相对较低，气候干燥，容易出现上火、大便干结等症状。可以多食一些绿色蔬菜，比如菠菜，味甘性凉，具有养血、止血、平肝、润燥和清热通便的作用。活动中幼儿与教师一起制作菠菜窝窝头，了解食材的营养价值并品尝其性味，让幼儿感受与老师、同伴共同参与制作和分享的乐趣。

活动目标

　　1. 了解菠菜含有大量的膳食纤维，有通便、平肝、润燥的作用，知道可以用菠菜榨的汁和面。

　　2. 尝试用揉一揉、团一团、捏一捏的方法制作菠菜窝窝头。

　　3. 在品尝菠菜窝窝头的同时，感受亲自参与食物制作的快乐。

活动准备

食材：菠菜、面粉。

用具：榨汁机、案板、蒸锅、盘子。

活动建议

1. 观察菠菜的外形特征，了解菠菜面的营养价值，并回顾食用过的菠菜美食。

2. 将洗好的菠菜榨汁，并用菠菜汁和面。

（1）菠菜：具有平肝、润燥、通便的作用，含有大量的膳食纤维，可以很好地改善胃肠道功能。

（2）面粉：富含蛋白质、碳水化合物、维生素和钙、铁、磷、钾、镁等矿物质，具有养心除烦、止渴敛汗的作用。

3. 观看制作菠菜窝窝头的过程。

4. 幼儿尝试用揉、团、捏的方法制作菠菜窝窝头，展示并分享自己制作的窝窝头，老师将幼儿制作好的菠菜窝窝头放入蒸锅。

5. 提醒幼儿制作完以后整理自己的桌面和地面。

6. 幼儿一起品尝自己制作的菠菜窝窝头。

活动延伸

1. 带领幼儿在阳台种植菠菜，观察菠菜的生长过程并采摘。

2. 引导幼儿回家和爸爸妈妈一起制作多种与菠菜有关的美食。

芹菜拌豆干（清明）

清明时节是一年中肝木之气最旺之时，因此疏肝是清明养生重点之一，可多食一些平肝食物，如芹菜，有清热生津、平肝利水的作用。活动中教师带领幼儿一起制作芹菜拌豆干，了解食材的营养价值并品尝其性味，共同体验制作和分享的快乐。

活动目标

1. 了解芹菜有清热生津、平肝利水的作用，还能有效地补充我们人体所需的优质蛋白。

2. 尝试用横切的方法将芹菜茎切成段、豆干切成条状。

3. 感受亲自参与食物制作的快乐。

活动准备

食材及调料：芹菜、豆干、柠檬、盐、香油。

用具：安全刀、煮锅、笊篱。

活动建议

1. 观察芹菜的外形特征，了解芹菜的营养价值，并回顾食用过的芹菜美食。

2. 观看教师将芹菜茎切成段和豆干片切成条的制作过程。

3. 幼儿尝试切芹菜茎和豆干，提醒幼儿使用刀具时注意安全。

4. 锅中加水，烧开后放入切好的芹菜段和豆干条，焯水捞出。

5. 加入适量的调味料并进行搅拌。

6. 共同品尝美味的芹菜拌豆干，品尝结束后整理桌面并清洗餐具。

活动延伸

1. 将芹菜拌豆干的制作过程用绘画日记的方式记录并分享。

2. 在班级植物角种植芹菜，便于幼儿每日观察与记录。

丝瓜西红柿疙瘩汤（小满）

丝瓜生长在藤蔓上，丝瓜和西红柿搭配具有清热消食的作用。通过活动，幼儿可以了解食材搭配及其营养价值，并在操作中了解食材对人体健康的意义。

活动目标

1. 了解丝瓜的食用功效，知道丝瓜和西红柿搭配具有清热消食的作用。
2. 尝试使用筷子将面粉和水搅拌成面疙瘩。
3. 体验制作疙瘩汤的乐趣。

活动准备

食材及调料：丝瓜、鸡蛋、面粉、食盐、香油。

用具：案板、安全刀、碗、筷子、勺子。

活动建议

1. 观察丝瓜的外形特征，了解丝瓜的营养价值，并回顾食用过的丝瓜美食。

2. 制作过程：

（1）西红柿切片，将削好皮的丝瓜切块儿备用。

（2）在教师的引导下使用筷子将面粉和水搅拌成面疙瘩。

（3）将丝瓜、西红柿放入锅中炒熟加水煮沸。

（4）水开后将面疙瘩搅拌下锅，煮5分钟。

（5）淋上鸡蛋液，加入盐、香油。

3. 品尝丝瓜西红柿疙瘩汤。

4. 进行餐后整理，将餐具放回指定位置。

活动延伸

了解丝瓜和丝瓜叶的其他用途，并运用在生活中。

紫菜海带蛋花汤（芒种）

紫菜和海带都属于海中藻类，它们搭配在一起具有止咳、化痰、清热的作用。活动中，幼儿可了解藻类食材的功效，尝试使用安全刀切海带，体验制作汤羹的乐趣。

活动目标

1. 了解紫菜、海带的生长环境，知道它们搭配一起具有止咳化痰、清热的作用。

2. 能用手指按紧海带，安全地用刀把海带切成条。

3. 体验制作汤羹美食的乐趣。

活动准备

食材及调料：海带、紫菜、鸡蛋、粉芡、香油、食盐。

用具：案板、安全刀、碗、勺。

教具：《海洋中的藻类》短片。

活动建议

1. 观看短片，知道紫菜和海带都属于海中藻类，搭配在一起具有止咳化痰的作用，能够帮助我们把身体里的毒素清理出来。

2. 参与制作紫菜海带蛋花汤：

（1）能用手指按紧海带，安全地用刀将泡好的海带切成条。

（2）水开后倒入海带煮5分钟。

（3）将紫菜撕成小块。

（4）分别倒入芡液、蛋液，放入紫菜。

（5）出锅后放入少许盐和香油。

3. 集体品尝美味的紫菜海带蛋花汤。

4. 整理桌面、清洗餐具。

活动延伸

1. 和家人一起查询海洋里的其他藻类植物。

2. 将海带、紫菜放在班级四季桌，幼儿观察、表述其特征或制作有

关美食的故事。

苋菜鸡蛋面（夏至）

苋菜含有各种维生素、钙、铁及多种微量元素，营养物质丰富。在夏季食用有利于促进肠胃蠕动，具有清热解毒、通利"二便"的功效。通过食育活动，幼儿可了解苋菜的食用功效与营养价值，在制作、品尝等活动中喜食、会食。

活动目标

1. 认识苋菜，了解苋菜有清热解毒、通利"二便"的功效。
2. 能在教师的指导下完成择菜、洗菜、切菜的操作过程。
3. 体验制作苋菜鸡蛋面的乐趣。

活动准备

食材及调料：苋菜、鸡蛋、面条、食用盐、香油。
用具：案板、安全刀、碗、勺。

活动建议

1. 观察苋菜，了解苋菜能清热解毒、通利"二便"，知道多吃苋菜能够清除毒素，让我们的肠道通畅。
2. 在教师指导下自主完成择菜、洗菜、切菜的操作过程。
3. 等锅中水开后先放入面条煮熟，再放入苋菜，最后加鸡蛋液、盐和香油。
4. 集体品尝苋菜鸡蛋面。
5. 进行餐后整理，并将餐具放回指定位置。

活动延伸

在阳台花园种植苋菜，进行养护观察。观察记录苋菜的生长过程。

中秋月饼（白露）

秋分曾是传统的祭月节，现在的中秋节就是由祭月节演变而来。吃月饼是过中秋节的必备习俗，月饼又叫丰收饼、团圆饼，是中国传统的节日美食之一，圆圆的月饼就像中秋节的月亮，代表着人们对于全家团圆的美好祝愿，把中秋赏月与品尝月饼结合在一起，寓意家人团圆。活动中教师带领幼儿一起制作中秋月饼，了解中秋节的由来和吃月饼的习俗并品尝其味，共同参与制作，感受分享的乐趣。

活动目标

1. 了解中秋节的由来和吃月饼的习俗，知道月饼有不同的口味。
2. 尝试用擀、包、团、压的方法制作月饼。
3. 体验参与制作月饼的成就感，感受和弟弟妹妹分享月饼的快乐。

活动准备

食材：自制豆沙馅、面团。

用具：案板、模具、盘子、箅子、围裙。

活动建议

1. 观看视频故事，知道中秋节的由来及吃月饼的习俗。
2. 了解月饼馅及月饼皮的制作方法。
3. 教师讲解制作月饼的方法。

（1）从盘中取出一个面团，用手掌按压一下。

（2）从盘中取出一块豆沙馅并团成球状，放在面皮中间。

（3）尝试着慢慢地用面皮把中间的馅包裹起来，团成一个圆圆的球状。

（4）取出一个自己喜欢的模具，将团好的面团放入模具，用手掌按压面团和模具保持水平即可。

（5）将模具立起来，轻轻地倒出即可。

4. 幼儿分组制作月饼，将制作好的月饼放入烤盘中。

5. 有序收拾工具和清洁、整理桌面。

6. 月饼烤好后，晾至温度适宜时，品尝月饼。

活动延伸

1. 幼儿将自己制作的月饼放入包装盒带回家和爸爸妈妈一起分享。

2. 可用绘画日记的形式记录制作月饼的全过程。

冰糖金橘膏（寒露）

寒露时节，气候已经变冷，日照时长缩短，燥邪当令，气候干燥，人体容易缺失水分，出现咽喉燥痛等症，饮食应以"酸、甘、润"为主，如食用金橘等。金橘甜中有酸，有开胃生津、消积化食、提高免疫力的作用，活动中教师带领幼儿一起制作冰糖金橘膏，了解食材的营养价值并品尝其性味，感受参与制作和分享的快乐。

活动目标

1. 知道金橘的果实呈金黄色圆球形，果皮光滑，具有开胃生津、消积化食、提高免疫力的作用。

2. 知道制作前先将金橘用盐水浸泡，用清水将金橘清洗干净，了解切金橘的基本方法。

3. 在品尝冰糖金橘膏的过程中，感受亲自参与食物制作的快乐。

活动准备

食材：金橘、水、冰糖。

用具：煮锅、汤勺、安全刀、牙签。

活动建议

1. 展示冰糖金橘膏，幼儿品尝并猜测冰糖金橘膏的制作食材。

2. 观察实物金橘的外形特征，知道金橘的果实呈金黄色圆球形，果皮光滑，具有开胃生津、消积化食、提高免疫力的作用，了解冰糖金橘膏的制作方法。

（1）金橘：开胃生津、消积化食、提高免疫力。

（2）冰糖：润肺止咳、清热化痰。

（3）冰糖金橘膏：润肺止咳、开胃生津、润肠通便。

3. 了解用淡盐水清洗金橘的作用，并将金橘清洗干净。

4. 将洗好的金橘横切两瓣并尝试将金橘籽取出。

5. 教师将去籽的金橘放入锅中，倒入适量的水，大火煮开后放入冰糖，转中火继续熬制，过会儿转小火，用汤勺边搅拌边熬制30分钟即可，最后将熬制好的冰糖金橘膏盛入碗中。

6. 幼儿共同品尝冰糖金橘膏，并整理桌面卫生，将使用过的餐具清洗后送至指定位置。

活动延伸

1. 将冰糖金橘膏的制作过程以绘画的形式记录下来。

2. 和家人一起制作冰糖金橘膏。

蒸胡萝卜丝（霜降）

胡萝卜生长在肥沃的土壤里，性味平，有丰富的维生素A，具有滋肝明目、化痰止咳、清热解毒的功效。幼儿在制作蒸胡萝卜丝的过程中可了解胡萝卜的营养价值，尝试使用工具擦丝，体验蒸的烹饪方式和制作蒸胡萝卜丝的快乐。

活动目标

1. 了解胡萝卜的外形特征，知道胡萝卜有滋肝明目、清热解毒的作用。

2. 尝试使用擦丝工具，并有保护手部的安全意识。

3. 品尝蒸胡萝卜丝，体验与同伴一起制作美食的快乐。

活动准备

食材及调料：胡萝卜、面粉、盐。

用具：擦丝器、碗、勺。

活动建议

1. 观察胡萝卜的外形特征，知道胡萝卜有丰富的维生素 A，能够让我们的眼睛更加明亮，能够保护肝脏，帮助我们排出身体的毒素。

2. 观察教师的擦丝过程，参与制作：

（1）尝试用擦丝器将胡萝卜擦成丝，并注意擦丝过程中的手部安全。

（2）将胡萝卜丝裹上面粉，用勺子拌匀。

（3）将裹好面的胡萝卜丝上锅蒸 5 分钟后用筷子抖散，再次蒸 5 分钟后放盐即可。

3. 与同伴一起品尝美味的蒸胡萝卜丝。

4. 清理桌面和地面，清洗餐具。

活动延伸

1. 将切掉的萝卜头水培，观察叶子的生长变化。

2. 与家人一起用胡萝卜制作不同的美食。

南瓜山药红枣球（大雪）

南瓜南瓜，大大胖胖，嫩时做菜，老时煮汤。南瓜性温，味甘，补益脾胃，具有解毒消肿的功效。幼儿通过观察、制作、品尝南瓜山药红枣球，可了解食材的功效，体验制作南瓜山药红枣球时切和团的乐趣。

活动目标

1. 知道南瓜、山药、红枣搭配在一起具有养脾胃、防贫血的作用。
2. 能将南瓜、红枣切碎，并与山药泥团成南瓜山药红枣球。
3. 体验用切、团等方法制作美食的乐趣。

活动准备

食材：南瓜、红枣、糯米粉和蒸熟的山药。
用具：案板、安全刀、盘子、勺子、蒸锅。

活动建议

1. 观察南瓜、山药和红枣的外形特征，知道它们搭配在一起具有养脾胃、防贫血的作用。
2. 与同伴合作将去皮的南瓜和红枣切碎备用，再把蒸熟的山药用勺子压成泥。
3. 把山药泥、南瓜和红枣碎团成球状，滚上一层糯米粉，放入锅中蒸熟。
4. 清洗厨具并放在指定地方。
5. 分享美食。

活动延伸

1. 将南瓜、山药、红枣摆放在季节桌上，和同伴观察，并交流相关话题。
2. 和家人一起制作有关南瓜、山药食材的其他美食。

白菜豆腐汤（冬至）

冬至以后，人体阳气开始恢复，万物复苏，饮食应顺应体内阳气变化。结合此时天气干燥的特点，宜多食滋阴润燥、除烦解渴、利水通便的食材，如白菜、豆腐等。活动中教师带领幼儿一起制作白菜豆腐汤，了解食材的营养价值并品尝其性味，感受一同参与制作和分享的乐趣。

活动目标

1. 了解白菜和豆腐的特征，知道白菜豆腐汤具有滋阴润燥、润肠通便的作用。

2. 能将白菜撕成小片，会把豆腐块切成小条。

3. 感受动手制作并分享美食的乐趣。

活动准备

食材及调料：白菜、豆腐、盐、小磨油。

用具：汤锅、汤勺、汤盆、案板、刀、碗、勺。

活动建议

1. 了解制作白菜豆腐汤需用到的食材。

（1）白菜：利尿通便，富含膳食纤维，有助于胃肠蠕动，防止便秘，白菜帮煮水喝有清热除烦的作用。

（2）豆腐：含有丰富的优质蛋白，易吸收，有清热润燥、益气和中、强健骨骼的作用。

2. 尝试把洗好的白菜撕成小片，并放在玻璃碗里。

3. 幼儿使用安全刀将豆腐片切成小条。

4. 锅中放适量的水，烧开后将切好的豆腐条、撕成片的白菜下锅。

5. 炖至白菜豆腐软烂，出锅时放入适量的盐、小磨香油调味。

6. 分享、品尝白菜豆腐汤，整理桌面和餐具并送至指定位置。

活动延伸

1. 将白菜的根放入玻璃杯中进行水培，供幼儿观察。

2. 在家和爸爸妈妈一起制作有关白菜、豆腐食材的其他美食。

红薯糯米丸子（小寒）

红薯具有补中和血、益气生津、宽肠胃、通便的功效。幼儿通过制作红薯糯米丸，了解红薯的生长环境，知道红薯、红薯叶子和茎都可以食用，在压红薯泥和糯米粉揉团等过程中，感受不同烹饪和食用方法的乐趣。

活动目标

1. 了解红薯的生长环境，知道红薯具有宽肠胃、通便的作用。
2. 尝试把蒸熟的红薯压成泥，与糯米粉一起揉成团。
3. 体验使用团、压等技能制作红薯糯米丸子的快乐。

活动准备

食材：蒸熟的红薯、糯米粉。

用具：烤箱、盘子、勺子。

活动建议

1. 朗诵《红薯》儿歌，回顾红薯的生长环境，知道红薯根、茎、叶都可以吃。
2. 和教师一起操作并尝试用勺子把蒸熟的红薯压成泥，加入糯米粉揉成团，最后分团成若干的小丸子。
3. 把团好的红薯糯米丸子放进烤箱烤熟。
4. 分享红薯糯米丸子。
5. 整理桌面卫生和餐具，将使用后的餐具放到指定地方。

活动延伸

1. 在玻璃杯中水培红薯，观察红薯生根、发芽、长叶的过程。
2. 走进红薯地体验挖红薯的乐趣。

亲子食育

凉拌鲜核桃仁

俗话说"大暑连天阴,遍地出黄金",大暑节气是核桃成熟的时节,此时核桃的青皮逐渐裂开,易剥皮。核桃仁又脆又香,剥去那一层黄衣,露出雪白的核桃仁,水分含量高,香脆嫩滑,不仅温补肺肾,有助于睡眠,更有补脑的营养价值。活动中,家长带领幼儿通过观看图片或户外观察的方式,了解核桃树的生长特征和核桃的营养价值,并和家长共同完成从剥皮到烹饪的过程,增加亲子互动,获得情感的交流,幼儿也能体验与家长共同制作美食的乐趣与成就感。

活动准备

食材及调料:鲜核桃仁、胡萝卜丁、香菜、黑芝麻、食用盐、芝麻油、水。

活动建议

1. 尝试在户外寻找、采摘核桃,认识鲜核桃的外形特征及营养价值。
2. 尝试将新鲜核桃的果皮、硬的外壳、黄色的薄皮剥掉。
3. 将新鲜核桃仁、胡萝卜、香菜清洗干净后,尝试用安全刀将胡萝卜切丁,香菜切碎。
4. 锅中加入清水,水烧开后放入核桃仁煮3—4分钟捞出,放入凉水冷却,然后将胡萝卜丁焯水捞出备用。
5. 将核桃仁、胡萝卜丁倒入碗中,加入适量的食用盐和芝麻油,搅拌均匀后撒上黑芝麻,放少许香菜。

6. 与家人分享凉拌核桃仁。

> **温馨提示**

1. 有腹泻的情况不宜食用核桃仁。

2. 请在家长的陪同下安全使用儿童刀具，并注意远离明火，以免烫伤。

银耳羹

秋季以滋补润肺为主，饮食应多吃清润、温润的食物，如银耳、梨、百合等。银耳，性平味甘，有滋补生津、润肺养胃的营养价值和作用。活动中家长带领幼儿通过观看视频的方式，了解银耳的生长特征及营养价值，并和家长共同完成银耳从泡发到烹饪的过程，学习制作银耳羹的方法，体验和家人共同制作美食的乐趣和成就感。

> **活动准备**

食材：银耳、干百合、红枣、枸杞、冰糖、水。

> **活动建议**

1. 观察泡发银耳的过程，了解银耳的营养价值。

2. 将干百合提前泡水，红枣、枸杞清洗干净备用。

3. 使用安全刀将泡发的银耳切碎备用。

4. 尝试使用去枣核的工具将红枣去核，并切成小块儿。

5. 锅中加水烧开，将准备好的银耳碎、红枣、百合、枸杞放入锅中，大火煮开后，小火慢炖。

6. 银耳煮至软烂后，与家人共同分享银耳羹。

> **温馨提示**

1. 睡觉前最好不吃银耳，否则会导致血液浓度升高，使血液不流畅。

2. 请在家长的陪同下使用安全刀和去枣核的工具，并注意热水，以免烫伤。

清炒秋葵

秋葵又叫羊角豆，长相像辣椒，也叫"洋辣椒"。秋葵含有丰富的维生素 C 和维生素 A，可食用部分是秋葵的果荚，脆嫩多汁、滑而不腻，其中的水溶性果胶具有保护肠胃、帮助消化的作用。活动中家长带领幼儿观察秋葵的外形特征，了解秋葵的营养价值，共同完成从清洗到烹饪的过程，让幼儿体验与家长共同制作美食的快乐。

活动准备

食材及调料：秋葵、香菇丁、胡萝卜丁、蒜、食用盐、食用油。

活动建议

1. 观察秋葵，了解秋葵的外形特点及其营养价值。

2. 学习清洗秋葵、胡萝卜和香菇的方法。

3. 尝试用安全刀将秋葵对半切开，然后把香菇和胡萝卜切丁后，一起放入盘中备用。

4. 将香菇丁焯水，沥干装盘备用。

5. 在锅中放油，把蒜末倒入锅中炒香，然后放入秋葵、胡萝卜丁和焯水后的香菇丁翻炒，并加入食用盐。

6. 与家人共享美食。

温馨提示

1. 肠胃功能不好的幼儿，不宜多食秋葵。

2. 请在家长的陪同下使用安全刀，以免划伤。

山楂雪球

立秋是二十四节气中的第十三个节气。"秋"指暑去凉来，意味着秋天的开始。苦夏的煎熬，有"入夏无病三分虚"的说法，这时人们脾胃普遍较弱，养生要注意调理脾胃，多食用清热、利湿、健脾的食物，使体内积存的湿热排出，有利于脾胃功能的恢复。此时健脾胃的食物有山药、扁豆、栗子、大枣、山楂等。

秋季山楂成熟了，和家人一起去采摘山楂，了解山楂健胃消食、活血化瘀的食疗功效并一起制作山楂雪球，体验亲子合作完成山楂雪球的乐趣，感受分享美食的快乐情感。

活动准备

食材：山楂、冰糖。

活动建议

家长陪伴并引导幼儿完成下列步骤：

1. 幼儿清洗山楂，知道山楂的食疗功效。

2. 尝试用不同工具和方法去除山楂蒂与山楂核，如用吸管、筷子、去核器。

3. 幼儿和家长共同在锅内倒入适量的水和冰糖，开小火慢慢搅拌，使冰糖融化。

4. 待锅内的冰糖熬出的大泡泡慢慢变成密集的小泡泡后继续熬制，出糖沙后关火，倒入山楂，快速翻炒，使山楂均匀地裹上糖沙。

5. 将制作好的山楂雪球盛出晾凉，亲子共享美食。

6. 协助家长清理案板，把剩余的食物残渣清理进垃圾桶。

温馨提示

1. 山楂不能和海鲜一起食用，山楂之中的鞣酸会破坏海鲜之中蛋白质的营养价值，并与海鲜中的铁元素结合，产生不易消化的物质，引起腹泻。

2. 山楂不能和猪肝、胡萝卜等一起食用，山楂之中含有大量的维生素 C，与这些食物一起食用会破坏和分解维生素 C，使山楂中的维生素

C无法得到利用。

3.山楂属于凉性食物，不宜与其他凉性食物同食，容易对肠、胃等消化器官造成损伤，从而引起腹泻等症状。

山药红枣糯米糕

山药含有多种微量元素和丰富的黏性蛋白，有滋补、润燥和促消化的作用。而糯米、红枣两种食材性温，都有健脾胃的食养价值，红枣和葡萄干有补血的食养价值，和山药一起搭配食用可健脾养胃，补气益血。活动中家长带领幼儿了解山药的营养价值，共同完成从清洗到烹饪的过程，体验亲子制作美食带来的幸福感和成就感。

活动准备

食材：山药、面粉、糯米粉、红枣、葡萄干、水。
用具：模具。

活动建议

1.了解山药的外形特征、生长环境和营养价值。

2.初步学习山药清洗、削皮的方法。

3.使用安全刀将山药切成小段后用蒸锅蒸10分钟取出，用料理机将山药加水打成糊，搅打的时候加入山药一半量的水。将红枣、葡萄干切碎备用。在山药糊中放面粉和糯米粉，并加入红枣、葡萄干碎。

4.用手抓捏糯米面团，将面团揪成一个一个的小块儿，然后利用模具压出不同的造型。

5.将糯米糕放在蒸屉上，水开大火蒸15分钟。

6.与家人共同分享山药红枣糯米糕。

温馨提示

1.山药皮中含有生物碱，会导致人皮肤瘙痒过敏，建议在清洗和削皮时戴手套，预防皮肤过敏。

2. 请在家长的陪同下安全使用儿童刀具并注意蒸屉的蒸汽，以免烫伤。

白菜烧豆腐

立冬是二十四节气中的第十九个节气。立冬后冬季正式来临，草木凋零，蛰虫休眠，万物活动趋向休止。冬有终了之意，意味着一年的田间劳作结束了，作物收割后要收藏起来。立冬期间，除了注意保暖外，还要吃一些增强体质、补充营养、维生素丰富的食物。大白菜是冬季时令蔬菜，营养丰富，此时食用白菜制作的食物，能健脾开胃、助消化，增进食欲。

通过亲子制作白菜烧豆腐，了解白菜烧豆腐有美肤养颜、清热润燥、生津止渴的食疗功效。在制作白菜烧豆腐的过程中，让幼儿体验亲自制作美食带来的成就感。

活动准备

食材及调料：白菜、豆腐、盐、食用油、芝麻油。

活动建议

家长陪伴并引导幼儿完成下列步骤：

1. 清洗白菜并将白菜用手撕成小块。

2. 幼儿尝试用安全刀将豆腐切成小方块。

3. 在家长陪伴下幼儿把撕好的白菜和切好的豆腐放入锅中翻炒。

4. 放入适量盐、芝麻油调味即可出锅食用。

5. 和家人共同分享美味的白菜烧豆腐。

6. 协助家人打扫厨房卫生，收拾清洗碗、勺，擦桌子整理桌面。

> **温馨提示**

1. 白菜不能和山竹一起食用，会影响肠胃，引起身体不适。
2. 白菜不能和黄鳝一起食用，两者相克，同时食用会导致中毒。

韭菜炒鸡蛋

"春初早韭，秋末晚菘"，春雨节气以后是韭菜品质最佳的时节。韭菜炒鸡蛋是以韭菜、鸡蛋为主要食材制作而成的美食，不仅营养均衡、能增强食欲，还能润肠通便、增强免疫力，深受北方人们的喜爱。活动中家长带领幼儿观察韭菜特征，发现麦苗和韭菜的区别，了解它的营养价值，并和家长一起完成从清洗到烹饪的过程，幼儿体验和家长一起制作美食、一起劳动的成就感。

> **活动准备**

食材及调料：韭菜、鸡蛋、食用油、盐。

> **活动建议**

1. 通过观察，发现麦苗和韭菜的区别，了解韭菜的食养价值。
2. 将韭菜择洗干净后，尝试使用安全刀将韭菜切碎。
3. 尝试将鸡蛋磕开放入碗中，加入适量盐，用筷子搅拌均匀。
4. 在炒锅内倒入适量食用油，油温热后倒入鸡蛋翻炒，炒至金黄盛出备用。
5. 将韭菜下入油锅，翻炒后加入盐，把炒好的鸡蛋倒入锅中翻炒均匀即可出锅。
6. 与家人共享美食后，协助家人整理厨房卫生，体验和家人一起劳动的成就感。

温馨提示

1. 阴虚内热及疮痈、目疾患者忌食韭菜。

2. 请在家长的陪同下安全使用儿童刀具,并注意远离明火,以免烫伤。

爆炒黄豆芽

春日食春芽,春分节气后可多吃豆芽,黄豆芽既含有膳食纤维,又能清热解毒、利尿消积、润燥,具有保护血管的食养价值。而黄豆芽和韭菜一起食用可以促进消化、增强食欲,提高抗病能力,同时促进肠胃蠕动。活动中家长带领幼儿泡黄豆芽,了解豆芽的生长过程和营养价值,并与家长共同完成烹饪,通过亲子互动,幼儿可以增加与家人的情感交流,体验和家长一起动手制作美食的乐趣和成就感。

活动准备

食材:黄豆芽、韭菜、大葱、香菇粉。

活动建议

1. 将黄豆泡发成黄豆芽,了解黄豆芽的营养价值。

2. 将发好的黄豆芽洗干净捞出沥水。

3. 将韭菜和大葱择洗干净,用安全刀将韭菜切成小段,大葱切碎。

4. 锅里放少许食用油,油热后加入大葱碎。大葱碎出香味后,开大火放入黄豆芽,再加入香菇粉翻炒。

5. 爆炒到豆芽熟软后,再加入切好的韭菜,翻炒1分钟以后即可出锅。

6. 与家人共享美食,并清洗使用过的厨具。

温馨提示

1. 在生发黄豆芽时注意豆芽不要生得过长,豆芽长得越长,营养物

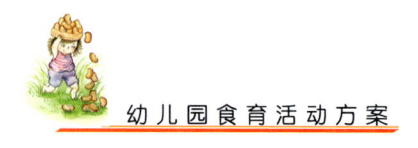

质损失就越多。同时发豆芽时要避光，以免产生光合作用使豆芽发绿。

2. 请在家长的陪同下安全使用厨具，并注意远离明火，以免烫伤。

清炒莴笋

春季是吃莴笋的好时节，莴笋也叫青笋，它的叶子和茎都可以食用。莴笋不仅富含多种维生素和微量元素，而且对小朋友的生长发育有益处，既可满足小朋友对胡萝卜素的需要，又可满足对维生素C的需要。活动中家长带领幼儿通过观察莴笋的外形特征，了解莴笋的营养价值，共同完成从削皮到烹饪以及清洗厨具的过程，共同体验制作美食、劳动带来的成就感。

活动准备

食材及调料：莴笋、蒜、食用油、食用盐。

活动建议

1. 观察莴笋的外形特征，了解莴笋丰富的营养价值。
2. 将莴笋的叶子去掉后，将莴笋的茎清洗干净。
3. 在家人的引导下尝试用削皮刀将莴笋茎削皮，再用安全刀将莴笋茎切成片。
4. 锅中加水，水烧开后加入莴笋片焯水并加适量盐，一分钟后捞出备用。
5. 在炒锅中加入食用油，倒入蒜末，加入莴笋片翻炒，再加入适量的盐调味，翻炒后即可出锅。
6. 与家人分享清炒莴笋。

温馨提示

1. 如大量食用莴笋会刺激视觉神经，有眼疾或是夜盲症的人不宜多食。

2. 请在家长的陪同下使用削皮刀和安全刀，并注意远离明火和热水，以免烫伤。

蜜汁苦瓜

苦瓜，又名凉瓜，富含维生素 C，是夏季常见的食材，对流鼻血、便秘、感冒等都有很好的防治作用，经常食用能起到消炎退热、清心明目、健脾消暑的功效，同时也是夏季餐桌上必不可少的美食。家长带领幼儿通过购买食材等方式，观察了解苦瓜的外形特征，共同查阅资料了解苦瓜的作用，完成从清洗到烹饪的过程。幼儿掌握蜜汁苦瓜的制作方法，体验与家长共同制作美食、分享美食的快乐时光。

活动准备

食材：苦瓜、蜂蜜、水。

活动建议

1. 观察苦瓜的外形特征，了解苦瓜的营养价值。
2. 清洗苦瓜，尝试使用安全刀将苦瓜切成薄片。
3. 锅中加水烧开后，将切好的苦瓜片焯水，尝试用漏勺捞出备用。
4. 在焯过水的苦瓜中倒入蜂蜜搅拌均匀。
5. 与家人共同分享蜜汁苦瓜。

温馨提示

1. 苦瓜草酸含量较高，这是它有苦涩味的主要原因，因此苦瓜在烹调之前焯水有助于去草酸。
2. 请在家长的陪同下使用安全刀，并注意远离明火和热水，以免烫伤。

食育环境

　　环境是无声的教育资源，基于幼儿立场、幼儿视角下的环境是课程的载体、信息的传递、经验的积累。食育理念与环境相融合，能够最大程度地推动食育目标的达成。基于中班幼儿的具体形象思维的特点，创设丰富的、互动性的食育环境，能让幼儿在亲身体验、直接感知、动手操作中获得对食育的认知，初步培养幼儿自我健康管理的意识。

　　丰富多彩的班级食育环境为中班幼儿提供充分参与的机会。跟随二十四节气变化，师幼在教室里共同设计制作与摆放节气标志，引导幼儿感知二十四节气。通过自主饮水、"二便"记录、"亮眼明星"、身高体重等食育环境的创设，在与幼儿互动的同时传递着饮食与健康的关系。班级食育展台是进行食谱播报的载体，在蔬果花园和阳台种植、养护、收获的过程中，幼儿可直观地感知植物的生长，体验生命的神奇和劳动带来的成就感。园区环境和食育理念紧密相连，大厅、走廊、墙面的环境等，每个角落都无形的与幼儿产生联系，每一处环境都被赋予教育的意义。

（一）班级食育环境

食育展台

　　春来夏往，秋收冬藏，四季更替中藏着果实生长的秘密。食育展台向幼儿展示着当季、当地、当令的食材，它运用色调典雅的桌布、传统饰品摆件或容器，装饰着与四季、节气、重要节日相关的食物。幼儿在观察、设计和摆放中感知四季的变化和植物的生长，领悟食物的营养价值，欣赏自然食材的艺术美。

阳台种植角

班级的每个角落都会成为孩子的自然课堂，在光线充足的阳台，种植着老师与幼儿共同收集的各种小种子，幼儿在观察、记录与养护的过程中直观地感受植物生根、发芽与成长的过程，在养护的过程中他们的责任意识也在慢慢萌芽。

食育互动墙

班级食育互动墙应以传递健康理念为核心，以生活化的教育路径与幼儿产生互动。水吧、"亮眼明星"、"二便"记录、身高体重自我测量与记录是帮助幼儿养成健康生活方式的有效途径；"光盘明星""今天我值日"是节约粮食与劳动教育的生动实践；将自我管理融入一日生活中，既是幼儿的自主记录，也是对幼儿发展的过程性评价。

食物的五行五色

不同的季节有不同的食物。通过墙面上季节的特点与食物的属性相对应，幼儿能根据天地自然的规律和节奏来选择健康的食物，知道人体的营养与健康和获取自然界的食材息息相关。

水吧

水吧的设置是为了以"自主饮水"为目标的食育课程。在教室的一角，摆放小镜子、玻璃水壶、精致的小摆件和绿植，能营造温馨、宽松的氛围，吸引孩子通过自诊主动关注自身健康。根据季节提供菊花、陈皮、山楂、柠檬等健康食材，引导幼儿了解其功效，并根据自我健康诊断，通过营养水进行调理。

"二便"记录

大小便的颜色和形态是反映身体健康的信号，卫生间里藏着幼儿的

中班食育课程

自我健康管理。通过悬挂与幼儿共同设计的"二便"观察记录图，引导幼儿对自己的大小便形状、颜色进行观察并记录，从而对自己的健康做出判断。

身高体重

在"身高体重"墙面的互动中，通过定期的测量和记录，能够让幼儿直观地感受到自己与同伴的身高和体重的变化，感受成长的惊喜。

光盘明星

"谁知盘中餐，粒粒皆辛苦。""光盘明星"墙面的创设，是通过游戏的方式将珍惜食物的观念自然而然地融入到幼儿一日生活中，潜移默化地引导幼儿习得良好的饮食行为和生活习惯。

今天我值日

"值日生"墙面的创设，记录着幼儿从自我服务过渡到为集体服务的过程。幼儿按周轮流担任值日任务，在一个个小"角色"里，责任感和为集体服务的意识在萌芽，在一个个小"任务"中，培养幼儿的劳动习惯和劳动能力。

"亮眼明星"

"亮眼明星"墙面像通关游戏一样吸引孩子，墙上贴的眼睛保健操示意图、能保护眼睛的食物介绍、互动游戏《寻找小朋友的眼睛》，可操作、变换的食物等，让幼儿发现眼睛的奥秘，掌握保护眼睛的方法。

生活互动墙面

环境是课程生成的土壤，展示着幼儿学习与思考的过程。将环境与游戏、生活相结合，就像是孩子们的一位"会说话的朋

友"。幼儿的游戏计划、过程与反思都会展示在主题墙上。通过呈现叠放餐巾的示意图、餐具摆放的顺序图、七步洗手法流程图，引导幼儿借助观察，获得一定的生活经验。

（二）室外食育环境

蔬果花园

暖阳照畦田，和风抚万物。蔬果花园里种植着当季的蔬果，幼儿尽情感受春生、夏长、秋收、冬藏的自然奥秘。在蔬果花园，一朵花、一棵草都是幼儿的天地课堂。这里为幼儿参与种植、养护、采摘等实践活动提供了机会，帮助他们展开对自然的探索、认知、思考和感悟，也为写生等课程提供了创作空间。在这里，幼儿与阳光雨露亲密拥抱，与动植物共成长。

走廊微景观

每层走廊转角处的小景观，总会让人感受到温暖和朝气。小小的角落成了最吸引幼儿驻足的景点，追随自然与季节的变化，孩子们可随时展开创造。根据当季食材搭配、幼儿随手捡拾的形态各异的石头、树枝、

松果等，孩子们以微景观来表现他们眼中的大自然，让走廊充满自然与生命的气息。

虫虫餐厅

在户外的大树旁，我们为鸟儿、虫子建造了一个"餐厅"，幼儿将饭后桌子上的食物残渣放进虫虫餐厅，在亲近小动物的过程中，让幼儿珍惜粮食、学会感恩与分享。

走廊互动墙面

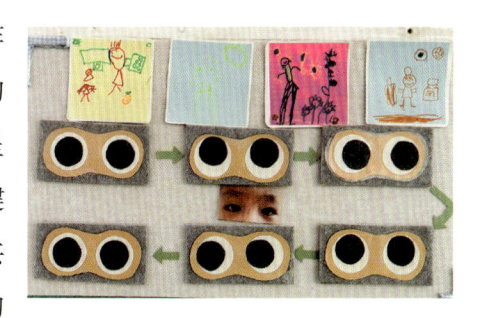

走廊互动墙面由家长园地、作品栏等内容组成。结合中班幼儿的年龄特点，通过幼儿绘画等形式呈现教师风采、每周食谱、卫生保健建议、活动反馈等内容，为家园共育提供支持。中班幼儿随着年龄的增长，开始尝试在作品中用不同的形式表达自己的想法，每次都会在这里驻足欣赏并与同伴分享作品栏上属于自己的故事。

节气牌

始于立春，终于大寒，二十四节气以"自然时间观"的形式来表达对天道自然的尊崇和敬畏。为了让幼儿感知不同节气的特点，教室的入口处会悬挂幼儿与教师运用各种材料创设的凸显与节气场景、食材相关的节气标识，让幼儿在生活中感知与传承中国文化。

节日餐桌

一张张优雅的餐桌离不开巧妙的构思与用心的布置。当食育遇上"六一"，餐桌更加充满仪式感。幼儿与老师用丰富多样的食材共同设计充满趣味的美食，再以雅致的餐具和精巧的花器装饰餐桌，营造出节日的氛围与仪式感。

（三）公共食育环境

秋季食育环境

大厅是我园展示食育的窗口，也是中国食文化的展览馆。中班的大厅食育环境以秋季的传统节气和节日为主线，举办有不同主题的食育展览，展品可用秋季丰收的果实、农具、炊具或能凸显中秋节、重阳节等节日氛围的具有中国文化元素的材料制成，由幼儿和老师共同搜集、布置。在这一过程中幼儿能感受中原农耕文化，认识食材的多样性以及展品陈列的艺术性。

夏已走远，深秋将至，一草一木都在悄然变化，我们一起把秋天搬进幼儿园的大厅，一起感受秋天吧！

秋天的果实

秋天是个丰收的季节，每到秋天，农家小院都会挂满刚刚收获的玉米、柿子和辣椒等，非常诱人。若把它们搬到大厅，孩子们也能感受丰收的喜悦。

秋天的颜色

将幼儿找到的能体现秋天颜色的叶子或果实，制作成手工作品。幼儿通过观察能感受秋天与其他季节的不同，激发幼儿发现美、创造美的热情，让大厅也充满秋天的气息。

秋天的故事

幼儿园里有许许多多秋天的故事，它们藏在蔬果花园里、耕读苑里、儿歌里、孩子们的作品里。听！孩子们在用不同的方式，诉说着、表达着关于秋天的故事。

秋天的节气节日

制作与秋天的节气和节日有关的展板，引导幼儿了解立秋、处暑、白露、秋分、寒露、霜降节气的特点与中秋节、重阳节等的习俗，感受博大精深的中国传统文化。

大班食育课程

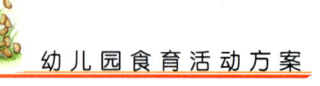

生活中的食育

小餐巾

餐巾是餐桌文化中的重要物品，三条不同颜色的餐巾分别在三餐后使用。在幼儿每天自主清洗、整齐收纳，自主携带餐巾入园的过程中，可以巩固和内化他们良好的卫生习惯，增强保护生态环境的意识和责任感。

组织策略

1. 创设环境

（1）材料准备

餐巾收纳盒、餐巾收纳袋、喷壶、置物盘、镜子。

（2）环境准备

幼儿用绘画的形式展示餐巾的使用流程图及收纳步骤图并自主讨论粘贴在教室合适的位置。

2. 使用方法

（1）幼儿自主熟练地进行餐巾的摆放及收纳。

（2）餐巾使用

① 使用流程

取餐巾—平铺餐巾到置物盘里—小喷壶喷3下—擦嘴—对着镜子检查—使用后的餐巾放入餐巾袋。

② 使用方法

A 两套餐巾交替使用。

B 餐后幼儿自主取出自己的小餐巾。

C 用正确的方法使用喷壶和餐巾。

D 使用镜子检查嘴巴是否擦干净。

E 擦嘴后能将餐巾整齐叠放在指定位置。

3. 使用要求

（1）知道使用餐巾时有序排队并耐心等待。

（2）自主使用餐巾。

（3）值日生负责关注餐后餐巾使用情况。

> 家园共育

1. 提醒家长引导幼儿在日常生活中节约用纸用水，增强保护生态环境的意识。

2. 引导家长鼓励幼儿自己清洗、晾晒餐巾，做力所能及的事情。

值日生

开展形式丰富多样的值日生活动，明确值日生的任务和要求，培养其责任感和为他人、为集体服务的意识，培养幼儿良好的劳动习惯并掌握劳动技能，充分调动幼儿参与的积极性，从而提高他们的合作意识、自主劳动意识，让他们体验成为班级小主人的成就感。

> 组织策略

1. 活动内容

鼓励幼儿自主进行值日活动，如进餐、饮水等环节。

安排幼儿协助教师进行班级维护的各项工作，如签到员、卫生管理员、饮水管理员、区域材料整理员、阳台维护员等。

2. 活动形式

（1）与幼儿共同协商值日生工作规则要求，合理安排值日时间，如以轮流形式进行，每位值日生负责一周的值日工作。

（2）依据和幼儿共同讨论的值日内容，制作值日互动墙，以便幼儿自主选择值日内容。

（3）采用小组讨论、推荐等方法，合理分工、相互配合，幼儿自主选择值日内容，如共同讨论哪些事需要共同完成、哪些事情需要分工、怎样分工。

（4）通过示范、榜样学习、讲解等形式，帮助幼儿掌握值日方法，明确值日要求，有序地完成值日活动。

3. 活动流程

（1）餐前准备

活动流程：戴围裙—盥洗—擦桌子—取托盘—摆餐具—摆抹布—收托盘—拉椅子。

① 擦桌子。用自己折叠好的小抹布从桌子的一个角由近及远，"Z"字形擦桌子，最后顺时针围着桌子擦一周。

② 摆花器。双手将花器轻轻地摆放在餐桌上，尽量放在桌子的中间位置。

③ 摆抹布。将干净的抹布放于抹布盘，用双手把托盘放在餐桌上。

④ 摆餐具。双手捧碗放入托盘，根据座位摆放餐具，调整勺子的方向。

⑤ 拉小椅子。帮其他幼儿把椅子摆放成进餐时合适的位置。

（2）餐后整理

活动流程：收汤盆—收整杂物盘—杂物倒入垃圾筐—清洗公用餐具—擦桌子—清扫地面—清洗抹布。

班级其他工作：引导幼儿在完成自己负责的值日内容后，主动协助同伴做力所能及的事，如检查衣帽间、餐巾摆放、进行自诊、区域材料整理、挂毛巾、摆放水杯、照顾植物等工作。

4. 活动评价

（1）组织幼儿在一日生活的某些固定环节，及时进行值日生工作评价，如午睡前后、晚餐前后组织集体谈话，由值日生分享经验，鼓励幼儿互评、自评为主。

（2）有意识地关注幼儿值日情况，给予恰当地肯定，以积极正面的评价鼓励为主；开展"值日小明星"的评选活动，每周评选一次，提高值日生工作热情。

（3）利用评价活动培养幼儿的自主性，引导幼儿理解值日生工作的意义并内化为自身价值的体现，体验为他人服务所带来的快乐与满足。

家园共育

1. 提醒家长引导幼儿有意识地关注值日安排，培养幼儿的责任意识。
2. 鼓励家长提高幼儿劳动的自主性，坚持做家中的小帮手。

阳台蔬果花园

通过开展阳台蔬果花园种植活动，为幼儿提供亲近自然、探索自然的机会，支持幼儿自主设计、管理和记录，不断提高其探究能力和责任感，让幼儿体验劳动的乐趣，收获生命的美好，逐步形成与自然和谐共处的意识。

组织策略

教师应重视利用阳台的有利环境，充分发挥幼儿的主体性，组织幼儿完成大胆想象、纸上谈兵、大显身手、精心呵护和品尝收获五个阶段的阳台蔬果花园种植活动。

1. 大胆想象

幼儿通过搜集有关阳台种植的资料，并围绕"我的阳台我设计"进行主题谈话活动。

2. 纸上谈兵

（1）共同讨论"选种的问题"，并绘制出阳台设计图。

（2）引导幼儿以绘画的形式，设计心目中的阳台蔬果花园，通过讲述、讨论、投票等方式，确定本班的阳台蔬果花园布置方案。

3. 大显身手

（1）引导幼儿通过采访、调查等方式主动了解适合在当季、当地种植的植物与果蔬，以及相关的种植经验。

（2）根据布置方案开展花盆摆放、搬土、播种、做植物标志牌等活动。教师可以帮助幼儿完成班级阳台蔬果花园的布置。

（3）为幼儿提供丰富的种植工具，如小铲子、小耙子、浇水壶等，引导幼儿认识、学习常见种植工具的使用方法。

4. 精心呵护

（1）随时关注幼儿在日常养护观察中生成的主题，如虫子餐厅、养护秘籍等。

（2）组织幼儿参与松土—施肥—播种—养护的过程，引导幼儿了解常见植物种植的方法并由幼儿轮流照看植物，培养其责任意识。

（3）每天为幼儿提供可自由观察的时间，如午餐后的散步时间，幼儿可根据自己对植物的观察自由进行除草、施肥、捉虫、去黄叶、浇水等活动。

（4）在蔬果阳台选择合适的位置设置植物观察记录角，幼儿可以绘画、记录表的形式将植物生长过程、幼儿维护过程记录下来。

（5）定期和幼儿讨论植物生长状况或分享观察记录情况，如植物为什么发黄？什么时候浇水最利于植物生长？

（6）引导幼儿通过多种形式向他人较为完整地介绍班级阳台蔬果花园，锻炼幼儿的表达能力，培养其主人翁意识。

（7）引导幼儿认识常见的植物，了解植物生长的主要条件，包括不同植物的生长周期以及五行、五谷、果蔬与人体之间的关系等。

5. 品尝收获

蔬果成熟后，引导幼儿进行采摘并与同伴一起分享，感受收获的喜悦，体会食物的来之不易。

家园共育

1. 引导家长与幼儿在家共同种植养护植物，培养幼儿的责任意识。同时，指导家长有意识地鼓励幼儿以绘画的方式记录种植情况并制作成册，分享给身边的家人与朋友。

2. 幼儿将从蔬果花园采摘的果实带回家中，鼓励家长指导幼儿自己动手将其制作成美食，并与家人分享。

3. 鼓励家长重视生态环境，可在植树节、地球日等日子带领幼儿参与环保活动，帮助他们树立环保意识。

食谱播报

随着大班幼儿自主能力的发展，食谱播报的内容、形式的主动权逐渐由家长过渡到幼儿自己手中，幼儿可以自主选择播报的形式，如说唱、乐器演奏、三句半、诗歌、视频等；道具的制作如食材粘贴、彩泥制作、绘画等。通过教师评价、幼儿互评，在理解倾听的基础上，促进幼儿语言表达的完整性、流畅性，既加深了幼儿对各种食材功效的了解，又逐渐形成了幼儿在生活中选择适合自己的食材食用的意识。

组织策略

1. 通过家长会，向家长介绍大班食谱播报的意义、开展方式、具体安排及家园配合的相关事宜。

2. 周末向家长发送下周食谱食材功效及播报幼儿名单。

3. 在家长的协助下，幼儿制作食谱播报的道具，并练习播报内容。

4. 幼儿介绍食谱：大家好！今天的午餐我来报。

江米配红豆，
补血健脾胃，
黑芝麻润五脏，
健脑乌发钙真高！
紫色茄子细又长，
清热除湿能帮忙！
小朋友你来看，
江米红豆粥，
芝麻小圆馍，
配上茄子和牛柳，
今天的早餐特别棒！
大家慢慢来品尝。

5. 引导幼儿对播报的流畅性、完整性、体态声音等方面进行评价，采用多种方式帮助幼儿理解食材的功效。

健康管理

通过测量身高和体重，观察面部、"二便"等身体的变化了解身体的健康状况，并能用不同的方式记录健康状况。根据记录情况选择适宜的饮用水、食材，以调整自己的身体状况，形成受益终身的健康管理能力和健康的生活方式。

组织策略

1. 身高和体重测量记录

（1）创设利于幼儿自主测量的环境，如身高体重测量工具及记录表的放置位置要方便幼儿操作。

（2）与幼儿共同商讨测量与记录的方式、时间。引导幼儿学习自主测量身高和体重的方法。

（3）引导幼儿学习使用测量工具，掌握运用数字或图画等形式记录。

（4）上学期幼儿可在家长的协助下自行测量记录，下学期可鼓励幼儿相互协助测量，独立记录。

（5）根据每周测量情况与幼儿进行主题谈话，引导幼儿发现饮食、运动、睡眠等与自身生长发育的关系。

2."二便"观察记录

（1）创设温馨整洁的卫生间环境，制作便于幼儿操作的大小便记录表并粘贴在合适位置。

（2）制作不同形状、颜色的大小便标志，帮助幼儿了解什么样的"二便"是健康的状态，如大便分成型、不成型、健康三种；小便分黄色、淡黄、透明三种。

（3）通过多种形式的教学活动，引导幼儿了解不同形态、颜色的大小便与身体健康的关系，并与幼儿共同调查、探讨其对应的食疗改善方式，将收集的图片等运用于卫生间环境的布置中。

（4）鼓励幼儿自主探讨"二便"记录方式，选择幼儿喜欢，适合其年龄特点和提升能力的方式进行记录。

（5）有意识地引导幼儿学习通过控制饮水量及选择适宜的食材等方式，调整身体的健康状况，关注自身健康。学会正确地认识健康、亚健康和疾病状态。

3. 面部观察记录

（1）创设合理有序的面部观察区环境，固定放在班级指定位置。制作适合幼儿操作记录的材料，如记录板、自诊图片（感冒、咳嗽、上火、积食）、镜子、食物搭配图片若干等。

（2）早晨入园后，幼儿自主轮流观察自己的皮肤、眼睛、舌苔、精神状态等。

（3）根据记录选择适合的营养水，并调整当天的饮水量和进餐搭配。

（4）教师根据幼儿的面部观察情况，进行主题谈话。鼓励幼儿自主、准确选择适宜的饮水，通过饮食的调整改善自己的健康状况，感知身体和食物之间的关系，了解不同食材的功效。

家园共育

1. 家园同步引导幼儿学会关注自己的身体变化，如每天早上在家关注"二便"情况；假期中，鼓励幼儿继续每天在家中进行健康管理，并自主选择在家中以简单易操作的方式进行记录。

2. 鼓励家长和幼儿一同关注身体健康状态，了解常用的食疗方法，将家庭健康管理理念传递给身边人。

食育主题

山楂的故事

主题由来

"高高山上长山楂,喜鹊枝头叫喳喳。山楂红红落地上,装进小筐背回家。串成糖串儿酸又甜,弟弟妹妹笑哈哈,用些山楂助消化"。秋天,幼儿园里种的山楂成熟了,满树红果,随风摇曳,成为校园里亮丽的风景线,孩子们每每经过,禁不住驻足观看。为了满足大班幼儿的好奇心和探究欲望,在幼儿园食育理念的指导下,我们开展了关于山楂的主题系列活动。山楂具有消食健胃的功效,是班级水吧区的常用食材,幼儿知道舌苔白厚应选择饮用山楂水。在本次主题活动中,通过找、摘、串、做、吃、画山楂等多种方式,鼓励幼儿积极主动参与有关山楂的食育活

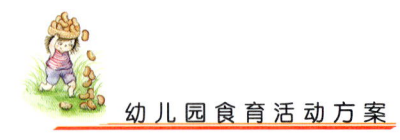

动，对山楂的生长环境、外形特征、营养价值有更深的了解。

主题目标

1. 在寻找和观察山楂的基础上，了解山楂的生长环境、外形特征和营养价值。
2. 能用多种方式制作山楂美食，并进行艺术创作。
3. 感受劳动成果来之不易，体验制作山楂美食的乐趣。

主题网络图

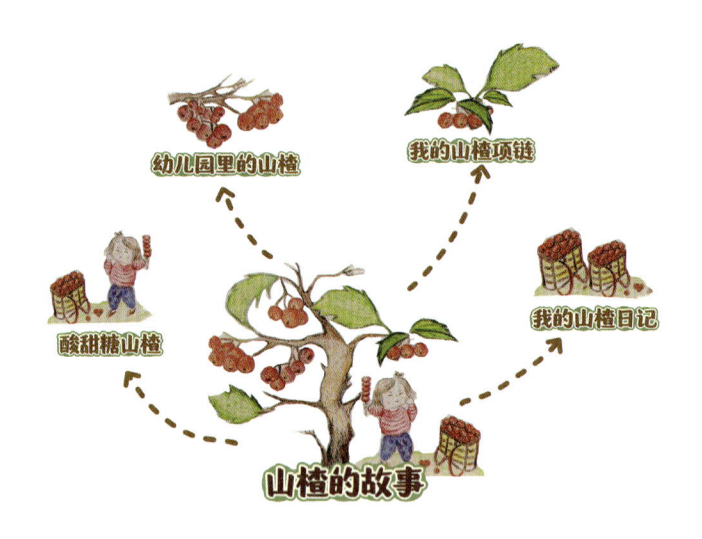

方案一　幼儿园里的山楂

活动目标

1. 了解山楂的外形特征和生长环境，寻找幼儿园里的山楂树。
2. 分享讨论摘山楂的方法，并尝试用自己的方法摘山楂。

活动准备

经验准备：食用过山楂，会说《山楂》食育儿歌。

材料准备：山楂实物、沙包、飞盘、竹竿、木梯。

活动建议

1. 寻找幼儿园里的山楂树，了解山楂的生长环境、外形特征及营养价值。
2. 分组讨论摘山楂的方式及使用工具。
3. 提供摘山楂的工具，如沙包、飞盘、竹竿、木梯。
4. 与同伴分享摘山楂的方法。
5. 用绘画的方式记录找山楂树、摘山楂的活动过程。
6. 幼儿分享绘画日记。

活动延伸

1. 水吧投放山楂供幼儿自主选择饮水。
2. 写生：幼儿园的山楂树。

方案二 我的山楂项链

活动目标

1. 知道山楂的外形特征、营养价值及正确穿山楂项链的方法。
2. 能够正确使用安全针，将山楂穿成自己喜欢的样子。

活动准备

经验准备：见过项链，有过穿珠经验。

材料准备：山楂、绳子、安全针、项链图片、糖葫芦图片。

活动建议

1. 观察山楂，了解山楂的外形特征、营养价值。
2. 欣赏糖葫芦照片，讨论：山楂还可以用来做什么？怎么做？
3. 观察项链图片，发现项链和糖葫芦的相同之处。
4. 出示安全针，探索安全针的正确使用方法。
5. 幼儿设计并制作山楂项链。

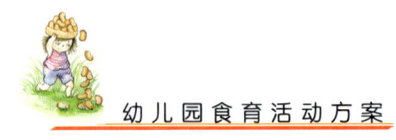

6. 分享展示自己的作品。

活动延伸

1. 用穿好的山楂项链装饰教室。
2. 借助穿珠游戏制作各种装饰品。

方案三 酸甜糖山楂

活动目标

1. 观看视频，了解糖山楂的制作方法。
2. 和同伴分工合作，共同制作糖山楂。

活动准备

经验准备：吃过糖山楂。

材料准备：糖山楂的图片及制作视频，锅、糖、山楂、竹签。

活动建议

1. 出示糖山楂图片并猜想：糖山楂是怎么制作的。
2. 观看视频，知道糖山楂完整的制作过程。
3. 分组将摘取的山楂清洗干净。
4. 尝试将山楂用竹签串成串。
5. 在熬糖等待的过程中，幼儿相互分享糖山楂的制作过程及有趣的事情。
6. 品尝自己亲手做的糖山楂，并清理桌面。

活动延伸

1. 用绘画记录的方式，分享制作糖山楂的过程。
2. 用音乐律动游戏，再现糖山楂制作过程。

方案四　我的山楂日记

活动目标

1. 回顾山楂主题活动，能用自己喜欢的方式记录山楂趣事。
2. 乐意与同伴分享自己和山楂的故事。

活动准备

经验准备：有认识、采摘、制作山楂的经验。

材料准备：画纸、水彩笔、油画棒、山楂主题活动照片。

活动建议

1. 回顾山楂主题活动照片，分享活动中有趣的事情。
2. 讨论：《我的山楂日记》的记录内容及方式。
3. 幼儿用自己喜欢的方式进行创作。
4. 和同伴讲述"我"和山楂的故事。
5. 师幼点评作品。
6. 将作品展示在作品栏，供幼儿互相欣赏。

活动延伸

一日生活渗透

借助活动照片及绘画日记，布置"山楂的故事"主题墙。

区域材料投放

1. 在班级蔬果展示台上摆放山楂，供幼儿观察。
2. 美工区投放橡皮泥，供幼儿捏制糖葫芦。
3. 语言区投放糖山楂制作过程的图片，让幼儿进行排图讲述。

家园共育

1. 寻找身边的山楂树，体验采摘、收获的乐趣。
2. 和爸爸妈妈共同寻找、分享和山楂有关的食物。

藏在地下的食物

主题由来

"小小食物真淘气,不长树上藏地里,秋冬时节不怕冷,营养餐桌添健康。"生长在地下的根茎类食物是孩子们秋季餐桌上的常客,这些食物脂肪含量低,膳食纤维丰富。根据我园的食育理念"吃皮吃果吃应季",我们设计了"藏在地下的食物"这一秋季的主题活动,让幼儿在游戏中认识各种根茎类食物的外形特征、生长环境以及营养价值。大班幼儿动手能力强、参与度高,在活动中亲自动手洗、切食物,能提高他们的参与度与兴趣感。通过向家人分享所学知识,进一步巩固幼儿对生长在地下的农作物营养的了解,用游戏的形式将食育知识扎扎实实地送到孩子心中。

主题目标

1. 认识红薯、山药、土豆、花生等生长在地下的农作物,了解其外形特征、生长环境及营养价值。
2. 知道蒸红薯及红薯山药粥的制作方法并参与制作。
3. 在找一找、看一看、做一做、尝一尝的过程中,体验分享美食的快乐。

主题网络图

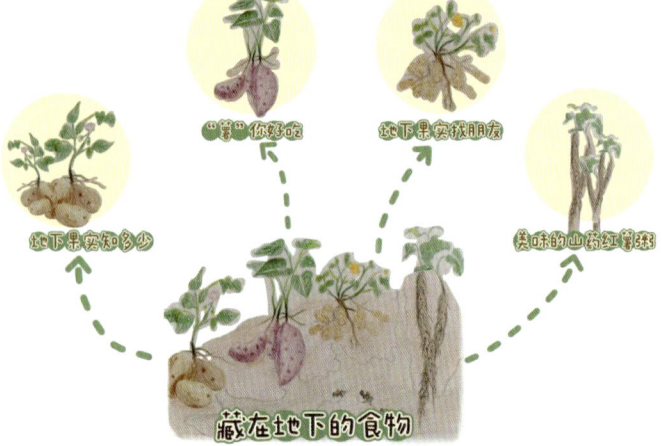

方案一　地下果实知多少

活动目标

1. 了解常见地下农作物的外形特征和营养价值。
2. 知道红薯、山药、花生、土豆等农作物生长在地下，感受食物的多样性。

活动准备

经验准备：知道部分农作物是生长在地下的，了解《红薯》《山药》《土豆》《花生》的食育儿歌。

材料准备：绘本《啪啦啪啦——砰》，红薯、山药、花生、土豆的实物。

活动建议

1. 分享自己收集的有关地下农作物的资料。
2. 根据绘本《啪啦啪啦——砰》中红薯、山药、花生、土豆的图片向幼儿展示这四种常见的果实生长在地下的农作物。
3. 游戏：小鼹鼠找食物，教师带领幼儿到蔬果花园中寻找红薯、山药、花生、土豆。感知红薯、山药、花生、土豆的生长环境，感受小鼹鼠在地下寻找食物的乐趣。
4. 观察红薯、山药、花生、土豆的外形特征，了解其营养价值。
5. 与同伴分享自己食用过的生长在地下的果实。
6. 将户外寻找地下果实的过程进行绘画记录。

活动延伸

1. 在班级蔬果展示台投放红薯、山药、花生、土豆，便于幼儿观察和分享。
2. 在一日生活中学习《红薯》《山药》《土豆》《花生》等果实生长在地下的农作物的食育儿歌。

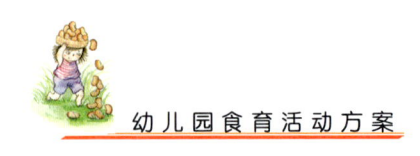

方案二 "薯"你好吃

活动目标

1. 知道红薯、白薯、紫薯都属于薯类，是果实生长在地下的秋冬农作物，了解食用薯类食物的好处。
2. 和同伴一起蒸红薯，掌握美味的蒸红薯的具体制作方法。

活动准备

经验准备：食用过红薯。

材料准备：红薯若干个、安全刀、案板、锅、碗、勺。

活动建议

1. 回顾红薯的生长环境、外形特征和营养价值。
2. 幼儿分组清洗红薯，将红薯切成小块。
3. 品尝生红薯，并分享生红薯的口感和味道。
4. 开火蒸红薯，在等待的过程中，说一说与红薯有关的食育儿歌。
5. 幼儿分享食用过的各种红薯美食。
6. 品尝美味的蒸红薯，并说一说生红薯和蒸红薯口感的不同。

活动延伸

1. 到幼儿园蔬果花园寻找红薯。
2. 将红薯放入玻璃器皿中进行水培。

方案三 美味的山药红薯粥

活动目标

1. 知道山药和红薯都是生长在地下的秋季农作物，了解它们的营养价值。
2. 参与制作山药红薯粥并能够简单复述制作过程及方法。

活动准备

经验准备：食用过红薯和山药。

材料准备：大米、山药、红薯、电锅、案板、安全刀、碗。

活动建议

1. 了解红薯生长的环境，知道秋季农作物山药也是生长在地下的。

2. 学习《山药》的食育儿歌，了解山药的营养价值。

3. 幼儿分组洗、切山药，参与制作山药红薯粥。

4. 了解山药红薯粥的制作步骤。

5. 共同品尝美味的山药红薯粥，感受山药红薯粥的香甜。

6. 尝试简单复述山药红薯粥的制作过程，整理桌面，清洗餐具并送至指定位置。

活动延伸

在食谱播报环节中，遇到含有山药和红薯的食物时，引导幼儿说一说食育儿歌《山药》和《红薯》。

方案四　地下果实找朋友

活动目标

1. 在观看图片的基础上，认识红薯、山药、花生、土豆叶子的形态特征。

2. 能用较完整的语言说一说红薯、山药、花生、土豆叶子的形态特征并与其果实进行连线。

活动准备

经验准备：认识红薯、山药、花生、土豆，并知道它们是由果实和茎叶组成的食物。

材料准备：红薯、山药、花生、土豆的茎叶与果实，连线表格、卡片拼图每人一份，水彩笔，尺子。

活动建议

1. 出示红薯、山药、花生、土豆的叶子，让幼儿观察其形态特征。

2. 拼图游戏："地下果实找朋友"，初步尝试将四种食物的茎叶与果实相匹配。

3. 分享验证拼图结果。

4. 用较完整的语言描述红薯、山药、花生、土豆叶子的形态特征。

5. 幼儿在表格上将四种食物的茎叶与果实进行连线"找朋友"，大胆表达自己的想法。

6. 将连线好的表格进行集体展示并验证。

活动延伸

一日生活渗透

1. 对于秋季常见的红薯、山药、花生和土豆，向身边的弟弟妹妹讲述他们的茎叶和果实特征，帮助幼儿园其他小朋友认识这四种食物。

2. 通过观察叶子形态，在阳台花园寻找这几种食物。

区域材料投放

1. 在阳台花园种植根茎类农作物，幼儿观察根茎类农作物的生长过程并进行记录。

2. 在阅读区投放关于根茎类农作物的绘本故事，便于幼儿对根茎类食物有更深入的了解。

家园共育

1. 与家人一起认识地下农作物的叶子，亲手采摘并体验收获果实的乐趣。

2. 尝试运用不同的方式制作相关美食。

韭菜茌茌高

主题由来

来到耕读苑的菜园,整片绿油油的作物引发了孩子们的兴趣:"咦?小菜园里还种了这么多小草?"在老师的引导下,孩子们小心翼翼地摘下几根"小草",仔细看了看,闻了闻,甚至尝了尝,终于像发现新大陆似的叫起来"我发现啦!原来这些是韭菜啊!"

住在高楼大厦的孩子们,早已经见惯了盛在盘子里被端上餐桌的韭菜,对于韭菜在菜地里的样子几乎一无所知,韭菜和小草的样子有哪些区别?为什么韭菜有很大的味道?带着对韭菜的好奇,我们在孩子当中开展了"韭菜茌茌高"主题活动。

俗话说:"韭菜吃两头""韭菜春食则香,夏食则臭",韭菜在春天最是新鲜,而且韭菜性温,能保养人体的阳气,春天的气候最是多变,冷暖不一,忽上忽下,韭菜有"春香,夏辣,秋苦,冬甜"之说,以春韭为最好。

作为餐桌常客的韭菜,它的内在价值及营养是什么呢?围绕"韭菜茌茌高"这一主题,通过韭菜的奇妙旅行、韭菜探秘、韭菜鸡蛋卷等活动,引导孩子们以知、玩、品、种等方式认识了解韭菜、种植韭菜、品尝韭菜,从而喜爱上韭菜。在对韭菜的探索之旅中,孩子们从埋下种子到开花结果,从丰收的果实到餐桌上美味的食物,不仅体验到了劳动和收获的快乐,而且也感受到了大自然的生命力,提高了他们对自然知识的探究和观察兴趣。

主题目标

1. 认识韭菜,了解韭菜的外形特征、气味和生长环境。
2. 知道韭菜益肝健脾等营养价值,能用韭菜制作简单美食,喜欢食

用韭菜。

3. 参与韭菜种植和养护活动，喜欢并能以绘画形式记录韭菜的生长过程。

主题网络图

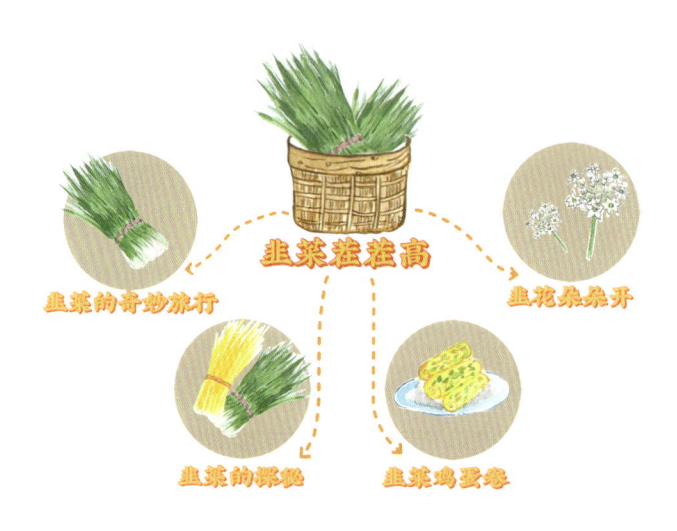

韭菜旺旺高
- 韭菜的奇妙旅行
- 韭花朵朵开
- 韭菜的挪揶
- 韭菜鸡蛋卷

方案一　韭菜的奇妙旅行

活动目标

1. 尝试种植韭菜，了解韭菜的生长过程及外形特征，并能以绘画形式记录韭菜的生长过程。

2. 欣赏韭菜的食育儿歌，知道韭菜有润肠通便、益气养肾的食疗功效。

3. 喜欢参与韭菜的种植和养护过程。

活动准备

经验准备：见过韭菜，有种植和养护常见植物的经验。

材料准备：种植的韭菜、《韭菜》食育儿歌。

活动建议

1. 观察韭菜实物，了解韭菜的外形特征和生长环境。
2. 探讨韭菜的种植和养护方法。
3. 尝试种植韭菜。
4. 欣赏韭菜的食育儿歌，知道其食材功效。
5. 定期观察韭菜的生长情况，并用绘画形式记录其生长过程。

活动延伸

在阳台花园或蔬果花园里种植韭菜，并制作韭菜标识及养护方法。

方案二　韭菜的探秘

活动目标

1. 通过观察、对比，知道韭菜和韭黄的颜色、形状、气味的不同，能正确区分韭菜和韭黄。
2. 观察韭菜生长过程，发现韭菜根能吸收营养并帮助其生长。
3. 积极参与韭菜和韭黄的探索与发现，体验探索的乐趣。

活动准备

经验准备：有种植经验，见过韭菜和韭黄。

材料准备：讲解视频，韭菜、韭黄食材，种植工具。

活动建议

1. 观看视频，了解韭菜与韭黄的种植方法和生长环境。知道韭菜是直接暴露在阳光下生长，叶子是绿色；韭黄是在不见光的环境中生长，因此生长出来的韭菜就变成了黄色。

2. 与同伴共同培育韭菜根，进行韭黄、韭菜种植实验。在两个一样的花盆中，分别种入韭菜根，一盆放在阳光下，一盆放入黑暗的环境中，在种植过程中，观察韭菜根吸收营养帮助生长的特点。

3. 通过观察对比，讨论韭菜、韭黄的区别。比如，韭菜叶子的宽窄度不一，但所有的韭菜都是青绿色，而韭黄的颜色是黄白色的。

4. 和同伴分享，说一说韭菜和韭黄的不同。

5. 用绘画的形式记录韭菜、韭黄的培育和种植过程。

活动延伸

在教师指导下，定期为种植的韭菜、韭黄浇水和养护，观察其生长过程并记录。

方案三 韭菜鸡蛋卷

活动目标

1. 通过朗诵食育儿歌、品尝韭菜的过程，知道韭菜性温、味辛，有润肠通便、益气养肾的营养价值。

2. 观看韭菜鸡蛋卷的制作过程，尝试用切、拌等方法制作韭菜鸡蛋卷。

3. 积极参与韭菜鸡蛋卷的制作过程，并乐于与同伴分享。

活动准备

经验准备：有参与制作食物的经验。

材料准备：韭菜、鸡蛋，电饼铛、安全刀、案板、碗。

活动建议

1. 阅读食育儿歌，讨论分享韭菜的营养价值及功效，如补肾益气、润肠通便等。

2. 准备韭菜、鸡蛋等食材，感知生韭菜与熟韭菜的不同味道。

3. 观看韭菜鸡蛋卷的制作过程，了解韭菜鸡蛋卷的制作方法。

4. 讨论韭菜鸡蛋卷制作过程中需要注意的安全事项。

5. 尝试用切、拌、搅、烙的方法制作韭菜鸡蛋卷。

6. 和同伴一起制作、分享美味的韭菜鸡蛋卷。

活动延伸

进行绘画日记活动:"美味的韭菜鸡蛋卷"。

方案四　韭花朵朵开

活动目标

1. 观察秋季成熟的韭菜,知道秋天里韭白上生出的白色花簇是韭花,了解韭花有生津开胃、增强食欲、促进消化的功效。

2. 用自己喜欢的创作形式,大胆表现韭花朵朵开的艺术美。

3. 积极参与韭花朵朵开的创作,并向同伴分享自己的作品。

活动准备

经验准备:有写生创作的经验。

材料准备:写生板、画纸、水彩笔。

活动建议

1. 在种植区观察韭菜成熟后的变化,大胆分享自己的发现。

2. 闻一闻,看一看,了解韭菜的外形、气味、颜色等特征,知道韭菜到了成熟季节后就会开花。

3. 观察韭花,了解其白色花簇的特点。

4. 在韭菜种植区选择自己喜欢的位置和材料进行韭花写生。

5. 将作品挂在作品展示区,供集体欣赏和分享。

活动延伸

与同伴在韭花采摘的季节一起收割韭花,并尝试腌制韭花酱。

一日生活渗透

1. 阅读食育儿歌《韭菜》,了解韭菜的生长过程以及营养价值。

2. 在韭菜种植区选择自己喜欢的位置和材料进行韭花写生。

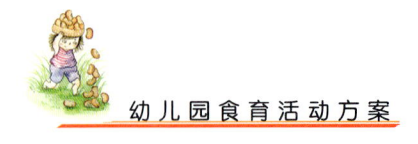

区域材料投放

在种植区观察韭菜成熟后的变化，大胆分享自己的发现。

家园共育

1.鼓励幼儿与家长一起制作与韭菜相关的健康美食，把韭菜的食疗功效分享给身边的亲人朋友。

2.尝试将美味韭菜鸡蛋卷的制作方法分享给爸爸妈妈，在家中一起制作韭菜鸡蛋卷。

豆角记

主题由来

夏天到了，幼儿园里的豆角缀满了枝头，弯弯的豆荚像在给孩子们招手，呼唤着他们快来这里玩耍。在这里，孩子们有的摘下几只豆角挂在小耳朵上当耳环，有的举起豆角，假装那些缠绕的藤蔓是电话线，玩起"打电话"的游戏……幼儿食堂院子里，帮厨的小助手一边小心翼翼地择着豆角，一边有着新发现："看！剥豆角的尖头时，会连着丝线！""你的豆角里面有三颗豆子，我这个豆角里面有四颗！"

关于豆角，孩子们有太多的"为什么"：为什么有的豆角颜色、长短都不一样？为什么它们要缠绕着生长？为什么它们都带着卷卷的"电话线"？于是，因为对豆角的关注，引发了一系列有趣的主题活动。

主题目标

1.了解豆角缠绕生长的特征及生长环境，知道豆角耐旱能力强，适宜生活在深层土壤、日照充足的地方。

2.认识不同种类的豆角：豇豆角、扁豆角、四季豆角、芸豆角，了解其名称、外形特征及对身体的益处，知道豆角需要做熟才可食用。

3. 观察豆角的生长，参与种植、照顾、养护和收获。

主题网络图

方案一　豆角的故事

>[活动目标]

1. 欣赏绘本和观察实物，能够运用语言清楚地描述豆角的外形特征及成长过程。

2. 以绘画的形式表现出豆角生长变化的不同形态。

3. 感受豆角生长过程中的勃勃生机。

>[活动准备]

经验准备：食用过豆角。

材料准备：绘本故事《豆角的故事》PPT、绘画纸、画笔。

>[活动建议]

1. 参与豆角的猜谜游戏。

2. 欣赏绘本《豆角的故事》中的图片，尝试用完整的语言表达绘本图片内容。

3. 完整倾听绘本内容，了解豆角的生长过程。

4. 尝试用完整的语言描述豆角的生长过程。

5. 以绘画的形式表现出豆角生长变化的不同形态。

活动延伸

参与幼儿园豆角种植活动，观察其生长，参与照顾、养护和收获。

方案二　豆角一家

活动目标

1. 在分享豆角海报的过程中，认识不同种类的豆角：豇豆角、扁豆角、四季豆角、芸豆角，了解其名称和外形特征。

2. 知道豆角成熟的季节在夏季，了解不同的豆角对身体的营养价值和功效。

3. 了解豆角的蒸、煮、炒等食用方法，喜欢吃豆角。

活动准备

经验准备：认识豆角。

材料准备：豇豆角、扁豆角、四季豆角、芸豆角图片，亲子制作的豆角海报。

活动建议

1. 分享、展示自己的豆角海报，了解豆角是多种多样的。

2. 了解豇豆角、扁豆角、四季豆角、芸豆角的名称，观察各种豆角的外形特征。

3. 通过讨论，了解豆角的成熟季节。

4. 分享交流不同种类豆角的营养价值和功效。

（1）豇豆角：富含蛋白质、胡萝卜素，营养价值高。

（2）扁豆角：消暑除湿，健脾止泻。

（3）四季豆角：健脾胃、利水消肿、益气安神、解暑、补肾、益气、生津。

（4）芸豆角：含有丰富的蛋白质、膳食纤维等营养成分，清肠排毒、降低血脂。

5. 了解豆角食用方法：生活中注意豆角必须熟食，否则会引起中毒，危害身体健康；蒸、煮、炒等烹饪方法均可食用。

> 活动延伸

在进餐前的食谱播报环节，尝试说出豆类美食的营养价值。

方案三 我为豆角搭房子

> 活动目标

1. 知道豆角属于攀缘茎植物，在其生长过程中需要搭架。
2. 观察豆角搭架图片，画出自己想要的架子。
3. 能根据图纸设计为豆角搭房子，感受照顾豆角的喜悦。

> 活动准备

经验准备：有过设计、搭建的经验。

材料准备：图画纸、画笔、小筐若干。

> 活动建议

1. 观察豆角生长阶段，知道豆角长在藤蔓上，引发兴趣。
2. 观察搭建藤蔓植物架子的特征，了解搭建方法。
3. 分组讨论，在图画纸上设计出想要搭建的架子。
4. 展示作品，和同伴分享小组设计的造型。
5. 共同寻找搭建材料，按照设计图为豆角搭房子。

活动延伸

在生活中观察幼儿园里菜园的搭架，积累搭建经验。

方案四　豆角采摘记

活动目标

1. 知道豆角成熟的季节是夏季，学习采摘豆角的方法。
2. 能用正确方法采摘豆角，感受收获和劳动的喜悦。

活动准备

经验准备：有过采摘植物的经验。

材料准备：筐子、剪刀。

活动建议

1. 通过观察学会分辨成熟豆角和未成熟的豆角。
2. 尝试探索采摘豆角的方法。
3. 学习采摘方法：找到豆角和藤蔓结合处，两手分别捏在结合处两边并分别向反方向掰下。
4. 与同伴分工合作采摘豆角。
5. 分享收获的豆角。

活动延伸

在食育工坊中，尝试用豆角制作各种美食，如素炒豆角、豆角卤面等。

一日生活渗透

1. 回顾采摘豆角的过程，了解豆角的食用功效及营养价值。
2. 在照顾豆角活动中注意观察架子的使用情况，对架子进行调整、再搭建。

区域材料投放

1. 在区角活动中,用绘本制作、黏土造型等形式呈现豆角生长的过程。

2. 在种植区种不同的豆角,观察其生长过程的不同。

3. 在科学区投放豆角生长过程标本,幼儿观察发现豆角之间生长过程中的不同。

家园共育

1. 周末与家人一起到菜市场购买蔬菜,尝试分辨不同的豆角种类。
2. 与家人一起制作豆角美食并愿意分享关于豆角的营养价值。

你好,向日葵

主题由来

夏天的幼儿园里,一株株金色的向日葵向阳开放,充满着美好和生机,孩子们忍不住驻足观看:"向日葵好美啊!它的颜色真漂亮!""向日葵花瓣包围的是什么?是它的种子吗?""为什么向日葵总是向着太阳呢?"带着满满的好奇,我们带着孩子们走进向日葵的世界。

食育绘本《向日葵的故事》以诗一样的语言,梦一样的画面,向孩子传递着向日葵的秘密,引发孩子们的深度思考:向日葵是怎么长出来的?向日葵什么时候开花?葵花籽藏在哪里?葵花籽真的就是我们平时吃的瓜子吗?它总是向着太阳,它不怕热吗?我们将向日葵作为主题开展系列活动,使幼儿在观察、种植、写生等活动过程中,充分了解向日葵生长的过程、习性及特征,丰富幼儿对向日葵的认知。在观察的过程中,鼓励幼儿用自己的方式记录并与他人交流分享。同时在种植、照顾、采摘向日葵的过程中,幼儿能体验劳动与收获的快乐。

主题目标

1. 通过绘本欣赏、种植等活动，了解向日葵的外形特征及生长过程。

2. 在种植、观察的过程中，感受向日葵的美，能用自己的方式进行记录与表征。

3. 初步感知种子与花、果实的关系，让幼儿萌发对自然和生命的热爱与敬畏。

主题网络图

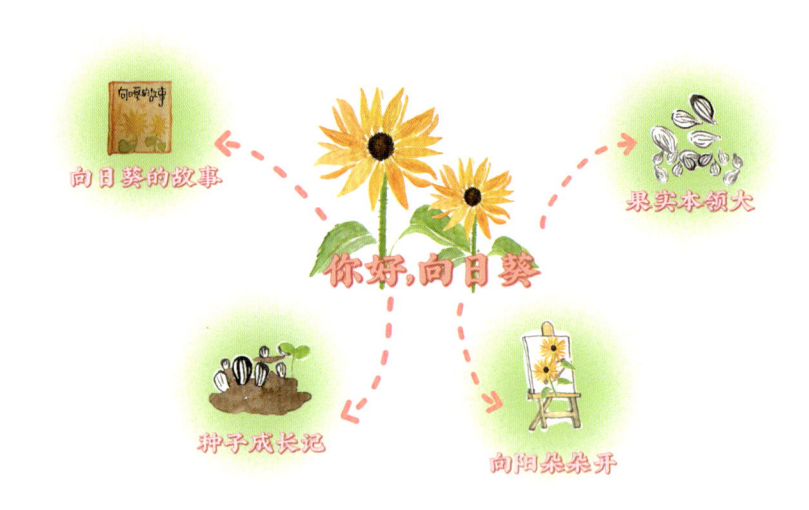

你好，向日葵
- 向日葵的故事
- 果实本领大
- 种子成长记
- 向阳朵朵开

方案一　向日葵的故事

活动目标

1. 欣赏绘本《向日葵的故事》，了解向日葵的生长过程有幼苗期、现蕾期、开花期和成熟期。

2. 尝试用绘本中的语言描述向日葵的生长，感受故事中优美的语句。

活动准备

经验准备：了解常见植物的生长过程。

材料准备：绘本《向日葵的故事》。

活动建议

1. 欣赏绘本《向日葵的故事》，大胆猜测向日葵生长的故事。

2. 聆听故事，了解向日葵的生长过程。

3. 尝试运用绘本中的语言大胆描述向日葵的生长过程。

4. 再次聆听故事，感受绘本故事中优美的语句及向日葵神奇的生命。

5. 和同伴相互讲述《向日葵的故事》。

活动延伸

用绘画的形式自制绘本《向日葵的故事》。

方案二　种子成长记

活动目标

1. 了解向日葵的生长过程，知道种植向日葵时要尖头朝下圆头朝上地将种子插进土壤中。

2. 观察向日葵的生长，发现向日葵不同生长周期的变化及形态，并尝试记录。

活动准备

经验准备：见过向日葵，知道葵花籽是向日葵的种子。

材料准备：葵花籽、花盆、小铲子、洒水壶、向日葵生长过程视频、画笔、记录本。

活动建议

1. 观看视频、图片，了解向日葵的生长过程。

2. 观察向日葵生长过程中不同时期的外形特点。

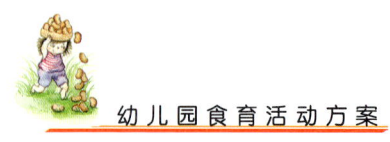

3. 了解向日葵的种植方法。

4. 讨论向日葵种植所需要的工具，如花盆、小铲子、洒水壶等。

5. 分组进行向日葵种植。

6. 持续观察向日葵的生长变化，并尝试用自己喜欢的方式进行记录。

活动延伸

积极参与向日葵的日常养护。

方案三　向阳朵朵开

活动目标

1. 认识向日葵的组成部分，了解向日葵花盘、花瓣、叶子的特点。

2. 观察种植区的向日葵，发现向日葵的色彩美及遮挡关系，并尝试用水粉大胆表现向日葵的不同姿态。

活动准备

经验准备：观察过向日葵的外形特点，有用水粉作画的经验。

材料准备：不同姿态的向日葵及向日葵细节图片、画纸、水粉笔、水粉颜料。

活动建议

1. 欣赏生长中的向日葵，观察向日葵花盘、花瓣、叶子的特点。

2. 讨论、分享向日葵的外形特点及鲜艳的色彩。

3. 对比观察向日葵不同的姿态，发现其遮挡关系。

4. 观察绘画材料，了解绘画方法。

5. 进行绘画活动，尝试表现向日葵的不同姿态。

6. 共同欣赏向日葵绘画作品，并进行点评。

活动延伸

将绘画作品布置成主题墙面。

方案四　果实本领大

活动目标

1. 体验采摘葵花籽，知道葵花籽是向日葵的果实，并了解葵花籽的营养价值。

2. 通过讨论、分享，了解葵花籽的广泛用途，如榨油、制作美食等。

活动准备

经验准备：吃过用葵花籽制作的美食。

材料准备：向日葵花盘、葵花籽视频。

活动建议

1. 采摘成熟的向日葵花盘，将葵花籽取出并品尝。

2. 了解葵花籽的营养价值，如降血压、健脑安神等。

3. 讨论、分享："我"吃过的葵花籽美食。

4. 讨论葵花籽还有哪些用途。

5. 观看视频，了解葵花籽除了制作成美食，还可以榨油，同时也是向日葵的种子。

活动延伸

在食育工坊亲手制作炒瓜子。

一日生活渗透

1. 欣赏不同形式的向日葵艺术作品，并进行创作。

2. 讨论并参与向日葵种植区的环境布置。

3. 尝试用不同的艺术形式表现向日葵。

区域材料投放

1. 在种植区进行向日葵种植，进行观察。

2. 美工区投放黏土、画笔、画纸、向日葵种子等材料,幼儿进行向日葵的创作。

家园共育

1. 与家人分享自己的《向日葵故事》,了解向日葵的生长过程。
2. 与家人一起制作、品尝炒瓜子,发现生瓜子与炒瓜子的不同味道。

冬至乐融融

主题由来

冬至终于到了,大班的孩子们欢呼雀跃:"冬至要包饺子了!我可会包饺子了!""我中班的时候在食育工坊就学过包饺子,我现在又学会了擀饺子皮!""妈妈说,冬至吃了饺子,耳朵才不会冻掉,我可得多吃点!"对于冬至,孩子们知道最多的是吃饺子的习俗,但其实这个节气藏着更多有趣的秘密。

经过托、小、中班三个年龄阶段饮食习惯与饮食行为的培养,大班幼儿已逐步提升了健康饮食能力,对于节气的关注也在循序渐进地深入。"吃了冬至饭,一天长一线",冬至是一年当中白天最短夜晚最长的日子,"九九消寒图"也从这一天开始计时。在这个传统节气来临之际,带着孩子们认识"九九消寒图",共唱《数九歌》,一同包饺子。通过学习儿歌、绘画日记、问卷调查、实践操作等形式,让幼儿知冬至、说冬至、画冬至、过冬至、传冬至,引导幼儿感受冬至团聚吃饺子的温馨氛围,体验传统节气活动的乐趣,传承先祖优秀的饮食文化。冬至时节,一起享受冬日暖阳,一起分享冬至里的幸福时光吧!

主题目标

1. 通过多种活动,了解冬至节气的特点和习俗。

2.在包饺子活动中进一步掌握擀皮、填馅、捏边等包饺子的方法，感受冬至传统节气活动。

3.通过"九九消寒图"等活动，关注气温及昼夜时长的变化。

主题网络图

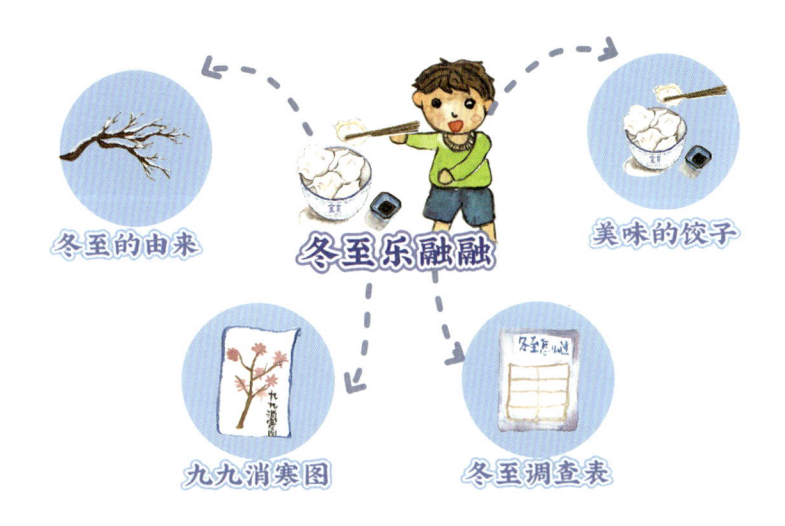

方案一　冬至的由来

活动目标

1.通过观看视频，了解冬至节气的特点和习俗。

2.欣赏儿歌，感受儿歌的意境，并能用相应的表情、语气表现儿歌。

3.体验冬至节气其乐融融的欢乐氛围。

活动准备

《冬至的由来》视频、《数九歌》音频、九九消寒图。

活动建议

1. 观看《冬至的由来》视频，了解冬至节气的特点和习俗。
2. 了解关于冬至的"九九消寒图"和《数九歌》。
3. 欣赏《数九歌》，了解儿歌内容。
4. 尝试用分组朗诵等形式进行《数九歌》儿歌表演。

附儿歌：

《数九歌》

一九二九不出手，
三九四九冰上走，
五九六九沿河看柳，
七九河开，八九雁来，
九九加一九，耕牛遍地走。

活动延伸

利用多种自然材料制作冬至节气牌，并投放在四季食育桌。

方案二 九九消寒图

活动目标

1. 尝试制作"九九消寒图"，知道用"九九消寒图"记录时间及天气的方法。
2. 借助"九九消寒图"，感受冬至后天气由寒变暖的自然变化。

活动准备

经验准备：知道冬至的由来和习俗，对二十四节气之冬至有初步的了解。

材料准备：讲解视频、九九消寒图、画笔、绘画用纸等。

活动建议

1. 通过观看视频，了解民间有贴绘"九九消寒图"的习俗，记录进九以后的寒消暖长，天气阴晴。

2. 认识"九九消寒图——文字图、梅花图、铜钱图"，了解它的使用方法和意义。

3. 了解古人对梅花的认识，尝试制作"九九消寒图"。

4. 集体讨论涂花瓣的方法。如一天涂一片，不同天气使用不同颜色记录等。

活动延伸

将"九九消寒图"贴在班级区角，每天根据天气进行记录。

方案三 冬至调查表

活动目标

1. 了解冬至节气，知道北方吃饺子、南方吃汤圆等风俗习惯。
2. 通过调查及分享，了解不同地方过冬至的习俗。

活动准备

经验准备：有过冬至的生活经验。
材料准备：绘本《冬至节》，"冬至调查表"。

活动建议

1. 集体谈话：冬至节气有哪些习俗？如吃哪些食物、做哪些事情等。
2. 阅读绘本《冬至节》，加深对冬至节的认识。
3. 观察"冬至调查表"，了解调查表的内容。
4. 完成调查后，向大家介绍自己的调查表，讲讲爸爸妈妈（爷爷奶奶、外公外婆）的家乡是如何过冬至的。

5. 相互交流自己的调查结果。

活动延伸

进行绘画日记活动：我的冬至节。

方案四　美味的饺子

活动目标

1. 通过讨论与分享，了解饺子的来历与故事。

2. 回顾不同种类的饺子馅以及包饺子的方法，喜欢并参与食材的准备及制作。

3. 在与弟弟妹妹一起包饺子的过程中，体验包饺子带来的乐趣与成就感。

活动准备

经验准备：有过包饺子的经验，知道饺子的来历。

材料准备：擀面杖、案板、饺子馅、面团、面粉。

活动建议

1. 分享、讨论自己了解到的关于饺子的来历与故事。

2. 回顾吃过的饺子馅种类以及不同形状饺子的制作方法。

3. 了解饺子的馅料，师幼共同准备食材并一起包饺子。

4. 邀请托、小班弟弟妹妹一起来参与包饺子活动。

5. 待饺子煮熟之后，大家一起品尝。

活动延伸

将自己带领弟弟妹妹包饺子的温馨画面用绘画的方式记录。

一日生活渗透

1. 将"冬至调查表"展示在冬至的主题墙上，供幼儿继续观察与交流自己的调查结果。

2. 与同伴讨论从"一九"到"九九"的气温及周围环境的变化。

区域材料投放

将绘本《冬至节》投放至图书区，供幼儿阅读。

家园共育

1. 和家人一起说一说冬至的故事，并表演《数九歌》。

2. 在家中贴出"九九消寒图"，坚持每天记录。

3. 与家人一起到菜市场采买食材、准备馅料与面团并包饺子，感受其乐融融的节日氛围，体验参与包饺子活动的乐趣。

小麦的故事

主题由来

幼儿能够发现生活中有趣的事情，喜欢观察、探索，对操作探究活动感兴趣。早餐时，一个孩子举起手里的馒头说："老师，馒头是用小麦做成的，那小麦是怎么种出来的？"另一个孩子说："不知道是怎么种出来的，我只见过奶奶家的麦苗，像小草一样！""小麦磨成面粉才能做成馒头！""我们吃的发糕也是小麦做成的？为什么里面有气孔？"

麦子是一种普通而常见的农作物，幼儿每一餐都离不开它，但是大部分幼儿只是简单了解，知道我们吃的面食是由麦子制作而成的，却不知道麦子是从哪来的，它是怎么种植的，种植过程是什么样的。大班幼儿好奇心比较浓厚，对感兴趣的事物有着强烈的探索欲望。为了满足幼儿对小麦知识的需求和探索欲望，我们和幼儿一起进行"小麦的故事"主题活动，共同发现并分享在活动中新奇、有趣的事物或现象，一起寻找问题的答案。

主题目标

1. 知道河南是种植小麦的大省，北方人的饮食以面食为主。

2. 初步了解小麦种植、生产过程以及面食的种类，并尝试用小麦制作多种美食。

3. 在参与实践探究活动中，能够用多种方式记录和分享有关小麦的新发现。

4. 萌发对自然的感恩，养成珍惜粮食的好习惯。

主题网络图

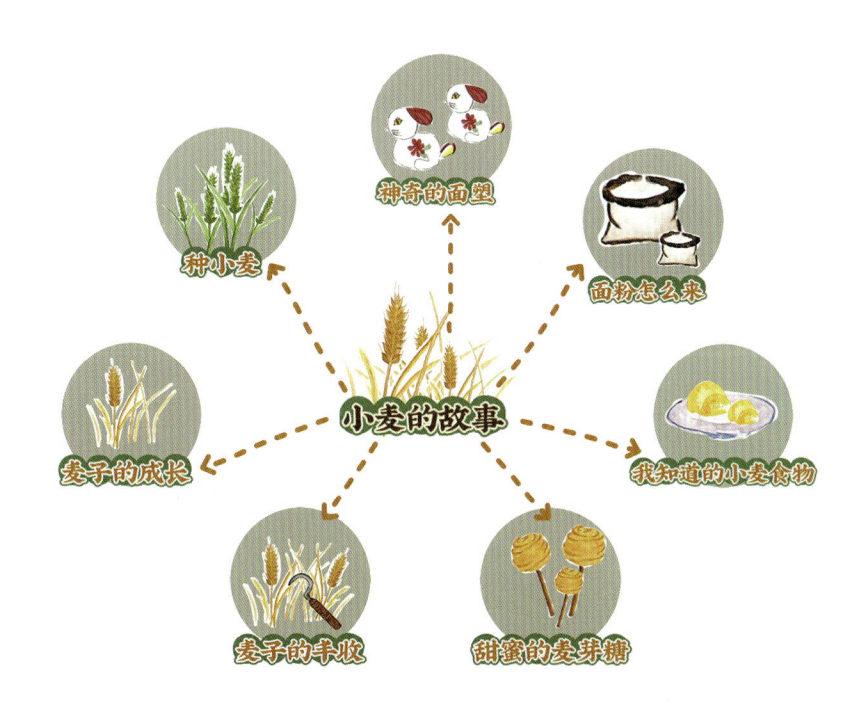

小麦的故事
- 种小麦
- 神奇的面塑
- 面粉怎么来
- 我知道的小麦食物
- 甜蜜的麦芽糖
- 麦子的丰收
- 麦子的成长

方案一　种小麦

活动目标

1. 了解小麦的播种时间是每年的9月到10月，知道土壤、水分、养分、温度、光照和空气是小麦必需的生长环境。

2. 参与整理土壤，浸泡催芽，将小麦种子均匀撒在土壤表面，覆盖薄土并浇水保湿进行种植。

3. 体验用传统农具播种小麦的乐趣。

活动准备

经验准备：了解小麦的生长过程、种子的形状及特征。

材料准备：小麦成长过程图片、小麦种子、小锄头、小铲子、洒水壶。

活动建议

1. 观看图片，了解小麦播种时间和生长环境。

2. 熟悉种植小麦的工具，讨论小麦的种植方法。

（1）种植小麦需要哪些工具？这些工具怎么使用？

（2）种植步骤可以分几步进行？

（3）同伴之间怎么分工？

3. 认识种植小麦的工具：小锄头、小铲子、洒水壶。

4. 幼儿分工种植小麦。

5. 与同伴分享种植小麦的技巧与方法，分享种植的感受。

6. 用绘画的形式记录种小麦的过程。

7. 将作品展示在主题墙上，同伴之间互相欣赏。

活动延伸

师幼共同制作"小麦的一生"主题墙，利用照片、绘画展示种植小麦系列活动。

方案二　麦子的成长

活动目标

1. 知道在小麦生长过程中要进行浇水、施肥、除草等，并愿意主动进行照料。

2. 通过小麦种植记录表，发现小麦种子出苗后，叶、茎、麦穗成长的前后变化。

3. 对小麦的生长过程感兴趣，体会悯农之情。

活动准备

经验准备：知道种子生长所需的基本条件。

材料准备：小麦、肥料、铲子、浇水壶、小麦种植记录本。

活动建议

1. 讨论照顾小麦的方法。

（1）要怎么照顾小麦的成长？

（2）多长时间去观察和照料它合适？

（3）需要准备什么工具？

2. 按照规划好的时间，定期观察小麦的成长情况。

3. 观察发现小麦成长过程中出现的问题，利用工具进行施肥、除草等活动。

4. 设计小麦种植记录本，用绘画和测量的形式记录小麦生长变化的特点。

5. 分享自己的记录内容，讲解种子成长的变化，感受麦子的成长是一个漫长的过程，体会悯农之情。

活动延伸

了解小麦生长周期，观察麦子成熟后的样子。

方案三　麦子的丰收

活动目标

1. 认识了解收获小麦的劳动工具，如镰刀、连杆、剪刀、竹筛、竹筐等。

2. 会正确使用劳动工具收割小麦。

3. 与同伴共同收割小麦，体验劳动的快乐。

活动准备

经验准备：知道小麦的成熟时间。

材料准备：镰刀、剪刀、连杆、竹筛、竹筐。

活动建议

1. 观察成熟麦子的样子。

2.讨论如何收获小麦。

（1）一根小麦都由哪些部分组成？

（2）从小麦的哪个部分收割合适？

（3）收割时，怎样保护自己的手和脚？

3.观察、认识收割小麦的工具：镰刀、剪刀、连杆、竹筛、竹筐。

4.尝试收割小麦。

5.探索打麦穗、脱粒的方法。

6.尝试使用竹筛，双手晃动筛麦子。

7.将麦粒储存在玻璃罐，为磨面粉做准备。

活动延伸

欣赏中国特色工艺麦秆画，并进行创意麦秆画创作。

方案四　甜蜜的麦芽糖

活动目标

1.在观看制作麦芽糖视频的基础上，了解制作麦芽糖所需要的麦苗、糯米等材料。

2.能够按照步骤，把小麦苗进行拔、洗、切，与糯米混合发酵，并参与麦芽糖熬制。

3.体验亲自种植、收割小麦并制作成麦芽糖的乐趣。

活动准备

经验准备：在班级提前一周进行水培麦苗。

材料准备：麦苗、糯米、安全刀、案板、纱布、保鲜膜、炒锅。

活动建议

1.观看制作麦芽糖的视频，了解制作麦芽糖需要的材料。

2.讨论制作麦芽糖的方法和步骤。

3. 和同伴合作拔出麦芽并进行清洗，并将麦苗切碎放入煮熟的糯米中进行搅拌。

4. 尝试挤出麦苗水，进行熬制麦芽糖。

5. 和同伴一起分享、品尝麦芽糖。

活动延伸

在生活中寻找麦芽糖还可以制作成哪些不同的美食。

方案五　我知道的小麦食物

活动目标

1. 能够运用调查和信息收集的方法，了解生活中常见的面食。

2. 感受面食可以蒸、煎、炸、煮的多种烹饪方法，喜欢吃面食，知道蒸和煮是最健康的做法。

活动准备

经验准备：知道面粉是由小麦磨成的。

材料准备：调查表、各种面食图片。

活动建议

1. 共同讨论、制定调查表的具体内容。

2. 尝试以图片、符号、绘画等方式完成调查表。

3. 分享自己的调查表内容。

4. 了解、讨论面食的多种烹饪方法。

（1）大家分享的这些面食制作方法一样吗？

（2）你喜欢吃哪种面食？为什么？最健康的是哪种吃法？

活动延伸

在生活中了解河南面食的历史，对特色面食的来源感兴趣。

方案六　面粉怎么来

活动目标

1. 在观看视频的基础上，了解石磨磨面和现代化磨面的过程。
2. 尝试用石磨磨制面粉，并能够用绘画的方式表现出面粉制作的过程。
3. 感受面粉来之不易，懂得珍惜粮食。

活动准备

经验准备：了解面粉光滑、细、软、轻、白色无味的基本特征。
材料准备：制作面粉视频、小麦种子、石磨、画纸、彩笔。

活动建议

1. 观看视频，了解小麦变成面粉的过程。
2. 尝试讲述磨面的过程。
3. 认识磨面工具——石磨，了解石磨磨面和现代化磨面的过程。
4. 出示小麦种子，尝试用石磨磨制面粉。
5. 分享用石磨磨制面粉的感受。
6. 用绘画的形式表现小麦变成面粉的过程。

活动延伸

了解生活中面粉的种类及不同种类的面粉可以制作成哪些面食。

方案七　神奇的面塑

活动目标

1. 欣赏传统面塑作品，知道面塑是我国特有的民间艺术。
2. 通过观看图片，了解面塑的制作过程。
3. 能够运用搓、团、捏、压等技法塑造面塑形象，感受捏面塑的快乐。

活动准备

经验准备：有捏彩泥的经验，会使用基本工具以及会做一些基础造型。

材料准备：各种面塑造型图片、面泥、工具、一次性筷子。

活动建议

1. 欣赏不同造型的传统面塑作品。
2. 讨论面塑的制作方法。
（1）这些作品是用什么材料做成的？
（2）面塑是怎么做成的？
（3）你想制作一个什么造型的面塑？你准备怎么制作？
3. 观察、了解制作面塑的材料。
4. 尝试用搓、团、捏、压等技法塑造面塑。
5. 分享、介绍自己的面塑作品。

活动延伸

收集民间面塑艺术品，进行观察与欣赏。

一日生活渗透

1. 尝试用绘画等方式记录制作麦芽糖的步骤，并讲述制作麦芽糖的过程。
2. 用绘画的形式表现小麦变成面粉的过程。

区域材料投放

1. 在班级进行水培小麦，观察水培和土培的不同。
2. 在美工区展示面塑作品。

家园共育

1. 亲子共同制作喜欢的面食。
2. 与家人分享、介绍自己的面塑作品。

食育工坊

琥珀核桃仁（秋分）

琥珀核桃仁是一道传统的特色小吃，它以核桃仁为主要材料，配以冰糖或者蜂蜜加工出来的，因颜色像琥珀而得名。核桃具有非常高的营养价值，不仅能够健脑益智、润肠通便，还可以美肤养颜。琥珀核桃仁口味香甜酥脆，很受人们喜爱。

活动目标

1. 观察核桃，探索打开核桃的方法。

2. 了解熬制糖浆是制作的关键环节，知道琥珀核桃是因糖浆熬制成琥珀色而命名，了解核桃的营养价值。

3. 体验参与制作琥珀核桃仁的快乐。

活动准备

食材：纸皮核桃、白芝麻、冰糖。

用具：煮锅、笊篱、小碗、铲子、烤箱。

活动建议

1. 欣赏琥珀核桃仁成品，知道其名称的由来（因其色像琥珀）。

2. 回顾《核桃》食育儿歌，了解核桃的营养价值。

3. 使用核桃夹、小锤子等工具与同伴一起探索打开核桃的方法。

4. 观看琥珀核桃仁的制作过程，了解制作步骤。

（1）将剥好的核桃仁放入开水中焯水，焯水后放凉水中冲洗干净。

（2）锅中放入冰糖和水，要不断搅拌糖浆，使糖浆起黄色气泡。

（3）把冲洗后的核桃仁放入锅内快速翻炒，等核桃仁均匀裹上糖稀，撒上芝麻继续翻炒出锅。

（4）核桃仁放凉后放入烤箱，150度烤30分钟。

5. 与同伴一起品尝琥珀核桃仁。整理卫生，将使用过的用具放回指定位置。

活动延伸

1. 运用核桃壳大胆展开想象，进行艺术创作。

2. 和家人一起制作琥珀核桃仁。

小馄饨（寒露）

馄饨鲜香味美，深受全国各地人们的喜爱。馄饨名号繁多，大多数地方称馄饨，而广东则称云吞、湖北称包面、江西称清汤、四川称抄手、新疆称曲曲等。馄饨的包法也有很多种：元宝型、金鱼型、莲花型、草帽型等。人们在制作馄饨馅料的时候经常会做到荤素搭配，常吃馄饨可以健脾养胃。

活动目标

1. 了解包馄饨所需要的材料，知道馄饨的制作方法和营养价值。

2. 尝试用小勺把馄饨馅放入馄饨皮一角，用卷、捏等动作包制成自己喜欢的小馄饨造型。

3. 感受与同伴一起包馄饨的快乐。

活动准备

食材及调料：馄饨馅、馄饨皮、盐。

用具：小勺子、盘子、锅。

活动建议

1. 观看制作馄饨馅的视频，了解食材、制作方法和营养价值。

2. 观看包馄饨的过程，知道馄饨有多种包法（金鱼型、元宝型等），能够制作出自己喜欢的造型。

如元宝型馄饨，用小勺把馄饨馅放入馄饨皮的一角，用卷的动作把馅卷起来，再对折把馄饨皮两头捏在一起。

3. 分组包馄饨。

4. 将包好的馄饨放入锅中煮熟。

5. 和同伴分享自己包馄饨的方法及自己制作馄饨的造型。

6. 与同伴一起品尝煮好的馄饨，整理桌面，清洗餐具并送至指定位置。

活动延伸

1. 以绘画记录的方式画一画自己包馄饨的过程。

2. 回到家里和爸爸妈妈一起包馄饨。

小白兔萝卜卷（霜降）

霜降是阳气从收到藏的转折期，此时的饮食调养将为迎接寒冬做准备。霜降时节饮食应选滋阴润燥之品，如胡萝卜。胡萝卜可健脾和中，滋肝明目，化痰止咳。有句农谚说，"处暑高粱白露谷，霜降到了拔萝卜"，应季的胡萝卜是非常适合在霜降时节食用的。

活动目标

1. 知道胡萝卜的根粗壮、肉质黄色的外形特征及保护视力的营养价值。

2. 能用搓长条的方法独立做出小白兔胡萝卜卷,并用红豆装饰出兔子的眼睛和嘴巴。

3. 体验自己亲手制作、品尝小白兔胡萝卜卷的快乐。

活动准备

食材:胡萝卜、面粉、酵母、小红豆、大红豆。

用具:刀、蒸锅、案板。

活动建议

1. 将酵母放入面粉中,把面粉揉成大面团等待发酵。

2. 幼儿齐唱《小白兔》的儿歌,观看教师制作小白兔胡萝卜卷。

3. 根据食材讨论分组,并把胡萝卜洗干净切成段。

4. 把面团搓成长条,放上胡萝卜,并用大小不同的红豆装饰出兔子的眼睛和嘴巴,尝试做小白兔胡萝卜卷。

5. 教师把幼儿做好的小白兔胡萝卜卷放入蒸锅中,水开后蒸15分钟。

6. 品尝自己亲手制作的美味小白兔胡萝卜卷,整理桌面,清洗餐具并送至指定位置。

活动延伸

1. 将胡萝卜放到班级食物展台,讨论胡萝卜的不同做法。

2. 在家和爸爸妈妈一起制作小白兔胡萝卜卷,尝试用面团做出不同形态的美食。

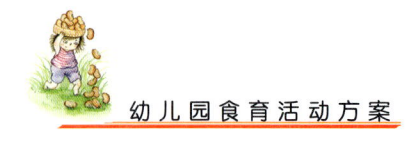

南瓜银耳红枣羹（立冬）

南瓜中含有丰富的膳食纤维和胡萝卜素，可以促进肠道蠕动，帮助食物消化。银耳是一种常见的滋补品，其营养价值比较高，具有润肺护肝的作用。红枣中富含铁元素，有很好的益气养血功效，三种食物一起食用，不仅色、香、味俱全，营养也很全面。

活动目标

1. 知道南瓜有不同形状、种类，了解其营养价值。
2. 能将南瓜切成小块，并参与制作南瓜银耳红枣羹。
3. 体验制作南瓜银耳红枣羹的成就感。

活动准备

食材：南瓜、银耳、红枣、枸杞、冰糖。
用具：刀、案板、小碗、勺子。

活动建议

1. 观察不同种类的南瓜，知道南瓜有不同品种。
2. 学习《南瓜》食育儿歌，知道南瓜的营养价值。
3. 分组清洗南瓜，将南瓜切成小块。
4. 将提前泡好的银耳放入锅中熬煮，然后放入南瓜、红枣、冰糖继续煮，出锅时放入枸杞。
5. 分享美味的南瓜银耳红枣羹。
6. 一起整理卫生，将餐具清洗干净并放回指定位置。

活动延伸

1. 把南瓜籽放入班级植物角，进行水培或土培。
2. 与家人一起制作南瓜银耳红枣羹。

韭菜鸡蛋饼（大雪）

韭菜具有一种独特的辛香气味，有助于疏调肝气，增进食欲。韭菜属于粗纤维食物，食用它可以达到非常好的润肠通便效果。鸡蛋是人们常吃的营养丰富的食物，具有丰富的蛋白质和 B 族维生素，韭菜鸡蛋饼的做法简单，味道鲜美，深受人们的喜爱。

活动目标

1. 知道韭菜、玉米面的营养价值，与同伴共同完成摘、洗、切韭菜等操作。

2. 在参与制作韭菜鸡蛋饼时，能够用模具把做好的饼按压出自己喜欢的造型。

3. 愿意参与活动，感受亲自参与制作食物的快乐。

活动准备

食材及调料：韭菜、鸡蛋、玉米面、食用油、食盐。

用具：各种造型的模具、案板、刀具、洗菜盆、大碗、小碗、勺子。

活动建议

1. 回顾食育儿歌《韭菜》，了解韭菜的营养价值，重点介绍玉米面。

2. 与同伴共同摘韭菜、洗韭菜、切韭菜。

3. 观看韭菜鸡蛋饼的制作过程，了解制作步骤：

（1）将切好的韭菜放入盆中，打入鸡蛋，放入玉米面、适量盐，将其搅拌成糊状。

（2）电饼铛内刷少许油，倒入搅拌好的面糊，将两面煎至金黄。

4. 用模具在做好的饼上按压出自己喜欢的造型，与同伴一起分享品尝。

5. 和同伴一起整理卫生，将使用过的餐具清洗干净放回指定位置。

活动延伸

与家人一起制作韭菜鸡蛋饼。

包饺子（冬至）

饺子是中国特有的传统食物，深受人们喜爱，在中国北方很多地方都有冬至吃饺子的习惯。饺子皮由面粉制成，为淀粉类食物，经人体消化吸收后，可产生多种糖类，维持人体正常能量消耗。饺子馅料内容十分丰富，如谷物、肉、蔬菜等，适量进食饺子可同时获得优质蛋白质、维生素、纤维素以及微量元素，实现均衡营养，适用于体虚乏力、营养不良者。

活动目标

1. 了解南方和北方在冬至不同的饮食习惯，北方吃饺子，南方吃年糕、汤圆，知道饺子是中国特有的冬至传统食物。

2. 能用双手均匀推擀面杖将面团转动压成面皮，使面皮变得薄而均匀。

3. 体验与同伴分工合作包饺子的快乐，并品尝不同口味的饺子。

活动准备

食材：饺子馅、彩色面团、面粉。

用具：餐刀、案板、盘子、勺子、笸子、小擀杖、围裙。

活动建议

1. 阅读绘本《冬至节》，了解不同地区冬至节的不同民俗和饮食，知道饺子是中国的传统食物。

2. 知道包饺子的食材与操作过程。

3. 注意双手均匀推擀面杖，使面皮变得薄而均匀。

4. 在教师的引导和帮助下，分工合作包饺子，注意擀面皮和包饺子的要点。

5. 欣赏不同造型的饺子，体验独立包饺子的成就感。

6. 在教师的帮助下，将包好的饺子放入锅里煮，煮熟后品尝美味的饺子。整理桌面，清洗餐具并送至指定位置。

活动延伸

1. 用连环画的形式记录包饺子的过程。
2. 每天根据天气变化用不同颜色记录"九九消寒图"。

糯米糍粑（小寒）

糯米是糯稻脱壳的米，在中国南方称为糯米，而北方则多称为江米，是制造黏性小吃，如粽子、八宝粥、各式甜品的主要原料，因其香糯黏滑，深受大家喜爱。糯米富含 B 族维生素，能温暖脾胃，补益中气，同时糯米也具有收涩作用，对尿频、自汗有较好的食疗效果。

活动目标

1. 了解糯米糍粑的制作方法，知道糯米有补中益气、健脾止泻、敛汗缩尿的功效。
2. 能采用揉一揉、捣一捣、抓一抓的方式制作糯米糍粑。
3. 喜欢吃糯米糍粑，体验亲自参与制作食物的快乐。

活动准备

食材：糯米、黑白芝麻、温水、红糖、白糖、油。
用具：案板、锅铲、保鲜袋、电饼铛、碗、擀面杖。

活动建议

1. 观察糯米的外形特征，对比和大米的外形区别，知道糯米富含 B 族维生素，能温暖脾胃，补中益气。

2. 在教师的引导下，了解糯米糍粑的制作步骤。

3. 尝试用蒸熟的糯米、温水和芝麻参与糯米糍粑的制作过程。

4. 在教师的帮助下，将包好的糯米球按压成饼状，放入刷好油的电饼铛中，煎至两面微黄即可出锅装盘。

5. 品尝美味的糯米糍粑，感受糯米糍粑的软糯香甜。

6. 尝试简单复述糯米糍粑的制作过程。整理桌面，清洗餐具并送回指定位置。

活动延伸

1. 用连环画的形式记录制作糯米糍粑的过程。

2. 在家和爸爸妈妈一起用糯米制作不同的美食，如芒果糯米糍、紫薯汤圆、驴打滚。

温馨提示

1. 煎制过程中，两面不用煎得特别黄，以免太硬影响口感。

2. 糯米性黏滞，难以消化，不宜一次性食用过多。

土豆丝饼（雨水）

雨水时节天气回暖，雨水增多，此节气养生重在养肝健脾。饮食上宜省酸增甘，适量吃甘味食物，以补益人体的脾胃之气，如土豆能和胃健脾，祛湿消肿。活动中老师带领幼儿制作并品尝土豆丝饼，通过亲身体验，让幼儿了解食材的营养价值，感受与老师、同伴共同制作与分享的乐趣。

活动目标

1. 知道土豆又叫马铃薯，含有大量蛋白质和维生素，可以增强体质，发芽变绿后的土豆不能食用。

2. 尝试用刀把土豆片切成细细的土豆丝，并将配料放入碗中搅拌。

3. 喜欢吃土豆丝饼，体验亲自参与食物制作的乐趣。

活动准备

食材及调料：土豆、面粉、鸡蛋，芝麻油、盐。

用具：案板、安全刀、电饼铛、碗、勺。

活动建议

1. 用手指游戏"土豆丝"引出土豆，观察土豆的外形特征，了解土豆的营养价值。

2. 引导幼儿讨论，如何将圆圆的土豆变成土豆丝，并尝试将土豆片切成土豆丝，提醒幼儿切出细细的丝并注意用刀时的安全。

3. 幼儿将切好的土豆丝放入水中浸泡，并了解浸泡在水里的原因。

4. 将土豆丝、面粉、鸡蛋放入容器中，放入盐、芝麻油，搅拌均匀。

5. 把拌好的土豆丝放入电饼铛中，制作出美味的土豆丝饼。

6. 品尝美味的土豆丝饼，将案板清洗干净并摆放整齐，整理桌面，清洗餐具并送至指定位置。

活动延伸

回家和爸爸妈妈一起制作有关土豆的其他美食。

芝麻酱拌菠菜（惊蛰）

芝麻酱不但清香味美，而且营养十分丰富。白芝麻具有补血明目、祛风润肠、生津通乳、益肝养发等多种功效，黑芝麻则具有补益肝肾、养血益精、润肠通便的功效，是食疗食补的佳品。菠菜茎叶柔软滑嫩、味美色鲜，具有养血、止血、平肝、润燥等功效，但是要注意体虚便溏者不宜多食，肾炎和肾结石患者不宜食用。芝麻酱和菠菜搭配，能够补充营养、润肠通便。

活动目标

1. 了解芝麻酱的制作方法，知道芝麻酱和菠菜有疏通肝气、排出毒素、补钙的功效。

2. 能把菠菜、香菜切成小段。

3. 体验制作芝麻酱拌菠菜的成就感。

活动准备

食材及调料：菠菜、香菜、香油、芝麻酱、盐。

用具：安全刀、案板、大盆、筷子、笊篱、煮锅。

活动建议

1. 观察菠菜的外形特征，知道其营养价值。

2. 讨论芝麻酱拌菠菜所需食材并分组清洗食材。

3. 把菠菜切成小段倒入开水锅焯水，一分钟后捞出放凉。

4. 将焯水放凉的菠菜切成小段，把香菜切成小段。

5. 将切好的菠菜放入盆中，倒入适量香油和盐，搅拌均匀，撒入香菜段即可。

6. 品尝自己参与制作的美食。整理桌面，清洗餐具并送至指定位置。

活动延伸

1. 用自己喜欢的方式画出芝麻酱拌菠菜的制作过程。

2. 和爸爸妈妈一起制作菠菜的其他美食，如炒菠菜、菠菜鸡蛋饼等。

榆钱窝窝头（清明）

清明时节阳气渐盛，气温逐渐升高，清爽明亮的春季风光逐渐代替寒冬。同时，清明时节也是一年中肝木最旺之时，疏肝是此时养生的重点之一。在饮食调养上，不宜多食辛辣、过于生发的食物，应多食一些

平肝润肺的食物，如榆钱、菠菜、香椿、豌豆苗等。

活动目标

1. 认识榆钱，知道榆钱是春季的应季食物，有清心降火、止咳化痰的作用。

2. 能够将和好的面捏成窝窝头，体验制作的乐趣。

3. 感受粗粮食物的美味，喜欢吃榆钱窝窝头。

活动准备

食材及调料：榆钱、面粉、玉米面、黄豆面、盐。

厨具：安全刀、案板、大盆。

活动建议

1. 观察榆钱，了解榆钱有清心降火、止咳化痰的作用。

2. 将榆钱择梗，并用清水浸泡清洗干净后沥水晾干。

3. 介绍玉米面、黄豆面、面粉，将择好、洗干净的榆钱放入盆中，加水揉面。

4. 在醒面的过程中，幼儿向家长学习制作窝窝头的方法。

5. 幼儿将面揉成团，捏成窝窝头状，放入蒸锅中蒸 15 分钟。

6. 品尝榆钱窝窝头。整理桌面，清洗餐具并送至指定位置。

活动延伸

在家和爸爸妈妈制作与榆钱有关的其他美食，如榆钱炒鸡蛋。

印花卤蛋（立夏）

立夏又称春尽日，是八大重要节气之一，就气候特点而言，立夏后就正式进入雨季了。立夏饮食重在养心，可以吃鸡蛋助养心。民间也素有"立夏吃蛋，石头踩烂"的说法，意思是说立夏吃蛋后，人就会劲头十足，因为鸡蛋可滋阴润燥养血。此外，圆圆的鸡蛋，也象征着生活的圆满，祈祷夏日平安。

活动目标

1. 在观察、猜测、排序的过程中，知道印花卤蛋的制作过程。
2. 能用纱布包裹鸡蛋并用扎丝固定，制作印花卤蛋。

活动准备

经验准备：食用过卤蛋。

材料准备：印花卤蛋成品、印花卤蛋的制作步骤图、水煮蛋若干、芹菜叶片若干、纱布若干、扎丝若干、电锅一个。

活动建议

1. 分享"我的早餐"，认识印花卤蛋。
2. 观察印花卤蛋，大胆猜想印花卤蛋的制作方法。
3. 给图片排序，讨论、验证印花卤蛋的制作过程。
4. 根据印花卤蛋的制作过程，运用食材制作印花卤蛋。
5. 用绘画日记的方式，将印花卤蛋的制作过程记录下来。
6. 感受印花卤蛋的图案美，萌发制作创意美食的愿望。

活动延伸

1. 收集鸡蛋壳，可制作蛋壳画。
2. 关注日常生活中的各种创意美食，并尝试制作。

马齿苋鸡蛋饼（小满）

马齿苋，是马齿苋科一年生草本植物，俗称长命菜，枝叶肥厚多汁，生长在田间、路边、庭院向阳处。其食药同源，全草可入药，归肝经大肠经，有清热解毒、凉血止痢、除湿通淋等作用，有"天然抗生素"之称。

幼儿通过参与择菜、洗菜、切菜等过程，将马齿苋、鸡蛋和面拌在一起，放入电饼铛制作成好吃的马齿苋鸡蛋饼。

活动目标

1. 知道马齿苋含有大量钙和膳食纤维，能够清热解毒，增强体质。

2. 能独立完成择菜、洗菜、切菜的操作过程，并能用刀把马齿苋切成小块。

3. 喜欢吃马齿苋鸡蛋饼，体验亲自参与食物制作的乐趣。

活动准备

食材及调料：马齿苋、面粉、鸡蛋、食用油、盐。

用具：案板、安全刀、电饼铛、碗、小勺。

活动建议

1. 观察马齿苋的外形特征，知道多吃马齿苋能够把身体里的毒素及时排出来。

2. 分组择菜、清洗马齿苋。

3. 讨论：如何将马齿苋变成细细小小的？尝试将大的马齿苋切成小块，切时扶好菜叶并注意用刀时的安全。

4. 将马齿苋、面粉、鸡蛋放入容器中，放入盐、芝麻油，搅拌均匀。

5. 把拌好的马齿苋放入电饼铛中，制作出美味的马齿苋鸡蛋饼。

6. 品尝美味的马齿苋鸡蛋饼。将案板清洗干净并摆放整齐，整理桌面，清洗餐具并送至指定位置。

活动延伸

回家和爸爸妈妈一起制作有关马齿苋的其他美食，如炒马齿苋、马齿苋炒鸡蛋、马齿苋饺子等。

食蔬大拼盘（芒种）

食蔬拼盘由芹菜、木耳、黄瓜、胡萝卜、腰果等多种食材制作而成，营养价值丰富，是幼儿非常喜欢的一道爽口夏季美食。幼儿通过把芹菜切成段，黄瓜、胡萝卜切成片及千张切成丝，用腰果、柠檬搅拌等制作过程，能够体验制作和品尝美食的乐趣。

活动目标

1. 了解芹菜、木耳的外形特征，知道食蔬大拼盘有清热生津、平肝降压、利水通淋、润肺止咳、抗癌的功效。

2. 能用正确的方法把芹菜切成段，把黄瓜、胡萝卜切成片及千张切成丝。

3. 体验制作食蔬大拼盘的成就感。

活动准备

食材及调料：芹菜、黄瓜、木耳、胡萝卜、腰果、香油、盐、柠檬。
用具：安全刀、案板、大盆、勺子、碗。

活动建议

1. 观察芹菜、木耳的外形特征，知道其功效：多吃芹菜能够去火，多吃木耳能够止咳。

2. 讨论食蔬大拼盘所需食材并进行分组清洗食材。

3. 分组将食材去皮并切成片，把食材切成段或者丝。

4. 观看教师把芹菜、胡萝卜片倒入开水锅，煮开后捞出装盆。

5. 在盆中加入腰果、柠檬汁，倒入适量香油和盐，搅拌均匀即可。

6. 品尝自己参与制作的美食。幼儿整理桌面，清洗餐具并送至指定位置。

活动延伸

用自己喜欢的方式绘画食蔬大拼盘的制作过程。

苦瓜煎蛋（夏至）

苦瓜，又名凉瓜，是葫芦科植物，为一年生攀缘草本，是瓜类蔬菜中维生素 C 含量最高的一种。民间传说苦瓜有"不传己苦与他物"的特点，就是与鱼、肉等同炒同煮，绝不会把苦味传给对方，所以有人说苦瓜"有君子之德，有君子之功"，誉之为"君子菜"。通过体验自己用小勺去苦瓜瓤，把苦瓜切成圆圈状，把鸡蛋放进苦瓜圈里的制作过程，幼儿能对美食产生喜爱之情。

活动目标

1. 回顾食育儿歌《苦瓜》，了解苦瓜的外形特征，知道苦瓜有祛湿涤热、明目解毒的功效。

2. 能用小勺挖去中间的苦瓜瓤并能用正确的方法把苦瓜切成圈状。

3. 愿意参与苦瓜煎蛋的制作，体验制作带来的成就感。

活动准备

食材及调料：苦瓜、鸡蛋、香油、盐。

厨具：安全刀、案板、大盆、勺子、碗。

活动建议

1. 回顾食育儿歌《苦瓜》。

2. 观察苦瓜的外形特征，知道多吃苦瓜能够让眼睛更亮，能够把身体的毒素排出来。

3. 观看制作苦瓜煎蛋的视频，了解制作步骤：

（1）讨论苦瓜煎蛋所需食材并进行分组清洗食材。

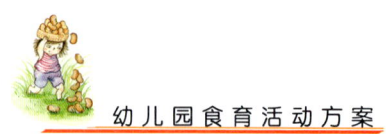

（2）分组挖去苦瓜中间的苦瓜瓤和籽并切成圈圈状，把鸡蛋打入碗中。

（3）用盐腌制苦瓜3分钟，然后把苦瓜倒入开水锅，煮开后捞出装盆。

（4）在锅里倒入油，放入苦瓜圈后小火煎，把打好的鸡蛋倒入苦瓜圈里，煎熟即可。

4.制作并品尝自己制作的美食。整理桌面，清洗餐具并送至指定位置。

活动延伸

1.将苦瓜的食材布置到班级的食育展台。

2.和爸爸妈妈一起用苦瓜制作其他美食，如苦瓜炒鸡蛋、苦瓜炒肉丝等。

亲子食育

苹果柠檬水

苹果被称为"世界四大水果之冠"，在秋分时节成熟，口感爽脆、营养丰富，含有身体所需的维生素C、矿物质和钙元素，能及时补充人体的营养水分，有润肠通便、增强抵抗力和生津润肺的功效。活动中家长带领幼儿通过观看图片或视频的方式了解苹果、柠檬的生长环境和营养价值，亲子共同完成从清洗到烹饪的过程，体验亲子制作美食的乐趣，也能获得成就感。

活动准备

食材：苹果、柠檬、枸杞。

活动建议

1. 借助关于苹果、柠檬的食育儿歌，了解它们的生长环境和营养价值。
2. 正确使用安全刀把苹果切成小块，柠檬切片备用。
3. 锅内加入半锅冷水和苹果后，中火烧至水开，转最小火。
4. 观察苹果水略微变黄后，加入少许枸杞，再煮5分钟即可关火。
5. 关火后放入柠檬片，盖盖子待苹果水凉至温热时即可饮用。
6. 将亲手制作的苹果柠檬水分享给家人。

温馨提示

1. 苹果柠檬水中有酸性物质，不要空腹食用，会对肠胃造成一定刺激。
2. 请在家长的陪同下安全使用儿童刀具，并注意远离明火，以免烫伤。

蜂蜜柚子茶

秋季，秋高气爽，人体容易虚火上炎出现"秋燥"。柚子有"天然水果罐头"之称，具有消食和胃、健脾止咳、解酒等功效；蜂蜜具有补中、润燥的功效。用温水调一杯蜂蜜柚子茶饮用，味道香甜，口感极佳。活动中家长带领幼儿借助图片了解柚子树的形态特征、生长环境、分布区域和营养价值。幼儿与家长共同完成从购买、清洗柚子到熬煮柚子茶的过程，体验亲子合作完成蜂蜜柚子茶的乐趣，感受分享美食的快乐。

活动准备

食材及调料：柚子、蜂蜜、食盐。

活动建议

1. 认识柚子树的形态特征和生长环境，与家长共同购买柚子。

2. 初步学习擦柚子皮和剥柚子肉的方法。

3. 尝试使用安全刀把柚子皮切成丝。

4. 锅中放入清水，加入柚子皮煮 10 分钟，然后加入柚子肉，用小火熬煮 40 分钟，最后将煮好的柚子盛放到玻璃碗里，放凉后加入蜂蜜，并搅拌均匀。

5. 蜂蜜柚子茶装罐冷藏 3 天后，舀一勺加入温水即可饮用。

6. 与亲朋好友分享蜂蜜柚子茶。

温馨提示

1. 脾胃虚寒者禁服柚子；而湿热内郁、腹中胀满不适、痰热咳嗽、小儿疳积者慎用蜂蜜。

2. 请在家长的陪同下安全使用儿童刀具，并注意远离明火，以免烫伤。

莲藕汤

"荷莲一身都是宝，煲汤凉拌有营养"，秋天的莲藕最是补人，若与黄豆、胡萝卜强强联合，做成一道美味的莲藕汤，有健脾开胃、滋肝明目的功效，高蛋白又营养。活动中家长带领幼儿通过观看视频的方式了解莲藕的生长环境、生长过程和采摘方式，幼儿和家长共同完成从购买、清洗到烹饪的过程，体验这一过程中的成就感，共同感受烹饪美食的快乐。

活动准备

食材：莲藕、黄豆、胡萝卜、香菇。

活动建议

1. 认识莲藕的生长环境、生长过程和采摘方式。

2. 初步学习挑选、购买、清洗莲藕的方法。

3. 能使用安全刀把莲藕、胡萝卜切块，在香菇顶部划十字型。

4. 在锅内加入适量清水，待水煮开后加入切好的食材，关至小火，煮一小时左右。

5. 熄火前，加适量盐调味。

6. 用勺子盛至碗中，和家人一起分享美味的莲藕汤。

温馨提示

1. 切完的莲藕应放入水中，避免与铁质的炊具接触，脾胃虚寒者不宜食用生莲藕。

2. 请在家长的陪同下安全使用儿童刀具，并注意远离明火，以免烫伤。

萝卜雪梨水

萝卜，清脆、甘甜、口感好，营养价值高，具有益胃消食、生津止渴、清热化痰等功效。萝卜雪梨水不仅清甜可口，还可以极大程度保留食材中的营养物质。活动中家长带领幼儿通过阅读食育儿歌或观察图片的方式了解萝卜的种类和营养价值，幼儿和家长共同完成从采购、清洗到制作美食的过程，感受制作萝卜雪梨水的乐趣，增进亲子间的情感交流。

活动准备

食材：萝卜、雪梨、红枣、少许冰糖。

活动建议

1. 认识萝卜的种类，尝试根据采购计划购买所需食材。

2. 洗净萝卜、雪梨，使用安全刀切成小块，梨核、红枣控水备用。

3. 锅内加入半锅冷水和红枣，开火煮开后逐一放入萝卜块、雪梨块和梨核，中火烧至水开，转最小火，煮半小时左右。

4. 当萝卜水略微变黄后，加入少许冰糖，再煮 5 分钟即可关火。

5. 雪梨水凉至温热时盛出，与家里长辈一起分享。

温馨提示

1. 脾胃虚弱者不宜过多食用萝卜，应适量食用。

2. 请在家长的陪同下安全使用刀具，并注意远离明火，以免烫伤。

红薯烙

到了冬季，自然界阳衰阴盛，寒气袭人，此时容易损伤人体的阳气，所以冬季养生应从敛阴护阳出发，俗话说"三九补一冬，来年无病痛"，冬季是进补的最好时机。红薯是一种营养全而丰富的天然滋补食品，具有补中和血、健脾益胃和宽肠通便的作用，生食可生津止渴。活动中家长带领幼儿通过图片和视频的方式了解红薯的生长环境、形态特征和栽培方法，幼儿在家长陪伴下积极参与完成采购、清洗、切丁、烹饪等全过程，感受制作红薯烙的乐趣，体验分享美食的快乐情感。

活动准备

食材及调料：红薯、面粉、食用油。

活动建议

1. 了解红薯的生长环境、形态特征和栽培方法，尝试独立购买。

2. 学习红薯清洗和切丁的方法。

3. 在小盆中倒入红薯丁和适量面粉，并搅拌均匀。

4. 结合红薯抱团的状况，适量添加面粉或水。

5. 平底锅里倒入少许油，油热后放入一团红薯丁，待红薯丁两面变成金黄色，即可出锅食用。

6. 与亲朋好友分享红薯烙。

温馨提示

1. 煮熟的红薯宜热食，冷食易泛酸、胀气。因红薯淀粉含量较高，糖尿病患者不宜食用。

2. 请在家长的陪同下安全使用儿童刀具，并注意远离明火，以免烫伤。

小米红枣粥

小米红枣粥是用红枣、小米等食材做出来的美食。红枣含有丰富的营养元素，可以促进皮下血液循环，使皮肤和毛发有光泽；小米健脾和中、补肾安神、解毒除热，一碗小米红枣粥能够起到很好的调补脾胃的作用。活动中家长带领幼儿通过观看图片的方式，了解小米的生长特征和营养价值，幼儿与家长将小米和红枣加水煮汤，共同制作小米红枣粥，在小米红枣粥香甜的味道中共同感受制作美食的乐趣与成就感。

活动准备

食材：小米、红枣。

活动建议

1. 认识小米和红枣的外形，到超市观察小米和红枣的种类并选购。

2. 与家长一起将小米和红枣清洗滤干备用。

3. 尝试在水开后向锅中加入洗好的小米和红枣，中火烧至水开，转最小火，煮半小时左右。

4. 清理厨房的桌面，清洗自己使用的碗勺，尝试清洗汤锅。

5. 与家人共同分享小米红枣粥。

温馨提示

1. 不建议小米红枣粥与鱼虾蟹类食物同食，以免降低小米红枣粥的保健作用。

2. 请在家长的陪同下安全使用儿童刀具，并注意远离明火，以免烫伤。

韭菜合子

韭菜合子是以韭菜、鸡蛋、面粉为主要食材制作而成的美食，不仅营养均衡、能增强食欲，还能润肠通便、增强免疫力，深受北方人们的喜爱。活动中家长带领幼儿通过观看图片或户外寻找的方式，了解韭菜的生长特征和营养价值，幼儿和家长共同制作韭菜合子，增加亲子互动，获得情感的交流，体验与家长共同制作韭菜合子的乐趣与成就感。

活动准备

食材：面粉、韭菜、鸡蛋。

活动建议

1. 认识韭菜的外形，初步学习拣择、清洗韭菜的方法。

2. 尝试使用安全刀切碎韭菜。

3. 把两个鸡蛋打散，炒成鸡蛋碎。将韭菜切碎，然后放入炒好的鸡蛋碎，最后加一勺香油拌匀。

4. 在面皮中间放一勺馅，对折后按紧边，然后用手在边上折出好看的花边。

5. 平底锅里刷一层食用油，把韭菜合子平铺入锅，小火烙至两面金黄。

6. 与家人共同分享韭菜合子。

温馨提示

1. 阴虚内热及疮痈、目疾患者忌食韭菜。

2. 请在家长的陪同下安全使用儿童刀具,并注意远离明火,以免烫伤。

菠菜蛋花汤

菠菜养血,止血,平肝,润燥。惊蛰节气不仅要多吃清淡的高纤维蔬菜,还要食用一些含高蛋白的鸡蛋,鸡蛋滋阴润燥养血。活动中家长带领幼儿通过观看图片或户外寻找的方式,了解菠菜的生长特征和营养价值,周末时间幼儿与家人共同制作蔬菜蛋花汤,不仅为汤粥增添了一份独特的浓浓的爱,增加亲子互动、获得情感的交流,幼儿也能体验与家长共同制作菠菜蛋花汤的乐趣与成就感。

活动准备

食材:菠菜、鸡蛋、葱、香菜。

活动建议

1. 认识菠菜的外形,尝试到超市观察菠菜的种类并进行选购。

2. 依次将菠菜清洗、控水、切段备用,将鸡蛋液打入碗中,用筷子搅拌。

3. 锅中放适量水,大火烧开,再倒入菠菜焯水。

4. 再次将水烧开,倒入菠菜煮烂,将鸡蛋液打入锅中,并加盐调味出锅。

5. 清理厨房的桌面,清洗自己使用的碗勺,尝试清洗汤锅。

6. 与家人共同分享菠菜蛋花汤。

温馨提示

1. 菠菜的草酸含量较高,结石患者尽量不食用。

2. 请在家长的陪同下安全使用厨具,并注意汤锅,以免烫伤。

菌菇汤

菌类食物是人们熟知的能提高免疫力的佳品，不仅营养价值极高，而且口感爽嫩鲜美，红烧或炖汤均可。俗话说"冬吃萝卜，夏吃姜，一年四季喝菌汤"，菌汤不仅能够很好地预防疾病，提高身体免疫力，而且能增加身体所需要的营养元素，是餐桌上一道鲜美的佳肴！活动中家长带领幼儿通过视频或家中培育菌菇的方式了解其生长环境和生长过程，与幼儿共同制作菌菇汤，品尝菌菇汤鲜美的味道，感受制作美食的乐趣。

活动准备

食材及调料：金针菇、平菇、对虾、小葱、食用盐、食用油、水。

活动建议

1. 了解菌菇的生长环境和生长过程，能根据采购计划购买食材。
2. 学习简单处理对虾、蘑菇清洗撕条的方法。
3. 在炒锅里放入油，葱花爆香后放入对虾和菇类翻炒。
4. 淋点生抽，加入清水，煮至沸腾。
5. 与家人共同分享菌菇汤。

温馨提示

1. 脾胃虚寒、泄泻者、腹痛者忌食金针菇。
2. 请在家长的陪同下安全使用厨具，并注意汤锅，以免烫伤。

凉拌莴笋

莴笋味道清香，口感鲜嫩，色泽淡绿，如同碧玉一般，可凉食可热食，口感爽脆，有利尿、清热解毒的功效。凉拌莴笋在芒种时节非常适合食用。活动中家长带领幼儿通过观看图片或视频的方式了解莴笋的生长环境、生长过程和营养价值，共同完成制作美食的过程，在清洗、切丝、焯水、凉拌的过程中，体验制作美食的乐趣，感受美食带来的成就感和自豪感。

活动准备

食材及调料：莴笋、柠檬、蒜末、芝麻、白糖、盐。

活动建议

1. 认识莴笋的外形，尝试去农贸市场购买食材。
2. 莴笋去皮后切成丝，将切好的莴笋丝放入热水中，焯水两分钟。
3. 准备蒜末、芝麻、白糖、盐和柠檬调味，将其充分搅拌成料汁。
4. 将莴笋过凉水后盛在盘中，倒入料汁搅拌均匀。
5. 与家人共同分享凉拌莴笋。

温馨提示

1. 脾胃虚寒者不宜过食，久病与阴虚者忌服。
2. 请在家长的陪同下安全使用厨具，并注意汤锅，以免烫伤。

食育环境

《幼儿园教育指导纲要》中指出：环境是重要的教育资源，应通过环境的创设和利用，有效地促进幼儿的发展。环境是幼儿园教育的重要组成部分，是可供幼儿阅读的"大书"。在幼儿园的教育活动中，环境正作为一种隐形课程，越来越多地引起学前教育界的关注和重视，被喻为"幼儿的第三任老师"。

（一）班级食育环境

食物展示台

食物展示台主要向孩子们展示当地、当季的食材。通过收集食材和设计展台，孩子们一方面可以认识多种多样的食材，了解食材的内外特征、生长环境和生长过程，另一方面，可以了解食材的营养价值，感受食材的艺术美。

阳台种植

鸟语花香、绿色满园的蔬果花园是孩子们在幼儿园最为喜欢的一片区域。为了满足幼儿将蔬果花园搬进教室的愿望，我们选择日照充足、通风性好的阳台作为他们最为理想的蔬果种植区域，并根据季节、节气种植不同生长周期的瓜果蔬菜。

食育主题墙

幼儿园的环境有装饰、展示、教育等重要作用，我们根据食育活动，在班级不同区域的墙面上设计如"亮眼明星""光盘行动""护齿小达人"等具有参与性、互动性的主题墙，激发幼儿积极主动探索、并与墙面环境互动的兴趣。

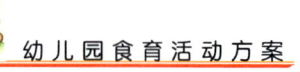

（二）室外食育环境

走廊食育环境

走廊食育环境指的是在班级门口或走廊拐角处创设的小景，可摆放当地、当季的食材，水培的绿植，传统小摆件，幼儿手工作品等。

蔬果花园

为了让幼儿能够更好地感知自然与自己的关系，在真实的自然情境中与自然对话，师生共同在室外阳光充足的区域，利用不同材料开展蔬果花园的创设，打造花香浓郁、蔬果满园的景观，共同见证植物生命的奇迹。

二十四节气

二十四节气是中国传统文化的重要组成部分，每个活动室的门口都会悬挂醒目的节气标识牌，幼儿通过二十四节气的相关活动，了解与节气有关的农事活动、气象变化和传统习俗，运用布、绳、彩泥、纸等手工材料制作节气牌，了解二十四节气与人们生活的联系，感知与传承这一重要的民族文化遗产。

（三）公共食育环境

冬季食育环境

公共食育环境指的是幼儿园公共区域的环境创设，如大厅、户外、楼梯间等。在创设公共环境时，教师要始终以儿童为主体，结合二十四节气、传统节日和课程内容，营造自然、自由、童趣、向上的氛围，让孩子们在日常生活中感知与传承这一重要的民族文化遗产。在万物凋零的冬季，富有冬日气息的食育环境，能带给走过这里的每一个幼儿丝丝温暖，同时使幼儿在潜移默化中了解有关冬天的故事。

冬天里的节日

到了冬天，我们将迎来冬至、春节等中国传统节日。通过包饺子、剪窗花、画门神等主题活动，使幼儿感受中国悠久的传统文化，并对传统文化有更深刻的认识。

冬天里的快乐

冬天，孩子们最渴望的就是堆雪人和打雪仗。通过"雪"和"冰"的系列活动，幼儿既能探索水、雪、冰的神奇现象，又能感受大自然的魅力。我们跟随孩子的探索，发现孩子的发现，运用活动中的照片、幼儿绘画故事等，在大厅呈现属于孩子们自己的快乐故事。

附：食育儿歌

食育儿歌《柠檬》

食育儿歌《花生》

食育儿歌《花菜》

食育儿歌《草莓》

食育儿歌《黄瓜》

食育儿歌《黄豆》

食育儿歌《无花果》　　食育儿歌《枇杷》

食育儿歌《芝麻》　　食育儿歌《芽芽菜》

食育儿歌《苹果》　　食育儿歌《蒲公英》

依食而养　借食而育

(后记)

与"食"相遇，是一场美丽的邂逅。

习近平总书记指出："没有全民健康，就没有全面小康。"食育关乎健康，是健康中国的教育基础。在众多食品安全事件频频曝光于大众视野的背景下，河南省实验幼儿园于2007年开始关注餐桌、食材、土地与幼儿生命健康的关系，思考着一个新的命题：让食育走进教育的视野！

十多年的不懈努力契合了"健康中国"以及建立健全健康教育体系的基本国策；基于中医、饮食、农耕文化的食育探索也为弘扬中华经典文化找寻了一条可行之路；幼儿园食材可溯、餐桌安全、为健康而饮食的实践与思考也最大化地回应了公众尤其是家长对幼儿饮食安全、健康的紧迫诉求。

我们将食育牢牢地扎根于中国传统文化的土壤，探寻着中国特色学前教育的创新之路，留下了一串串坚实的脚印：

2007年起，我们走遍了优质食材产地，为孩子们寻找安全的食材基地，组建跨领域研究团队，使食育的内涵逐渐丰富和完善。

2011年起，我们创建了儿童食育工坊，开创了耕读苑。耕读苑被河南省教育厅批准为"河南省食育实践基地"，为孩子们提供了深度体验农耕生活的广阔天地。

2017年，我们承办了第一届儿童食育大会。这一年，我们建立起国内第一家幼儿园食品安全快速检测实验室，把好食材到餐桌的最后一道安全防线。同年建成中医药文化背景下的幼儿园医务室，实施子午流注一日作息制度，实现了从医务室到保健教室的转变。

2016年，"基于中国传统文化的幼儿园食育创新实践研究"教学成果荣获河南省基础教育科学研究成果一等奖；2018年，"基于中国传统文化的幼儿园食育创新实践研究"获国家级教学成果二等奖；2021年8月，"幼儿耕读教育的河南实践——以河南省实验幼儿园耕读苑为例"获河南省基础教育教学成果特等奖。

2017年，食育被列入《河南省第三期学前教育行动计划（2017—2020年）》；2020年，河南省"百所食育试点园"启动，全省遴选100所"食育"试点单位……

十多年来，河南省实验幼儿园从食育理念到食育行动，积累了大量的实践研究资料，并于2016年组建了课程方案整理编写小组，经过长期酝酿、精心组织、反复修改，于2018年出版了《食育儿歌》《幼儿园食育课程指导》《幼儿园食育环境创设》《家庭食育》《耕读苑里的故事》《自然物语》等系列食育图书。

回顾食育十多年，深深感谢各级政府对"食育"研究的关心与支持，深深感谢因"食"结缘的众多专家、学者给予我们的无私帮助，深深感谢河南省实验幼儿园教师、科研、管理团队，正是老师们一次次的尝试、改进，正是科研团队一次次的提升、完善，正是管理团队不遗余力地推进、落实，才使食育的理念得以落地生根、枝繁叶茂、开花结果。

我们希望借由此书，让"食育就是尊崇天地自然之道，传承中华优秀饮食文化，保护生态环境永续，增进人类身心灵康乐的基础教育"的理念更为广泛传播，为同道人、同行者提供实践参考。我们更希望吸纳更多的幼儿园、家庭和社会力量做食育、讲食育，最终让所有的孩子能够健康成长。

基于中国传统文化的食育探索让我们立足教育生活化，依食而养，

借食而育，打开了中国特色学前教育的一扇窗。今后，我们将继续依循中国人的智慧，怀揣伟大的教育梦想，不忘初心、砥砺奋进，前行于专业自信、教育自信、文化自信的追梦之路，为孩子们的健康成长奠定坚实基础，为培养德智体美劳全面发展的社会主义建设者和接班人、为培养担当民族复兴大任的时代新人不懈努力！

特别鸣谢：

河南省教育厅

河南省教育科学规划与评估院

河南省基础教育课程与教学发展中心

河南人民出版社有限责任公司

《学前教育研究》杂志

北京师范大学　冯晓霞教授

华东师范大学　华爱华教授

国家行政学院　张孝德教授

华东师范大学　周念丽教授

南京师范大学　虞永平教授

东北师范大学　王小英教授

广州大学　叶平枝教授

南京师范大学　王海英教授

中国人民大学　生吉萍教授

河南大学　岳亚平教授

北京师范大学　冯婉桢教授

河南中医药大学　侯江红教授

南阳张仲景医院　韩丽华院长

北京中康食养医学研究院　朱春兰院长

河南省奇门医派中医研究院　张志超院长
食育插画师　朴提
河南在成长信息技术有限公司杨江波团队

感谢多年来一直关心支持河南食育的专家学者，以及河南省实验幼儿园全体教职员工和家长们！

河南省实验幼儿园